Bildungsentscheidungen und sekundäre Herkunftseffekte

D1678213

Empirische Erziehungswissenschaft

herausgegeben von

Rolf Becker, Sigrid Blömeke, Wilfried Bos,
Hartmut Ditton, Cornelia Gräsel, Eckhard Klieme,
Rainer Lehmann, Thomas Rauschenbach,
Hans-Günther Roßbach, Knut Schwippert,
Christian Tarnai, Rudolf Tippelt,
Rainer Watermann, Horst Weishaupt,
Jürgen Zinnecker

Band 14

Waxmann 2009
Münster / New York / München / Berlin

Tobias C. Stubbe

Bildungsentscheidungen und sekundäre Herkunftseffekte

Soziale Disparitäten bei Hamburger Schülerinnen
und Schülern der Sekundarstufe I

Waxmann 2009
Münster / New York / München / Berlin

Bibliografische Informationen der Deutschen Nationalbibliothek
Die Deutsche Nationalbibliothek verzeichnet diese Publikation in
der Deutschen Nationalbibliografie; detaillierte bibliografische
Daten sind im Internet über http://dnb.d-nb.de abrufbar.

Diese Arbeit wurde von der Technischen Universität Dortmund 2009
als Dissertation angenommen.

Empirische Erziehungswissenschaft, Band 14

ISSN 1862-2127
ISBN 978-3-8309-2145-5

© Waxmann Verlag GmbH, 2009
Postfach 8603, 48046 Münster

www.waxmann.com
info@waxmann.com

Umschlaggestaltung: Pleßmann Kommunikationsdesign, Ascheberg
Druck: Hubert & Co., Göttingen
Gedruckt auf alterungsbeständigem Papier, DIN 6738

Abriss

Der Bildungserfolg von Schülerinnen und Schülern weist in Deutschland eine sehr enge Koppelung mit dem sozialen Status des Elternhauses auf. Kinder aus bildungsnahen Elternhäusern verfügen im Vergleich zu ihren Mitschülerinnen und Mitschülern aus bildungsfernen Elternhäusern über höhere schulische Kompetenzen (primäre Herkunftseffekte). Auch die Leistungsrückmeldungen der Lehrkräfte in Form von Schulnoten und Schullaufbahnempfehlungen fallen bei Schülerinnen und Schülern aus privilegierten Elternhäusern selbst unter Kontrolle der schulischen Leistungen besser aus. Schließlich wurde wiederholt gezeigt, dass die Bildungsentscheidungen, die die Familien im Laufe der Zeit treffen müssen, einen Zusammenhang mit deren sozialer Herkunft aufweisen und zwar auch dann, wenn die Kompetenzen der Kinder und die Einschätzungen der Lehrkräfte konstant gehalten werden (sekundäre Herkunftseffekte).

Diese sekundären Herkunftseffekte wurden während der vergangenen drei Jahrzehnte erfolgreich mit Hilfe der Rational-Choice-Theorie erklärt. Dabei wird angenommen, dass Familien Bildungsentscheidungen treffen, die für ihre Kinder den größtmöglichen Nutzen bedeuten. Soziale Disparitäten begründen sich dann durch herkunftsspezifische Unterschiede in den Einschätzungen von Kosten und Nutzen.

Diese Arbeit beschäftigt sich mit Bildungsentscheidungen in den ersten beiden Jahren der Sekundarstufe I an Hamburger Schulen. Es wird untersucht, welcher Zusammenhang zwischen den Hintergrundmerkmalen der Schülerinnen und Schüler – insbesondere deren sozialer Herkunft – und der Wahl einer bestimmten Schulform bzw. dem Wechsel der besuchten Schulform besteht.

Die empirischen Analysen machen deutlich, dass soziale Disparitäten, die für den Grundschulübergang nachgewiesen wurden, durch nachträgliche Korrekturen der Schullaufbahn (z. B. Abgang vom Gymnasium) noch verstärkt werden.

Diese herkunftsspezifischen Differenzen im Entscheidungsverhalten der Schülerfamilien (sekundäre Herkunftseffekte) lassen sich mit Hilfe der Rational-Choice-Theorie durch unterschiedliche Einschätzungen des Nettonutzens der verschiedenen Bildungsgänge erklären.

Abstract

In international comparison, the connection between the socio-economic status of students and their educational success is particularly close in Germany. Children from privileged homes achieve higher competency levels at school than those from underprivileged families (primary effects of social origin). Additionally, the feedback of teachers on student performance by means of grades or recommendations for choice of secondary school track is biased in favor of students from privileged homes even if their academic achievement is controlled for. Further, research has shown repeatedly that educational choices of parents are closely related to their social status even if the academic achievement of their children and the teachers' feedback on the academic performance of their children is controlled for (secondary effects of social origin).

Over the past three decades such secondary effects of social origin have been successfully explained in models based on rational choice theory. This approach presupposes that parents make educational choices according to the greatest utility they assume these choices to have for their children. Consequently, disparities can be explained by class-specific differences in estimating the costs and benefits of education.

The present study addresses school track decisions in the first two years of secondary education in the Federal State of Hamburg, Germany. The study focuses on the research issue if a connection can be found between students' background characteristics – especially in terms of social origin – and parental decisions for a change of school track.

Empirical analyses show that subsequent adjustments of the school track decision taken at the end of primary school (e. g. by having a pupil leave the Gymnasium track for a lower-track type of school) enhance existing social disparities.

As this study reveals, such class-specific differences in parental decision making behavior (secondary effects of social origin) can be explained, on the basis of rational choice theory, by differences in the estimated net benefits parents assume different school tracks will have for their children.

Inhalt

1 Einleitung

*I cannot emphasize enough the impor-
tance of a good teacher.*

Temple Grandin[1]

Die Bedeutung der sozialen Herkunft für den Bildungserfolg von Schülerinnen
und Schülern spielt seit den 1960er Jahren eine zentrale Rolle in der wissenschaftlichen Auseinandersetzung mit den Mechanismen, die zur Reproduktion
sozialer Ungleichheit beitragen (vgl. zum Überblick Kristen, 1999). Die Bildungschancen von Kindern aus sozial privilegierten Elternhäusern erweisen sich
als erheblich größer als die von Kindern aus den unteren sozialen Lagen. In Familien vorhandenes ökonomisches, kulturelles und soziales Kapital wird nach
Bourdieu (1983) dazu eingesetzt, den Erwerb von schulischen Kompetenzen zu
unterstützen. Darüber hinaus wählen bildungsnahe Elternhäuser für ihre Kinder
häufiger eine höhere Schullaufbahn (Boudon, 1974). So wird sozialer Status von
einer Generation zur nächsten vererbt.

Die Bildungssituation hat sich in der Bundesrepublik Deutschland innerhalb der vergangenen Jahrzehnte erheblich verändert. Der Anteil der Schülerinnen und Schüler, die ein Gymnasium besuchen, ist stetig angestiegen. Auch hat
sich der Prototyp des benachteiligten Kindes verändert: Aus dem „katholischen
Arbeitermädchen vom Lande" (Peisert, 1967) ist der „Junge mit Migrationshintergrund" geworden (Geißler, 2005). Die Mechanismen, die zur Reproduktion
sozialer Disparitäten beitragen, mögen sich den veränderten Umständen ange-
passt haben, sind jedoch kontinuierlich wirksam geblieben, wie die umfangreiche Forschung zu diesem Thema zeigt (Becker & Lauterbach, 2004; Blossfeld,
1993; Schimpl-Neimanns, 2000; Solga, 2005; Vester, 2004, 2005).

> Die Vorstellung, die Bildungsexpansion hätte allen gleiche Bildungschan-
> cen ermöglicht, beruht auf einer Art von optischer Täuschung. Tatsächlich
> ist die Expansion der höheren Bildungseinrichtungen darauf zurückzuführ-
> ren, dass vor allem die Söhne und Töchter der oberen Bildungs- und Be-
> sitzmilieus (nicht zuletzt aufgrund ökonomischer Notwendigkeiten) ihre Be-
> teiligung an der Gymnasial- und Hochschulbildung mehr als verdoppelt ha-
> ben. Angehörige der mittleren und unteren Sozialmilieus sind in der höheren

---

1   zitiert nach http://www.autism.org/interview/temp_int.html

Bildung stark unterproportional repräsentiert. Dies funktioniert durch ein
komplexes System von ‚Sortierungen'. Diese lenken die Bildungsstrategien
dieser Milieus auf ‚bescheidenere' Berufsziele. Von denjenigen Söhnen und
Töchtern, die sich dennoch ehrgeizig auf den Weg zum Abitur und zum
Hochschulexamen gemacht haben, werden viele von diesem Weg nach und
nach abgedrängt. (Vester, 2004, S. 13)

In der öffentlichen Diskussion hat das Thema Bildungsungleichheit spätestens
mit der Veröffentlichung der Ergebnisse von PISA 2000 erheblich an Bedeutung
gewonnen (Geißler, 2004).

1.1 Primäre und sekundäre Herkunftseffekte

Boudon (1974) unterscheidet beim Einfluss der sozialen Herkunft auf den Bildungserfolg zwischen primären und sekundären Herkunftseffekten. Unter primären Herkunftseffekten versteht Boudon den schulischen Leistungsvorsprung von
Kindern aus bildungsnahen Familien vor denen aus bildungsfernen Familien.
Mit dem Begriff der sekundären Herkunftseffekte bezeichnet Boudon Bildungsverlaufsentscheidungen, die – auch unter Kontrolle der primären Herkunftseffekte – durch die soziale Herkunft der Schülerfamilien beeinflusst werden (vgl.
Abb. 1.01).

Primäre Herkunftseffekte

Das Ausmaß der primären Herkunftseffekte in Deutschland wurde in den vergangenen Jahren im internationalen Vergleich wiederholt in den großen Schulleistungsstudien hervorgehoben. Baumert und Schümer (2001) haben für PISA
2000 gezeigt, dass die Koppelung zwischen sozialer Herkunft und Lesekompetenz in keinem der Teilnehmerstaaten so groß ist wie in Deutschland (vgl. Abb.
1.02). Dieser sehr enge Zusammenhang zeigt sich auch zu den beiden folgenden
Erhebungszeitpunkten in den Jahren 2003 und 2006 (Ehmke & Baumert, 2007;
Ehmke, Hohensee, Heidemeier & Prenzel, 2004). Schon in der Grundschule lassen sich herkunftsbedingte Leistungsunterschiede nachweisen, auch wenn
Deutschland hier im internationalen Vergleich nicht ganz so schlecht abschnei-
det (Bos, Schwippert & Stubbe, 2007; Schwippert, Bos & Lankes, 2003).

Die Ursachen für diese Differenzen liegen zu einem großen Teil in der unterschiedlichen Sozialisation der Kinder durch ihr Elternhaus begründet. Die
ungleiche Ausstattung mit kulturellem Kapital führt dazu, dass Kinder aus bildungsnahen Familien von Geburt an intensiver gefördert werden können, als
dies in bildungsfernen Familien möglich wäre. Dazu gehört zum Beispiel der

einfachere Zugang zu Büchern, gemeinsame Museums- oder Theaterbesuche und mit Beginn der Schulzeit bessere Hilfe bei den Hausaufgaben. Alternativ können finanzielle Ressourcen in Nachhilfeunterricht investiert werden oder die Kinder können in vorhandene soziale Netzwerke eingebunden werden, um beispielsweise ihre Erfolgsaussichten bei der späteren Suche nach einem Arbeitsplatz zu erhöhen (Bourdieu, 1983; Bourdieu, Boltanski, De Saint Martin & Maldidier, 1981; Coleman, 1988, 1996).

Abbildung 1.01: Primäre und sekundäre Effekte der sozialen Herkunft auf Bildungschancen und Bildungserfolge

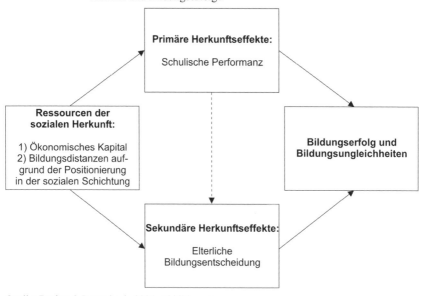

Quelle: Becker & Lauterbach, 2004, Abbildung 1

Zur Bedeutung der Lesesozialisation im Elternhaus stellen Stubbe, Buddeberg, Hornberg und McElvany (2007) für IGLU 2006 fest, dass der Zusammenhang zwischen dem sozialen Status der Familie und dem Ausmaß der häuslichen Lesesozialisation sowie zwischen dem Ausmaß der häuslichen Lesesozialisation und der Lesekompetenz am Ende der vierten Jahrgangsstufe in Deutschland im internationalen Vergleich besonders eng ausfällt.

Die Aufgabe der Institution Schule sollte es sein, durch die gezielte Förderung von Schülerinnen und Schülern aus bildungsferneren Elternhäusern zu versuchen, diesen Leistungsrückstand zu verringern. Da der unterschiedliche Ein-

Abbildung 1.02:   Steigung des sozialen Gradienten der Lesekompetenz nach Staaten in
PISA 2000

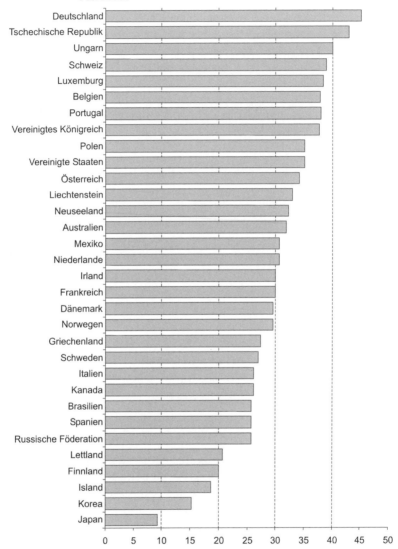

Quelle: Baumert & Schümer, 2001, Abbildung 8.13

fluss des Elternhauses auf die Lernentwicklung die gesamte Schulzeit hindurch
bestehen bleibt, dürfte es allerdings kaum gelingen, diese herkunftsspezifischen
Differenzen in den schulischen Kompetenzen vollständig auszugleichen. Der

internationale Vergleich zeigt jedoch, dass es in anderen Staaten zum Teil deutlich besser gelingt, primäre Herkunftseffekte zu verringern (vgl. Abb. 1.02).

Sekundäre Herkunftseffekte

Auch zu der Bedeutung der sekundären Herkunftseffekte für die Reproduktion sozialer Ungleichheit durch das deutsche Bildungssystem hat es in den vergangenen Jahren zahlreiche Analysen gegeben. Der Schwerpunkt der Forschung lag dabei auf dem wichtigsten Einschnitt in der Schullaufbahn deutscher Kinder: dem Übergang von der Grundschule auf eine weiterführende Schule. Es konnte wiederholt gezeigt werden, dass auch unter Konstanthaltung der schulischen Kompetenzen und der Schullaufbahnempfehlungen der Grundschule Kinder aus privilegierten Elternhäusern eine deutlich höhere Chance aufweisen, nach der Primarstufe auf ein Gymnasium zu wechseln, als Kinder aus sozial schwächeren Familien (vgl. aktuell Arnold, Bos, Richert & Stubbe, 2007).

Da sich die vorliegende Arbeit mit sekundären Herkunftseffekten in der Sekundarstufe I beschäftigt, wird in Kapitel 2 ausführlich auf die theoretischen Überlegungen zur Erklärung von sekundären Herkunftseffekten eingegangen, bevor in Kapitel 3 der nationale und internationale Forschungsstand dargestellt wird.

1.2 Leistungsrückmeldungen von Lehrkräften und die Schullaufbahnen von Kindern

Neben den primären und sekundären Herkunftseffekten tragen auch Lehrkräfte durch ihre – expliziten wie impliziten – Beurteilungen der schulischen Leistungen von Schülerinnen und Schülern zur Reproduktion sozialer Ungleichheit bei.

Schulnoten

Noten sind im schulischen Alltag die am weitesten verbreitete Form der expliziten Leistungsbeurteilung von Kindern. Zugleich sind sie seit langem sehr umstritten (Ingenkamp, 1989b). Dabei erweist sich insbesondere die Vergleichbarkeit von Zensuren zwischen unterschiedlichen Klassen als ausgesprochen problematisch (Ingenkamp, 1989a; Thiel & Valtin, 2002). Erfolgt die Benotung nach der sozialen Bezugsnorm – das heißt im Vergleich zu den Mitschülerinnen und Mitschülern – benötigt eine Schülerin beziehungsweise ein Schüler in einer leistungsstarken Klasse deutlich bessere Leistungen, um eine bestimmte Zensur zu erreichen, als in einer leistungsschwachen Klasse. Dennoch sind Schulnoten ein wichtiges Selektionskriterium im Bildungssystem beziehungsweise auf dem Arbeitsmarkt (Bromme, Rheinberg, Minsel, Winteler & Weidenmann, 2006).

Dass auch bei ähnlichen Leistungen ein Zusammenhang zwischen den Schulnoten von Kindern und deren sozialer Herkunft besteht, konnte beispielsweise im Rahmen von IGLU gezeigt werden (Arnold et al., 2007; Stubbe & Bos, 2008).

Schullaufbahnempfehlung

Insbesondere in den vergangenen Jahren ist die Schullaufbahnempfehlung am Ende der Grundschulzeit in das Zentrum der Aufmerksamkeit gerückt. Noch stärker als bei den Schulnoten spielen bei der Einschätzung, für welche Schulform eine Schülerin beziehungsweise ein Schüler geeignet ist, soziale Merkmale des Kindes eine wichtige Rolle (Bos et al., 2004; Lehmann, Peek & Gänsfuß, 1997; Pietsch, 2007).

Da die Schulnoten der vierten Klasse das wichtigste Entscheidungskriterium für die Übergangsempfehlung darstellen (Sekretariat der Ständigen Konferenz der Kultusminister der Länder in der Bundesrepublik Deutschland, 2006), wirkt sich eine Ungleichbehandlung der Kinder bei der Notenvergabe auch unmittelbar auf die Empfehlung aus. Doch auch unter Kontrolle der Schulnoten erhalten Kinder aus höheren sozialen Lagen bessere Empfehlungen als ihre Mitschülerinnen und Mitschüler (Arnold et al., 2007; Bos et al., 2004; Stubbe & Bos, 2008). Hier machen sich unterschiedliche Prognosen zur weiteren Entwicklung der Kinder bemerkbar. Bildungsnäheren Elternhäuser trauen Lehrkräfte eher zu, ihre Kinder auf dem Gymnasium ausreichend zu unterstützen (Ditton, 2004).

Da der Grundschulübergang eine wichtige Weichenstellung im Leben der Schülerinnen und Schüler darstellt, muss die Frage beantwortet werden, wie hoch die prognostische Qualität der Lehrerurteile ist, das heißt wie gut die Lehrkräfte die künftige Entwicklung der Kinder vorhersagen können. Böhnel (1996) betont, dass die schulischen Kompetenzen in der vierten Jahrgangsstufe keine zuverlässigen Indikatoren für die später erreichten Kompetenzen der Kinder darstellen (vgl. Kap. 3.2).

Klassenwiederholungen

Ein weiteres institutionalisiertes Instrument zur Selektion im deutschen Bildungssystem stellt die Praxis der Klassenwiederholung dar. Gröhlich und Bos (2007) zeigen für Hamburger Grundschulen einen Zusammenhang zwischen der sozialen Herkunft von Kindern und dem Risiko, eine Klasse wiederholen zu müssen. Krohne und Meier (2004) stellen für Daten aus PISA 2000 fest, dass Kinder mit Migrationshintergrund insbesondere in der Grundschule ein deutlich höheres Risiko des Sitzenbleibens aufweisen als Kinder ohne Migrationshintergrund. In der Sekundarstufe sind auch Jugendliche ohne Migrationshintergrund verstärkt vom Sitzenbleiben betroffen, wobei Jungen einen deutlich größeren Anteil der Sitzenbleiber ausmachen als Mädchen.

Für die Analyse von Bildungsentscheidungen bedeuten diese Befunde, dass die Einschätzungen der gegenwärtigen und zukünftigen Leistungen der Schülerinnen und Schüler durch die Lehrkräfte in Form von Noten oder Schullaufbahnempfehlungen mitmodelliert werden müssen. Denn unabhängig davon, ob diese Beurteilungen verbindlichen Charakter für die weitere Schullaufbahn der Kinder haben, stellen sie für Eltern eine wichtige Informationsquelle dar (vgl. Becker, 2000).

1.3   Die Entkoppelung von Schulart und Schulabschluss

In der Diskussion zur Bedeutung von Schullaufbahnempfehlungen und Schullaufbahnentscheidungen wird zumindest implizit unterstellt, dass mit einem bestimmten Bildungsgang ein bestimmter Schulabschluss verbunden ist (Bellenberg & Klemm, 2000) und der weitere Lebensweg der Kinder somit schon im Alter von etwa zehn Jahren in eine bestimmte Bahn gelenkt wird. Aus diesem Grund erhebt das gegliederte Schulsystem in Deutschland für sich den Anspruch einer gewissen Durchlässigkeit. Dabei wird die Möglichkeit, von einer Schulform in eine andere zu wechseln, als horizontale Durchlässigkeit bezeichnet und die Möglichkeit, einen höherwertigen Schulabschluss auf einer niedrigeren Schulart zu erwerben, als vertikale Durchlässigkeit.

Baumert, Trautwein und Artelt (2003) weisen darauf hin, dass seit den 1980er Jahren die vertikale Durchlässigkeit an Bedeutung gewonnen hat. Abstiege auf eine niedrigere Schulform bedeuten somit nicht zwangsläufig den Verzicht auf einen bestimmten Schulabschluss, verhindern aber möglicherweise eine Klassenwiederholung und entlasten die betroffene Schülerin beziehungsweise den betroffenen Schüler. Diese Entkoppelung von Schulart und Schulabschluss kann darüber hinaus auch bei einer geringen horizontalen Durchlässigkeit zu einer insgesamt größeren Offenheit des Schulsystems beitragen.

Schuchart (2006) untersucht an niedersächsischen Schulen der Sekundarstufe die elterliche Wahrnehmung der Bedeutung der Entkoppelungsoption für die Schullaufbahn ihrer Kinder und stellt fest, dass Eltern sich bevorzugt für die

Schullaufbahn entscheiden, die traditionell mit dem gewünschten Abschluss assoziiert wird.

> Damit scheinen die Eltern mit einem bestimmten Abschlusswunsch selbst bei Leistungen, die gegen die anspruchsvollere Schulart sprechen, zu großen Teilen nicht der Auffassung zu sein, dass auch die anspruchsniedrigere Schulart zum gleichen Ausbildungsziel führen kann. (Schuchart, 2006, S. 411)

Tatsächlich erweisen sich gleichnamige Abschlüsse, die an unterschiedlichen Schulformen erworben wurden, auf dem Arbeitsmarkt als nicht gleichwertig (Schuchart, 2007). Für die Situation im schwedischen Bildungssystem stellen Breen und Jonsson (2000) zudem fest, dass die frühe Wahl für einen bestimmten Bildungsweg sich auf spätere Bildungsentscheidungen auswirkt.

Ein weiterer Aspekt, der in diesem Zusammenhang bedacht werden muss, betrifft die differenziellen Lern- und Entwicklungsmilieus. Baumert, Stanat und Watermann (2006) betonen die Koppelung zwischen besuchter Schulform und den Entwicklungschancen der Kinder. Auch unter Kontrolle der persönlichen, intellektuellen, kulturellen, sozialen und ökonomischen Ressourcen der Schülerinnen und Schüler bietet das anregungsreichere Lern- und Entwicklungsmilieu an einem Gymnasium diesen eine höhere Chance das Abitur zu erreichen als eine Realschule.

Auch wenn die Entkoppelung von Schulart und Schulabschluss theoretisch zu einer größeren Offenheit des Schulsystems beitragen kann, muss für die gegenwärtige Situation in Deutschland festgehalten werden, dass für elterliche Schulformentscheidungen am Ende der Grundschulzeit oder in den ersten Jahren an einer weiterführenden Schule die Entkoppelungsoption praktisch keine Rolle spielt und daher auch in dieser Arbeit nicht weiter berücksichtigt werden muss.

1.4 Migrationshintergrund und Geschlecht

In der aktuellen Auseinandersetzung mit dem Thema ‚Bildungsgerechtigkeit‘ werden neben dem sozialen Status üblicherweise zwei weitere unveränderliche Schülermerkmale berücksichtigt, die einen Zusammenhang mit dem Bildungserfolg von Schülerinnen und Schülern aufweisen: der Migrationshintergrund und das Geschlecht.

Migrationshintergrund

Ähnlich wie die Rolle der sozialen Herkunft für den Bildungserfolg wird auch der Zusammenhang zwischen Migrationshintergrund und schulischer Kompetenz von Kindern und Jugendlichen in Folge der internationalen Schulleistungsstudien verstärkt öffentlich hervorgehoben (Schwippert, Hornberg, Freiberg & Stubbe, 2007). Dabei wird der Migrationshintergrund üblicherweise mit Hilfe von Angaben zu dem Geburtsland der Eltern (teilweise der Großeltern) und/oder des Kindes operationalisiert, da die Angaben zur Nationalität – je nach Einbürgerungspolitik des betreffenden Staates – die tatsächlichen Migrationsgeschichten der Familien unter Umständen verschleiern (Schwippert & Schnabel, 2000).

Schülerinnen und Schüler mit Migrationshintergrund weisen in den meisten Staaten deutlich geringere schulische Kompetenzen auf als ihre Mitschülerinnen und Mitschüler. Im internationalen Vergleich ist die Koppelung zwischen Migrationshintergrund und Schülerleistung in Deutschland relativ hoch (vgl. aktuell Schwippert et al., 2007; Walter & Taskinen, 2007). Diese Leistungsdifferenzen lassen sich zwar zum Teil durch den im Mittel geringeren sozialen Status von Familien mit Migrationshintergrund erklären, jedoch sind auch unter Kontrolle der sozialen Herkunft noch migrationsbedingte Disparitäten feststellbar. So beträgt bei IGLU 2006 der Leistungsvorsprung im Leseverständnis von Kindern ohne Migrationshintergrund vor denen mit Migrationshintergrund am Ende der vierten Jahrgangsstufe 48 Punkte. Unter Kontrolle des sozialen Status liegt dieser Wert bei 27 Punkten (Schwippert et al., 2007).

Im Rahmen von IGLU konnte darüber hinaus gezeigt werden, dass Kinder mit Migrationshintergrund unter Kontrolle der schulischen Kompetenzen und weiterer Hintergrundvariablen zwar schlechtere Noten erhalten als ihre Mitschülerinnen und Mitschüler, unter zusätzlicher Kontrolle dieser Noten aber eher günstigere Übergangsempfehlungen beziehungsweise Übergangsentscheidungen aufweisen (Arnold et al., 2007; Stubbe & Bos, 2008).

Geschlecht

Wie internationale Schulleistungsstudien gezeigt haben, verfügen Mädchen in den meisten Staaten über eine größere Lesekompetenz als Jungen. Im internationalen Vergleich fällt dieser Unterschied in Deutschland am Ende der vierten Jahrgangsstufe sehr gering aus, während fünfzehnjährige Schülerinnen und Schüler hierzulande relativ große Geschlechterdifferenzen aufweisen (vgl. aktuell Drechsel & Artelt, 2007; Hornberg, Valtin, Potthoff, Schwippert & Schulz-Zander, 2007).

In Mathematik weisen Jungen in der aktuellen PISA-Studie in fast allen Teilnehmerstaaten eine höhere Kompetenz auf als Mädchen, und in keinem Staat ist es umgekehrt (Frey, Asseburg, Carstensen, Ehmke & Blum, 2007). Demgegenüber stellt TIMSS 2003 sowohl für die vierte als auch für die achte Jahrgangsstufe fest, dass es in einem Großteil der Teilnehmerstaaten keine signifikanten Geschlechtsunterschiede in Mathematik gibt und dass von den Staaten, in denen es signifikante Differenzen gibt, etwa gleich viele einen Vorsprung der Mädchen aufweisen wie umgekehrt (Mullis, Martin, Gonzalez & Chrostowski, 2004).

Im Bereich Naturwissenschaften kommt TIMSS 2003 für die vierte Klasse zu dem Ergebnis, dass es kaum Geschlechtsunterschiede in den erreichten Kompetenzen gibt. In der achten Klasse weisen Jungen in einem Großteil der Staaten einen zum Teil erheblichen Leistungsvorsprung auf. In einigen Staaten lassen sich keine signifikanten Unterschiede beziehungsweise ein Vorsprung der Mädchen feststellen (Martin, Mullis, Gonzalez & Chrostowski, 2004). Bei PISA 2006 finden sich mehr Staaten, in denen die Mädchen eine höhere naturwissenschaftliche Kompetenz aufweisen, als Staaten, in denen Jungen besser abschneiden. In den meisten Staaten zeigen sich jedoch keine signifikanten Differenzen (Prenzel et al., 2007).

Den IGLU-Daten zufolge erhalten Mädchen – unter Kontrolle der jeweiligen Kompetenz und weiterer Hintergrundvariablen – bessere Deutschnoten und schlechtere Mathematiknoten als Jungen. Bei den Übergangsempfehlungen der Lehrkräfte und Übergangsentscheidungen der Eltern lassen sich bei Berücksichtigung dieser Variablen kaum Geschlechtsunterschiede feststellen (Stubbe & Bos, 2008). Kann wie in der Lesestudie IGLU 2006 die Mathematikkompetenz nicht berücksichtigt werden, ergeben sich leichte Vorteile für die Jungen (Arnold et al., 2007).

1.5   Ausgangsüberlegungen für diese Arbeit

Die in Deutschland nach wie vor sehr enge Koppelung zwischen sozialen Merkmalen und dem Schulerfolg von Kindern stellt den Ausgangspunkt dieser Arbeit dar. Auch für die Hamburger Untersuchung Kompetenzen und Einstellungen von Schülerinnen und Schülern am Ende der Jahrgangsstufe 4 in Hamburger Grundschulen (KESS 4) wurde der Zusammenhang zwischen der sozialen Herkunft und der Schullaufbahnempfehlung der Lehrkräfte beziehungsweise der Schullaufbahnentscheidung der Eltern beschrieben (Pietsch, 2007). Das längsschnittliche Design dieser Studie ermöglicht es, die weiteren Schullaufbahnen dieser Kinder in der Sekundarstufe zu untersuchen. Es stellt sich die Frage, ob nachträgliche Korrekturen von getroffenen Schullaufbahnentscheidungen (z.b. Abgang vom Gymnasium) zu einer leistungsgerechteren Verteilung auf die unterschiedlichen Schulformen und damit möglicherweise zu einer Verringerung der sozialen Disparitäten führen, oder ob diese nachträglichen Korrekturen selbst in einem Zusammenhang mit sozialen Merkmalen der Kinder stehen und somit zu einer weiteren Verstärkung der sozialen Ungleichheit im Bildungssystem beitragen.

Aufbau der Arbeit

Nachdem in diesem Kapitel die Bedeutung und die Mechanismen der Reproduktion sozialer Ungleichheit im deutschen Bildungswesen im Überblick dargestellt wurden, wird im zweiten Kapitel der theoretische Rahmen für die empirischen Analysen entwickelt. Ausgehend von Boudon (1974) werden Bildungsentscheidungen im Sinne der Rational-Choice-Theorie beschrieben. Schülerfamilien verfügen über herkunftsspezifische Informationen über das Schulsystem und die Leistungen ihres Kindes und treffen davon ausgehend rationale Entscheidungen über die Bildungslaufbahn des Kindes. In Anlehnung an die Modelle von Esser (1999) und Becker (2000) zur Schulformentscheidung am Ende der Grundschulzeit wird ein Modell zur Beschreibung von Bildungsgangentscheidungen in der Sekundarstufe formuliert.

Im dritten Kapitel wird der aktuelle Forschungsstand zum Thema ‚sekundäre Herkunftseffekte‘ beleuchtet. Aus nationaler Perspektive werden zunächst Arbeiten zur Bildungsgangentscheidung am Ende der Grundschulzeit vorgestellt. Anschließend wird auf die wichtigsten Publikationen zum Thema Schulformwechsel in der Sekundarstufe von den 60er Jahren bis heute eingegangen. In der englischsprachigen Forschung spielt der Abbruch der Schullaufbahn (*drop out*) im Zusammenhang mit sekundären Herkunftseffekten die zentrale Rolle. Welche Hintergrundmerkmale in Zusammenhang mit der Abbruchentscheidung stehen, wird am Ende des Kapitels zusammengefasst. Besonderheiten des Hamburger Sekundarschulsystems, die für das vorliegende Thema wichtig sind, werden im vierten Kapitel beschrieben.

Ausgehend vom Forschungsstand und den theoretischen Überlegungen werden im fünften Kapitel die konkreten Forschungsfragen formuliert. In Kapitel sechs wird zunächst die KESS-Studie vorgestellt, aus der die Daten für die empirischen Analysen stammen und anschließend werden die verwendeten Datensätzen und Variablen sowie die eingesetzten Methoden beschrieben.

Die Ergebnisse der empirischen Analysen werden im siebten Kapitel vorgestellt. In Kapitel acht werden die Ergebnisse der Arbeit zusammengefasst und vor dem Hintergrund der Forschungsfragen diskutiert.

2 Sekundäre Herkunftseffekte und Rational-Choice-Theorie

Inmitten des Wirrwarrs gilt es, das Einfache zu finden.

Albert Einstein[2]

Wie in Kapitel 1.1 dargestellt wurde, wird unter sekundären Herkunftseffekten das Phänomen verstanden, dass Bildungsentscheidungen auch unter Kontrolle der schulischen Kompetenzen der Schülerinnen und Schüler einen Zusammenhang mit der sozialen Herkunft der Familien aufweisen. Das Vorhandensein dieser Effekte beim Übergang von der Grundschule auf eine weiterführende Schulform konnte in zahlreichen aktuellen Studien gezeigt werden (vgl. Kap. 3.1). In dieser Arbeit soll untersucht werden, inwieweit sich auch in der Sekundarstufe sekundäre Herkunftseffekte feststellen lassen. Aus wissenschaftlicher Perspektive genügt es dabei nicht, den empirischen Zusammenhang zwischen Bildungserfolg und sozialer Herkunft zu beschreiben. Zusätzlich müssen die Mechanismen, die zur Reproduktion sozialer Ungleichheit durch das Bildungssystem beitragen, mit Hilfe einer geeigneten Theorie beschrieben werden und aus dieser Theorie ableitbare Hypothesen an Hand empirischer Daten überprüft werden (Popper, 2005). Zur Erklärung von sekundären Herkunftseffekten hat sich in den vergangenen Jahren die Anwendung der Rational-Choice-Theorie (RC-Theorie) bewährt (Maaz, Hausen, McElvany & Baumert, 2006). Ausgehend von den Arbeiten von Boudon (1974) wird Bildungsungleichheit als Resultat von rationalen Bildungsentscheidungen verstanden, wobei sich für Schülerfamilien in Abhängigkeit von ihrer sozialen Lage unterschiedliche Handlungen als rational erweisen.

In diesem Kapitel werden zunächst die Grundlagen der RC-Theorie – insbesondere in ihrer Funktion als soziologische Handlungstheorie – dargestellt (Kap. 2.1). Im Anschluss daran werden ausgewählte theoretische und empirische Arbeiten vorgestellt, die unter Anwendung der RC-Theorie die Reproduktion sozialer Disparitäten durch herkunftsspezifische Bildungsgangentscheidungen (insbesondere beim Übergang von der Grundschule auf eine weiterführende Schule) erklären (Kap. 2.2). Schließlich wird ein an die vorgestellten Arbeiten

---

2   zitiert nach Hesse, C. (2006). *Expeditionen in die Schachwelt*. Steinmeier: Nördlingen.

anschließendes Erklärungsmodell für den vorzeitigen Abgang vom Gymnasium entwickelt, das in dieser Arbeit mit Hilfe der Daten aus der Längsschnittstudie KESS einer empirischen Überprüfung unterzogen werden soll (Kap. 2.3).

2.1   Die Rational-Choice-Theorie

Die RC-Theorie hat sich in den vergangenen Jahrzehnten zur einflussreichsten soziologischen Handlungstheorie entwickelt (Diekmann & Voss, 2004), und dies, obwohl die RC-Theorie zugleich eine umstrittene Theorie ist (Haller, 1999). Viele berechtigte Kritikpunkte an der RC-Theorie wurden in der Vergangenheit zur Weiterentwicklung der Theorie genutzt, wobei betont werden muss, dass eine der Stärken dieser Theorie ihre Einfachheit ist und somit im Einzelfall sorgfältig abgewogen werden muss, ob das Hinzufügen weiterer Elemente der Theorie – hinsichtlich ihrer praktischen Einsetzbarkeit – nicht eher schadet als nützt.

Da die RC-Theorie auch in der Erziehungswissenschaft bereits erfolgreich zur Erklärung der Reproduktion sozialer Disparitäten durch familiäre Bildungsentscheidungen eingesetzt wurde (vgl. Kap. 2.2), erscheint es erfolgversprechend, an diese Modelle anknüpfend auch in dieser Arbeit die RC-Theorie zum Ausgangspunkt der theoretischen Überlegungen zu nehmen. Insbesondere weil die Annahme berechtigt erscheint, dass Bildungsentscheidungen von den meisten Familien als *High-Cost*-Situationen wahrgenommen werden, sollte in diesem Kontext auf die RC-Theorie zurückgegriffen werden. Unter *High-Cost*-Situationen werden Entscheidungen verstanden, die für den Handelnden subjektiv als sehr wichtig wahrgenommen werden, so dass es sich lohnt, die Situation ausführlich zu analysieren. Im Gegensatz dazu rentiert es sich in *Low-Cost*-Situationen (z.B. Auswahl der Farbe beim Kauf einer Zahnbürste) kaum, Zeit und Ressourcen in die Entscheidungsfindung zu investieren. Es kann gezeigt werden, dass sich die empirischen Fakten umso besser mit Hilfe der RC-Theorie erklären lassen, je eher die Handelnden bei ihrer Entscheidungsfindung von einer *High-Cost*-Situation ausgehen (Friedrichs & Opp, 2002; Mensch, 2000).

Zunächst sollte betont werden, dass sich hinter dem Begriff RC-Theorie nicht nur eine, „sondern je nach Modellannahmen unterschiedliche Varianten" (Diekmann & Voss, 2004, S. 13) verbergen. In diesem Kapitel wird der Begriff RC-Theorie zunächst in einem sehr allgemeinen Sinn verwendet, solange es um die Grundannahmen der Theorie geht. Bei der konkreten Anwendung der RC-Theorie zur Erklärung von Bildungsentscheidungen orientiert sich diese Arbeit an der Darstellung der Wert-Erwartungs-Theorie (WE-Theorie) bei Esser (1999). Der Begriff RC-Theorie wird dann in diesem Sinne verwendet. Im Folgenden sollen zunächst die Grundannahmen der RC-Theorie erläutert werden (Kap. 2.1.1). Anschließend wird darauf eingegangen, wie die RC-Theorie als soziologische Handlungstheorie zur Erklärung sozialer Phänomene eingesetzt werden kann (Kap. 2.1.2), wie diese Erklärung konkret aussieht (Kap. 2.1.3 „Definition der Situation" und Kap. 2.1.4 „Logik der Selektion"), und wie sich aus der Theorie abgeleitete Hypothesen empirisch überprüfen lassen (Kap. 2.1.5). Abschließend werden die für die weitere Argumentation notwendigen Punkte noch einmal zusammengefasst (Kap. 2.1.6).

2.1.1 Die Grundannahmen der Rational-Choice-Theorie

Die zentrale Annahme der RC-Theorie wird häufig mit einem kurzen Satz wie dem folgenden zusammengefasst: „In Handlungssituationen treffen Akteure rationale Entscheidungen." Dies kann jedoch zu ersten Missverständnissen führen. Mit dem Begriff „rational" ist in diesem Zusammenhang gemeint, dass Entscheidungen nach einem ganz bestimmten Schema getroffen werden. Es wird ausdrücklich nicht unterstellt, dass die Entscheidungen intelligent oder vorteilhaft für den Handelnden sein müssen (March, 1994). Wäre dies der Fall, müsste jedem einzelnen Akteur vollständige Information unterstellt werden; und zwar nicht nur hinsichtlich des Handlungsrahmens der Entscheidungssituation, sondern auch hinsichtlich der Entscheidungen, die von Mitakteuren getroffen werden. Simon (1957) führt daher den Begriff der *Bounded Rationality* ein, der der Tatsache Rechnung trägt, dass Menschen nur über mehr oder weniger unvollständige Informationen zu dem Hintergrund der jeweiligen Entscheidungssituation verfügen. Häufig wird in diesem Zusammenhang auch darauf hingewiesen, dass Menschen nicht zwangsläufig versuchen, die Handlungsalternative mit dem größten Nutzen zu finden (*maximising*), sondern sich für eine Handlungsalternative entscheiden, die zu einem für den Akteur zufrieden stellenden Resultat führt (*satisficing*). Dies kann rational sein, wenn der Akteur zwar weiß, dass es eine bessere Handlungsalternative gibt, aber nicht welche dies ist (Henden, 2006). In dieser Arbeit wird aus pragmatischen Gründen von der Annahme der Nutzenmaximierung ausgegangen. Da die Anzahl von Handlungsalternativen überschaubar ist (z.B. Entscheidung für Hauptschule, Realschule, Gymnasium oder Gesamtschule) und es sich wie bereits festgestellt für die meisten Familien um eine *High-Cost*-Situation handelt, die eine zeitintensive Bewertung der unterschiedlichen Folgen rechtfertigt, ist auch die Annahme plausibel, dass die Handlung gewählt wird, die den größten Nutzen verspricht.

Diekmann und Voss (2004) halten den Begriff „Rationalität" im Rahmen dieser Theorie für vollständig entbehrlich, da „Rationalität" in diesem Kontext als „Handeln in Übereinstimmung mit den Annahmen (Axiomen) einer Entscheidungstheorie" (Diekmann & Voss, 2004, S. 13) definiert werden könne. March (1994) fasst diese Annahmen in vier Fragen zusammen, die Handelnde in einer Entscheidungssituation – bewusst oder unbewusst – beantworten müssen:

(1)   Welche Handlungsalternativen gibt es?

(2)   Welche Folgen haben die einzelnen Handlungen und mit welcher Wahrscheinlichkeit treten diese ein?

(3)   Wie bewertet der Akteur die Folgen für sich selbst (positiv, negativ, neutral)?

(4)   Welche Handlungsalternative hat die positivsten Folgen für den Akteur?

March weist zwar darauf hin, dass Menschen durchaus dazu neigen, sowohl ihre eigenen Handlungen als auch die ihrer Mitmenschen (nachträglich) zu rationalisieren,

> When asked to explain behavior, most people 'rationalize' it. That is, they explain their own actions in terms of their alternatives and the consequences of those alternatives for their preferences. Similarly, they explain the actions of others by imagining a set of expectations and preferences that would make the action rational. (March, 1994, S. 3)

dennoch ist es wichtig zu betonen, dass es sich bei der RC-Theorie um ein soziologisches Erklärungsmodell für menschliche Entscheidungsprozesse handelt und nicht um eine „empirische Beschreibung oder Erklärung […] der Vorgänge im Gehirn oder in den Muskeln des Akteurs" (Esser, 1999, S. 249). Für die Nützlichkeit der RC-Theorie für soziologische Erklärungen ist es „gleichgültig, ob die Menschen jeweils auch ‚wirklich' über die Folgen ihres Tuns sinnhaft nachdenken oder nicht. Es genügt, daß sie so handeln, ‚als ob' die WE-Theorie auch ‚wirklich' zutreffen würde. Und das ist genug für die Zwecke der Soziologen, die ja keine Hirnphysiologie, keine Emotionsbiologie und keine Tiefenpsychologie betreiben wollen, sollen oder müssen und an den Einzelmenschen ohnehin nicht interessiert sind" (Esser, 1999, S. 249). Auch Popper (1971) sieht keine Notwendigkeit für die Sozialwissenschaften, sich mit den psychologischen Motiven von Handelnden zu beschäftigen:

> Eine *objektiv*-verstehende Sozialwissenschaft kann unabhängig von allen subjektiven oder psychologischen Ideen entwickelt werden. Sie besteht darin, daß sie die *Situation* des handelnden Menschen hinreichend analysiert, um die Handlung aus der Situation heraus ohne weitere psychologische Hilfe zu erklären. Das objektive ‚Verstehen' besteht darin, daß wir sehen, daß

die Handlung objektiv *situationsgerecht* war. Mit anderen Worten, die Situation ist so weitgehend analysiert, daß die zunächst anscheinend psychologischen Momente, zum Beispiel Wünsche, Motive, Erinnerungen und Assoziationen, in Situationsmomente verwandelt wurden. Aus dem Mann mit diesen oder jenen Wünschen wird dann ein Mann, zu dessen Situation es gehört, daß er diese oder jene objektiven *Ziele* verfolgt. Und aus einem Mann mit diesen oder jenen Erinnerungen oder Assoziationen wird dann ein Mann, zu dessen Situation es gehört, daß er objektiv mit diesen oder jenen Theorien oder mit dieser oder jener Information ausgestattet ist. (Popper, 1971, S. 120, Hervorhebungen im Original)

Der Modellmensch der RC-Theorie lässt sich am besten mit dem RREEMM-Modell nach Lindenberg (1985) beschreiben. Menschen werden in diesem Modell als *resourceful* (sie verfügen über materielle und mentale Ressourcen), *restricted* (sie werden von ihrer Umgebung in ihren Möglichkeiten begrenzt), *evaluating* (sie analysieren die Situation und die Handlungsalternativen), *expecting* (sie haben Erwartungen hinsichtlich des Eintretens bestimmter Ereignisse) und *maximizing man* (sie versuchen ihren Nutzen zu maximieren) beschrieben.

Im folgenden Abschnitt soll näher erläutert werden, welche Aufgabe die RC-Theorie als soziologische Handlungstheorie hat.

2.1.2   Das Mikro-Makro-Modell der soziologischen Erklärung

Die Aufgabe einer jeden Erfahrungswissenschaft ist die Beschreibung und Erklärung empirischer Phänomene. Mit „Erklären" ist dabei die Beantwortung von „Warum-Fragen" gemeint. Es geht also darum, Ursachen für das Auftreten von bestimmten Phänomenen zu benennen. Dieser Vorgang setzt die Beschreibung der fraglichen Phänomene voraus (Lang, 1994). Die Erfahrungswissenschaften unterscheiden sich in erster Linie durch ihre Gegenstandsbereiche voneinander, wobei der Gegenstandsbereich der Soziologie die soziale Wirklichkeit ist. Die Soziologie versucht Phänomene auf der Makroebene zu erklären. Es herrscht allerdings Uneinigkeit darüber, wodurch diese kollektiven Explananda erklärt werden sollen; durch Phänomene auf der Makro- oder auf der Mirkoebene.

Durkheim (1965) war Ende des 19. Jahrhunderts der Ansicht, dass sowohl soziologische Explananda als auch soziologische Explanans Phänomene auf der Makroebene („soziale Tatsachen") sein müssen. Soziales kann nach Durkheim nur durch Soziales erklärt werden. Man spricht daher auch von Makrosoziologie oder kollektivistischer Soziologie.

> Da die Autorität, vor der sich ein Individuum beugt, wenn es sozial fühlt oder denkt, es bis zu diesem Grade beherrscht, so ist sie ein Erzeugnis von Kräften, die über das Individuum hinausreichen und von denen es infolge-

dessen auch keine Rechenschaft geben kann. Dieser äußere Druck, den das Individuum erleidet, kann also nicht von ihm selbst abstammen; dementsprechend kann er auch nicht durch das erklärt werden, was im Individuum vor sich geht. (…) Kommt nun das Individuum nicht in Betracht, so bleibt nur die Gesellschaft übrig. Wir müssen also die Erklärung des sozialen Lebens in der Natur der Gesellschaft selbst suchen. Da sie nun das Individuum in der Zeit wie im Raum grenzenlos überschreitet, muß sie auch begreiflicherweise imstande sein, ihm die Arten des Handelns und Denkens aufzuerlegen, die sie mit ihrer Autorität sanktioniert hat. Dieser Druck, der das unterscheidende Kennzeichen der soziologischen Tatbestände ist, wird von allen auf den Einen ausgeübt.

(…) Ein Ganzes ist eben nicht mit der Summe seiner Teile identisch; es ist ein Ding anderer Art, dessen Eigenschaften von denen der Teile, aus denen es zusammengesetzt ist, verschieden sind. (…)

Kraft dieses Prinzipes ist die Gesellschaft nicht bloß eine Summe von Individuen, sondern das durch deren Verbindung gebildete System stellt eine spezifische Realität dar, die einen eigenen Charakter hat. Zweifellos kann keine kollektive Erscheinung entstehen, wenn kein Einzelbewusstsein vorhanden ist; doch ist diese notwendige Bedingung allein nicht ausreichend. Die einzelnen Psychen müssen noch assoziiert, kombiniert und in einer bestimmten Art kombiniert sein; das soziale Leben resultiert also aus dieser Kombination und kann nur aus ihr erklärt werden. Indem sie zusammentreten, sich durchdringen und verschmelzen, bringen die individuellen Psychen ein neues, wenn man will psychisches Wesen hervor, das jedoch eine psychische Individualität neuer Art darstellt. In der Natur dieser Individualität, nicht in jener der sie zusammensetzenden Einheiten müssen also die nächsten und bestimmenden Ursachen der Phänomene, die sich dort abspielen, gesucht werden. Die Gruppe denkt, fühlt und handelt ganz anders, als es ihre Glieder tun würden, wären sie isoliert. Wenn man also von den letzteren ausgeht, so wird man die Vorgänge in der Gruppe niemals verstehen können. Kurz, die Soziologie ist von der Psychologie in derselben Weise getrennt wie die Biologie von den physikalisch-chemischen Wissenschaften. Jedesmal, wenn ein soziologischer Tatbestand unmittelbar durch einen psychologischen erklärt wird, kann man daher dessen gewiß sein, daß die Erklärung falsch ist. (Durkheim, 1965, S. 186ff.)

Im Gegensatz dazu versucht die Mikrosoziologie, soziale Phänomene durch Betrachtung der einzelnen Personen und der direkten Beziehungen zwischen Individuen zu erklären.

Der (vermeintliche) Widerspruch zwischen diesen beiden Strömungen in der Soziologie ist so alt wie die Disziplin selbst und besteht bis in die Gegenwart (Alexander, J. C., Giesen, Münch & Smelser, 1987). Auch wenn in fast allen Theorien sowohl Makro- als auch Mikroebene auftauchen, „all remained burdened by overcommitments to one side or the other" (Alexander, J. C. & Giesen, 1987, S. 15). Die Lösung dieses Problems scheint in der Integration von Makro- und Mikroebene zu liegen, die erstmals von Weber versucht wurde (vgl. Alexander, J. C. & Giesen, 1987). Ein allgemeines Mikro-Makromodell wurde von Coleman (1986; 1987) entwickelt. Die soziale Wirklichkeit stellt danach in der kausalen Erklärung des Explanandums den Ausgangspunkt dar. Aber nur wenn das individuelle Handeln von Menschen in die Erklärung einbezogen wird, kann eine solche Erklärung erfolgreich sein (vgl. Abb. 2.01).

Abbildung 2.01: Das Mikro-Makro-Modell der soziologischen Erklärung

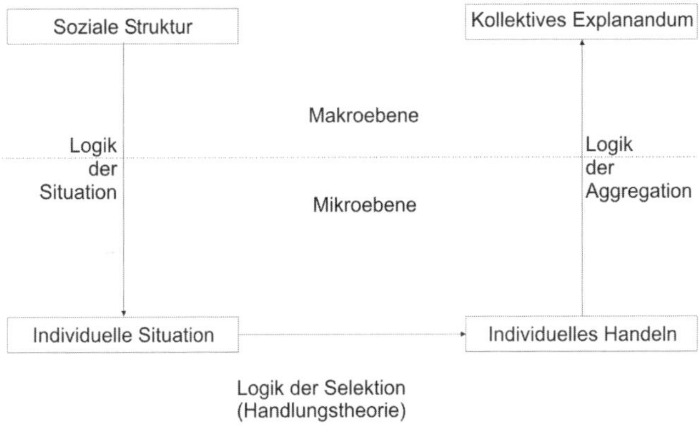

Quelle: Hill, 2002, Abbildung 2, ergänzt

Erklärt werden soll mit diesem Modell ein kollektives Explanandum – also ein soziales Phänomen auf der Makroebene (z.B. soziale Disparitäten beim Übergang von der Grundschule auf eine weiterführende Schule). Ausgangspunkt der Argumentation ist die soziale Struktur – also ebenfalls ein Phänomen auf der Makroebene (z.B. die Gesellschaftsstruktur in der Bundesrepublik Deutschland mit vorhandenen sozialen Disparitäten und dem gegliederten Schulsystem). Anders als in der kollektivistischen Soziologie wird nun aber keine direkte Wirkung des kollektiven Explanans auf das kollektive Explanandum angenommen, sondern gewissermaßen ein „Umweg" über die Mikroebene – die handelnden Personen – gemacht.

In dem Mikro-Makro-Modell lassen sich drei Relationen unterscheiden. Die erste verknüpft die Makroebene mit der individuellen Situationsinterpretation. Es wird also angenommen, dass die soziale Struktur dafür (mit)-verantwortlich ist, wie Individuen eine bestimmte Situation interpretieren und über welche Ressourcen und Wünsche sie verfügen. Man spricht von der Logik der Situation beziehungsweise der Definition der Situation (vgl. Kap. 2.1.3). Die zweite Relation stellt die Verbindung zwischen der Situationsinterpretation und dem individuellen Handeln dar. Um diesen Zusammenhang erklären zu können, benötigt man eine soziologische Handlungstheorie (z.B. die RC-Theorie). Handeln wird nach diesem Modell durch eine Handlungstheorie erklärbar, wenn die individuelle Situationsinterpretation bekannt ist. Aus diesem Grund ist es wichtig, dass die Situationsinterpretation angemessen in der eigentlichen Handlungstheorie berücksichtigt wird. Da der Handelnde aus unterschiedlichen Handlungsalternativen auswählen muss, spricht man bei dieser Relation auch von der Logik der Selektion (vgl. Kap. 2.1.4). Bei der dritten Relation, die für den Übergang von der Mikroebene zurück auf die Makroebene verantwortlich ist, handelt es sich – im Gegensatz zu den beiden vorangegangenen Relationen – um logische Transformationen (Logik der Aggregation). Einfache Transformationsregeln sind beispielsweise Scheidungs-, Arbeitslosen- oder Geburtenraten; zu den komplexen Transformationsregeln gehören institutionelle Regeln wie die Umwandlung eines Wahlergebnisses in eine Sitzverteilung oder formale Modelle wie das Anwachsen einer Demonstrantenmenge (Hill, 2002). Allgemein gesprochen: Aus der Summe der individuellen Handlungen wird ein kollektives Phänomen abgeleitet.

Um soziale Phänomene (kollektive Explananda) mit Hilfe dieses Schemas erklären zu können, werden also alle drei Relationen benötigt. Während auf die ersten beiden am Beispiel der RC-Theorie noch ausführlicher eingegangen werden wird, spielt die Relation der Aggregation in den folgenden Ausführungen keine Rolle mehr. Sie ist zwar für die Soziologie von großer Bedeutung[3], für die vorliegende Arbeit wird allerdings nur eine einfache Transformationsregel benötigt: Wenn beispielsweise auf der Ebene des individuellen Handelns festgestellt wird, dass die Bildungsnähe der Schülerfamilien einen Zusammenhang mit der Entscheidung für oder gegen einen Schulformwechsel aufweist, lässt sich daraus das kollektive Explanandum, dass es soziale Disparitäten bei den Schulformwechseln gibt, ableiten.

Es sollte an dieser Stelle abschließend noch betont werden, dass dieses Erklärungsmodell nicht unterstellen soll, dass Makro- und Mikrophänomene so klar voneinander trennbar sind, wie es hier den Anschein hat. Vielmehr sind individuelles Handeln und makrosoziologische Phänomene eng miteinander ver-

---

3   Ein wichtiges Stichwort sind in diesem Zusammenhang die nicht-intendierten sozialen Folgen individuellen Handelns (vgl. zum Überblick Wippler, 1978). Ein klassisches Beispiel ist das Geldabheben von einer Bank mit der Absicht, die eigenen Einlagen zu sichern. In der Summe der Handlungen kann jedoch dies möglicherweise erst zur Zahlungsunfähigkeit der Bank führen (Merton, 1995).

bunden. Das Mikro-Makromodell soll lediglich verdeutlichen, warum sowohl der soziale Rahmen als auch das individuelle Handeln für die Erklärung von soziologischen Phänomenen notwendig sind.

2.1.3 Die Definition der Situation

Vereinfacht gesprochen geht die RC-Theorie davon aus, dass Individuen aus allen möglichen Handlungsalternativen die für sie persönlich „beste" auswählen. An dieser Vorstellung ist kritisiert worden, dass Akteure hoffnungslos überfordert wären, wenn sie tatsächlich ständig jede mögliche Handlung nach ihrem Nutzen bewerten müssten, um Entscheidungen treffen zu können (Esser, 1996). Dieses Problem lässt sich durch die Erweiterung der Theorie um die Definition der Situation (bzw. Logik der Situation oder Kognition der Situation) lösen (vgl. die erste Relation in Abb. 2.01). Kurz gesagt: Der Möglichkeitsraum für Handlungen wird situationsspezifisch eingegrenzt und je alltäglicher die Situation, umso geringer ist die Anzahl der antizipierten Handlungsalternativen.

Soziales Handeln findet in sozialen Situationen statt. Ein und dieselbe soziale Situation wird aber möglicherweise von zwei Akteuren unterschiedlich interpretiert. Wenn man soziales Handeln erklären will, muss man die aktuellen individuellen Situationsdeutungen kennen, die die Akteure ihren Handlungen zugrunde legen. Der Prozess der Situationsinterpretation wird auch als *Framing* bezeichnet, das heißt der Situation wird ein bestimmter Rahmen gegeben (Esser, 1990). Häufig wird in diesem Zusammenhang auf das Thomas-Theorem verwiesen, das besagt, dass Menschen nicht aufgrund von objektiven Fakten handeln, sondern auf der Basis von mehr oder weniger gut validierten subjektiven Situationsinterpretationen: „If men define situations as real, they are real in their consequences" (Thomas & Thomas, 1928, S. 572). Eine Handlungssituation besteht zum einen aus den äußeren Umständen (vorhandene Ressourcen, Mitakteure und deren Eigenschaften, die sozialen Regeln sowie die kulturellen Sitten, Gebräuche und Normen) und zum anderen aus den inneren Bedingungen (die aktuellen Bedürfnisse und Wünsche, das Wissen und Können sowie die Einstellungen, Werte und Erfahrungen des Akteurs).

Grundsätzlich kann der Prozess des *Framing* auch schon als eine rationale Entscheidung verstanden werden, da zwischen alternativen Interpretationen der Situation eine ausgewählt werden muss. Das heißt der Akteur überlegt sich, welche möglichen Situationsinterpretationen es gibt – oder besser: welche Situationsinterpretationen er für möglich hält – und bewertet dann unter anderem, wie wahrscheinlich die unterschiedlichen Interpretationen „richtig" beziehungsweise „falsch" sind und welche Kosten mit einer „falschen" Situationsinterpretation verbunden sind. Je nach Wichtigkeit der jeweiligen Situation und der zur Verfügung stehenden Zeit werden Akteure versuchen, ihre Entscheidung abzusichern, zum Beispiel, indem sie sich mit den anderen Handelnden über die Situation verständigen und sich dann bewusst für eine gemeinsame Situationsinterpretation entscheiden.

Die Definition der Situation wurde in die Theorie eingefügt, weil angemerkt wurde, dass der Handelnde überfordert wäre, müsste er den Nutzen von allen möglichen Handlungsalternativen bewerten. Nach dem bislang Gesagten macht das *Framing* diesen Prozess allerdings eher noch aufwendiger. Aber: In Alltagssituationen findet üblicherweise ein so genanntes automatisiertes *Framing* statt. Damit ist gemeint, dass dem Handelnden bereits erworbenes Wissen zur Verfügung steht. Diese Kenntnisse über die soziale Umwelt und einen selbst werde als Schemata bezeichnet. Bei Skripten handelt es sich um einen bestimmten Typ von Schemata, die in einer bekannten Situation umfangreiches Wissen zum Ablauf von sozialen Handlungen aktivieren. Ein „Restaurantskript" enthält beispielsweise die Handlungssequenz: Restaurant betreten, an einen Tisch setzen, bestellen, essen, bezahlen, Restaurant verlassen.

In der Praxis laufen zwei Arten der Informationsverarbeitung parallel und meistens unbewusst ab. Bei der absteigenden Informationsverarbeitung (*top down*) wird ausgehend von einer groben Kenntnis einer Situation ein bestimmtes Schema aktiviert. Es wird beispielsweise von der Feststellung, dass eine Person ein Beamter ist, auf bestimmte Eigenschaften dieser Person geschlossen und überprüft, ob diese Erwartungen erfüllt werden. Bei der aufsteigenden Informationsverarbeitung (*bottom up*) werden Informationen zu der Situation gesammelt und mit unterschiedlichen Schemata abgeglichen, bis ein passendes gefunden wurde. Beispielsweise könnte in einer Universität unklar sein, ob eine Person Studentin oder Dozentin ist. In dem Fall würde ein Akteur Gründe für beziehungsweise gegen die beiden Situationsinterpretationen suchen.

Framing als Entscheidungsakt oder als Konsequenz einer automatisierten Informationsverarbeitung stellt die Endpunkte eines Kontinuums dar. In Alltagssituationen werden Informationen zu der aktuellen Situation mit den Schemata beziehungsweise Skripten abgeglichen und umgekehrt. Ist ein passendes Schema beziehungsweise Skript verfügbar, wird unbewusst eine entsprechende Situationsdefinition angenommen.

> Erst wenn die eingehenden Wahrnehmungsdaten nicht in ein Schema passen, kommt es zum Nachdenken, Vergleichen, bewussten Erkennen und Entscheiden. Dabei sind natürlich nicht nur rein kognitive Aktivitäten erforderlich, sondern gelegentlich auch soziale Interaktionen, bei denen es darum geht, gemeinsam mit anderen eine Situationsinterpretation zu schaffen, die dann für alle verbindlich ist. (Hill, 2002, S. 39)

Framing ermöglicht es darüber hinaus, Emotionen mit den Annahmen der RC-Theorie in Einklang zu bringen. Wird eine andere Person beispielsweise als Freund oder Feind klassifiziert, wirken diese emotionalen Zustände wie ein Frame, das heißt es kommen jeweils nur noch bestimmte Handlungsalternativen in Betracht.

Ist die Situationserkennung abgeschlossen, ergeben sich zwei Möglichkeiten: Entweder es existieren für die jeweilige Situation Handlungsroutinen, also Schemata und Skripte; dann wird eine bestimmte Handlung routinemäßig, also ohne weitere Abwägungsprozesse ausgeführt, oder es erfolgt eine Evaluation der Handlungsalternativen.

2.1.4 Die Logik der Selektion

Für die zweite Relation in Abbildung 2.01 – die Logik der Selektion – wird nun die soziologische Handlungstheorie benötigt. Während die Handlung, für die sich ein Akteur entscheidet, das Explanandum[4] der Handlungstheorie darstellt, handelt es sich bei der Situationsinterpretation um einen Teil des Explanans. Zusätzlich werden die Modellannahmen benötigt, die spezifisch für eine bestimmte Handlungstheorie sind.

Es wurde bereits betont, dass es unterschiedliche Varianten der RC-Theorie gibt. Da das Modell, das im empirischen Teil überprüft werden soll, auf den Überlegungen von Esser zur Wert-Erwartungs-Theorie (WE-Theorie) beruht (Esser, 1999), soll exemplarisch diese spezielle Variante der RC-Theorie ausführlicher beschrieben werden.

In einer Handlungssituation muss ein Akteur zwischen unterschiedlichen Handlungsalternativen auswählen. Diese Handlungsalternativen werden mit dem Vektor A (*alternatives*) dargestellt:

$$A = (A_1, A_2, ..., A_i, ..., A_m)$$ (2.1)

Aus forschungspragmatischen Gründen sollten in diesem Vektor nur solche Handlungsalternativen berücksichtigt werden, die für das Erklärungsmodell relevant sind. Soll beispielsweise erklärt werden, warum eine Person mit dem Auto zur Arbeit fährt, sind mögliche Handlungsalternativen die Fahrt zur Arbeit mit öffentlichen Verkehrsmitteln oder mit dem Fahrrad. Die – natürlich vollkommen realistische – Handlungsalternative, im Bett zu bleiben, sollte dem Vektor A nicht hinzugefügt werden, da ja nicht die Frage beantwortet werden

---

4 Nicht zu verwechseln mit dem (kollektiven) Explanandum des Miko-Makro-Modells, das ja erst durch Aggregation der Einzelhandlungen entsteht.

soll, warum Menschen einer geregelten Arbeit nachgehen, sondern warum sie ein bestimmtes Transportmittel verwenden.

Jede Handlung hat Folgen. Diese werden mit dem Vektor O (*outcomes*) dargestellt:

$$O = (O_1, O_2, ..., O_j, ..., O_n) \qquad (2.2)$$

Es ist keineswegs so, dass jeder Handlung genau eine Folge zugewiesen wird. So kann beispielsweise die Folge „zu spät zur Arbeit kommen" sowohl aus der Handlung „mit dem Auto zur Arbeit fahren" als auch „mit öffentlichen Verkehrsmitteln zur Arbeit fahren" resultieren. Genauso kann die Handlung „mit öffentlichen Verkehrsmitteln zur Arbeit fahren" sowohl die Folge „zu spät zur Arbeit kommen" als auch „pünktlich zur Arbeit kommen" haben.

Jede mögliche Handlungsfolge wird von den Akteuren als positiv, negativ oder neutral bewertet. Mit dem Vektor V(O) werden zunächst die objektiven Werte (*values*) der einzelnen Folgen dargestellt:

$$V(O) = (V(O_1), V(O_2), ..., V(O_j), ..., V(O_n)) \qquad (2.3)$$

Für die Zwecke der RC-Theorie sind aber nicht die objektiven Auszahlungen von Interesse, sondern die subjektiven Bewertungen der Handlungsfolgen: der individuelle Nutzen. Dabei kann es sich sowohl um materielle Gewinne beziehungsweise Verluste handeln, als auch um emotionale Bewertungen der entstandenen Situation.

> Es ist ganz egal, worin der Nutzen oder die Bewertung allgemein besteht. Auch das Wohlergehen anderer Menschen, das schöne Gefühl der Pflichterfüllung und des Aufgehobenseins in einer Moral und der ‚unbedingte Eigenwert' eines Handelns ‚an sich' können dazu gehören. Nicht vergessen sollte man auch solche Dinge wie die Schadenfreude, den Neid und die Eifersucht, bei denen sich die Akteure daran delektieren, daß es den anderen schlecht ergeht. (Esser, 1999, S. 253)

Der subjektive Nutzen (*utility*) der Handlungsfolgen wird mit dem Vektor U(O) dargestellt:

$$U(O) = (U(O_1), U(O_2), ..., U(O_j), ..., U(O_n)) \qquad (2.4)$$

Da eine Folge nicht zwangsläufig aus einer bestimmten Handlung resultiert, wird die Wahrscheinlichkeit, mit der die Handlung A_i die Folge O_j (und damit den subjektiven Nutzen $U(O_j)$) nach sich zieht, als p_{ij} bezeichnet. Auch hier sind nicht die objektiven Eintrittswahrscheinlichkeiten von Bedeutung, sondern die subjektiven Erwartungen der Handelnden.[5] Über die Matrix P lassen sich dann die Handlungsalternativen mit den subjektiv bewerteten Folgen verbinden:

$$
P = \begin{matrix}
 & U(O_1) & U(O_2) & \cdots & U(O_j) & \cdots & U(O_n) \\
A_1 & p_{11} & p_{12} & \cdots & p_{1j} & \cdots & p_{1n} \\
A_2 & p_{21} & p_{22} & \cdots & p_{2j} & \cdots & p_{2n} \\
& \cdot & \cdot & \cdot & \cdot & \cdot & \cdot \\
A_i & p_{i1} & p_{i2} & \cdots & p_{ij} & \cdots & p_{in} \\
& \cdot & \cdot & \cdot & \cdot & \cdot & \cdot \\
& \cdot & \cdot & \cdot & \cdot & \cdot & \cdot \\
A_m & p_{m1} & p_{m2} & \cdots & p_{mj} & \cdots & p_{mn}
\end{matrix}
\tag{2.5}
$$

Nimmt p_{ij} den Wert 1 an, dann führt die Handlung A_i nach Ansicht des Akteurs mit absoluter Sicherheit zu der Folge O_j. Umgekehrt ist sich der Akteur sicher, dass O_j nicht als Folge von A_i eintritt, wenn p_{ij} den Wert 0 annimmt. Man spricht in diesen beiden Fällen auch von Entscheidungen unter Sicherheit. Wenn p_{ij} Werte zwischen 0 und 1 annimmt, spricht man von Entscheidungen unter Risiko. Das einfachste Beispiel ist ein Münzwurf. Die Handlung „Werfen einer Münze" führt mit einer Wahrscheinlichkeit von p = .5 zu dem Resultat „Kopf liegt oben". Risiko darf nicht mit Unsicherheit verwechselt werden. Letztere liegt vor, wenn nicht bekannt ist, mit welcher Wahrscheinlichkeit eine Handlungsalternative zu einer bestimmte Folge führt. In der Realität wird meistens eine Mischform zwischen Sicherheit oder Risiko auf der einen und Unsicherheit auf der anderen Seite auftreten. Das heißt, es lassen sich zwar keine exakten Werte für p_{ij} bestimmen, sehr wohl aber mehr oder weniger gute Schätzer.

Mit Hilfe der Matrix P lässt sich nun für jede Handlungsalternative der erwartete Nutzen (EU – *expected utility*) bestimmen:

$$
EU(A_i) = \sum_{j=1}^{n} p_{ij} U(O_j)
\tag{2.6}
$$

---

5   Es lässt sich zeigen, dass Menschen beispielsweise die Wahrscheinlichkeit, im Lotto zu gewinnen, systematisch zu hoch einschätzen, während die Wahrscheinlichkeit, eine Prüfung zu bestehen, systematisch unterschätzt wird (Hill, 2002). Solange die Berechnung des erwarteten Nutzens über die subjektiven Eintrittserwartungen erfolgt, ist dieses Phänomen für die RC-Theorie unproblematisch. Für die Entscheidung Lotto zu spielen oder nicht, kann nicht eine (korrekte) Wahrscheinlichkeit, die der Handelnde nicht kennt, ausschlaggebend sein, sondern nur die von ihm antizipierte Chance auf einen Lottogewinn.

In Worten ausgedrückt ist der erwartete Nutzen der Handlung A_i die Summe der Produkte aus der Erwartung, dass A_i die Folge O_j hat und dem subjektiven Nutzen von O_j. Im Sinne der RC-Theorie entscheidet sich der Akteur dann für die Handlung, die den größten erwarteten Nutzen hat.

2.1.5 Die Überprüfung von Rational-Choice-Modellen mit Large-Scale-Daten

Wie alle wissenschaftlichen Theorien muss sich auch die RC-Theorie in der praktischen Anwendung bewähren (Popper, 2005). Da die Verifikation wissenschaftlicher Theorien grundsätzlich nicht möglich ist, muss versucht werden die Theorie zu falsifizieren. Gelingt dies nicht, kann man sagen, dass die Theorie sich bewährt hat. Praktisch bedeutet dies, dass aus der Theorie empirisch prüfbare Aussagen abgeleitet werden müssen, die dann auf mögliche Widersprüche mit empirischen Daten geprüft werden (Opp, 1998).

Eine solche empirische Überprüfung der RC-Theorie hat bis in die jüngste Vergangenheit allerdings kaum stattgefunden (Blossfeld & Prein, 1998; Goldthorpe, 1996). Als problematisch erweist sich dabei unter anderem die Uneinigkeit hinsichtlich des praktischen Vorgehens. Zurzeit werden vor allem zwei Strategien zur empirischen Überprüfung von RC-Modellen diskutiert: die direkte und die indirekte Strategie (Brüderl, 2004).

Bei der direkten Strategie bilden das Gesetz, dass Handlung A dann erfolgt, wenn der erwartete Nutzen aus Handlung A größer ist als der erwartete Nutzen aus Handlung B und die Beobachtung, dass für Person i der erwartete Nutzen aus Handlung A größer ist als der erwartete Nutzen aus Handlung B, das Explanans der Erklärung. Das Explanandum ist die Beobachtung, dass i die Handlung A wählt.

RC-Modell	$EU(A) > EU(B) \rightarrow$ Handlung A
Messung	$EU_i(A) > EU_i(B)$
Messung	i wählt Handlung A

Es muss also zum einen der erwartete Nutzen für die möglichen Handlungsalternativen gemessen werden und zum anderen die tatsächlich ausgeführte Handlung. Dann kann geprüft werden, ob ein Widerspruch zwischen den empirischen Daten und der Theorie besteht. Dies wäre zum Beispiel der Fall, wenn Person i die Handlung A wählt, obwohl sie sich aus Handlung B einen größeren Nutzen verspricht.

Dieses Vorgehen ist jedoch mit praktischen Problemen verbunden. So halten zum einen die meisten Wissenschaftler „die Messung des Nutzens durch Befragung für nicht valide" (Brüderl, 2004, S. 168). Darüber hinaus stellt sich die Frage, wie nach diesem Schema die praktische Überprüfung vonstatten gehen kann. Da das RC-Modell nicht deterministisch ist, besteht eine Möglichkeit darin, eine Regression mit der gewählten Handlung als abhängiger und den Nutzenwerten als unabhängiger Variablen zu rechnen. Mit diesem Vorgehen wird allerdings nur die Annahme getestet, dass die Zunahme des Nutzens der Handlungsalternative A zu einer Zunahme der Wahrscheinlichkeit führt, mit der die Handlung A ausgeführt wird. Dies kann jedoch auch dann der Fall sein, wenn die Handlungsalternative B durchgängig besser bewertet und dennoch Handlung A gewählt wird, die empirischen Daten also mit der Theorie in Widerspruch stehen.

Da die direkte Strategie zur Überprüfung von RC-Modellen mit Umfragedaten zahlreiche Probleme mit sich bringt, wird in der Praxis häufig die indirekte Strategie genutzt. Das Explanandum ist wiederum die Beobachtung, dass i die Handlung A wählt. Das Explanans setzt sich zusammen aus dem Gesetz, dass Handlung A dann erfolgt, wenn der erwartete Nutzen aus Handlung A größer ist als der erwartete Nutzen aus Handlung B, der so genannten Brückenannahme[6], dass in einem bestimmten sozialen Kontext C (z.B. in Familien, in denen beide Elternteile Abitur haben) gilt, dass der erwartete Nutzen aus Handlung A größer ist als der erwartete Nutzen aus Handlung B und der Beobachtung, dass i sich im sozialen Kontext C befindet.

RC-Modell	$EU(A) > EU(B) \rightarrow$ Handlung A
Brückenannahme	in Kontext C gilt $EU(A) > EU(B)$
Messung	i befindet sich in Kontext C
Messung	i wählt Handlung A

Der entscheidende Vorteil dieser Strategie ist die Tatsache, dass keine Nutzenwerte gemessen werden müssen, sondern ausschließlich Informationen zu er-

---

6   Brückenannahmen beschreiben den Handlungsrahmen, in dem ein Akteur sich befindet. Es wird angenommen, dass Personen mit ähnlichen Hintergrundmerkmalen auch ähnliche Bewertungen von Kosten und Nutzen einer Handlung vornehmen. „Social classes are *aggregates* of actors, *societally* defined by typical primary goals or interests, and by typical forms of control over the institutionalized means. When the 'constitution' of a society is known, it is relatively easy to formulate bridge hypotheses for such aggregates concerning group membership and typical expectations and evaluations." (Esser, 1998, S. 108, Hervorhebungen im Original)

folgten Handlungen und den Rahmenbedingungen dieser Handlungen. Da diese Angaben in den KESS-Daten enthalten sind, lässt sich die indirekte Strategie in dieser Arbeit nutzen (vgl. Kap. 2.3.3).

2.1.6 Zwischenfazit

Die RC-Theorie hat sich als soziologische Handlungstheorie in den vergangenen Jahrzehnten in allen sozial- und wirtschaftswissenschaftlichen Disziplinen bewährt. Der Akteur der RC-Theorie ist dabei keineswegs der „gewissenlose Beutegreifer", als den Kritiker dieses Ansatzes ihn gerne darstellen. Internalisierte Normen und Werte führen in der Phase der Situationsdefinition im Regelfall dazu, dass bestimmtes („unsoziales") Verhalten gar nicht in Erwägung gezogen wird. Darüber hinaus sind bestimmte („soziale") Verhaltensweisen, die vermeintlich mit Kosten für den Akteur verbunden sind (z.B. einer fremden Person die Tür aufhalten), durch die Sozialisation des Handelnden habitualisiert worden, das heißt sie laufen automatisch ab und werden nicht in Frage gestellt.

Dass in Situationen, in denen unterschiedliche aus gesellschaftlicher Sicht akzeptable Handlungsalternativen zur Verfügung stehen, diejenige ausgewählt wird, die dem Handelnden am vorteilhaftesten erscheint, ist nicht nur ausgesprochen plausibel, sondern stimmt auch mit zahlreichen empirischen Befunden überein. Ob solche rationalen Entscheidungen der Normalfall sind oder ob soziales Handeln in erster Linie über Schemata und Skripte abläuft, ist eine empirisch zu klärende Frage. In der Realität kommt beides vor.

Die Entscheidung für einen bestimmten Bildungsweg beziehungsweise Bildungsabschluss für ihre Kinder ist für Familien von großer Bedeutung, da diese Entscheidungen das gesamte Leben des Kindes beeinflussen. Insbesondere in solchen *High-Cost*-Situationen hat sich die RC-Theorie in der praktischen Anwendung als sehr erfolgreich erwiesen. Daher ist es auch nicht überraschend, dass bereits seit mehr als 30 Jahren Bildungsentscheidungen mit Hilfe von RC-Modellen erklärt werden. Die wichtigsten Arbeiten zu diesem Thema werden im folgenden Abschnitt vorgestellt.

2.2　Die Erklärung von Bildungsentscheidungen mit Hilfe der Rational-Choice-Theorie

Bildungsgangentscheidungen stellen wichtige Weichenstellungen im Leben von Kindern, Jugendlichen und jungen Erwachsenen dar. Wie bereits erwähnt wurde, wird die RC-Theorie vielfach zur Modellierung dieser Entscheidungen in

Familien und dabei insbesondere zur Erklärung von sozialen Disparitäten – also sekundären Herkunftseffekten – genutzt.

Die Grundannahme ist, dass Bildungsentscheidungen in eine lebenslaufbezogene Strategie des Elternhauses eingebettet sind, den Status der Familie zu erhalten und an die nächste Generation weiterzugeben (Meulemann, 1985). Dazu wird vorhandenes Kapital der Familie genutzt, um sicherzustellen, dass ihre Kinder kulturelles Kapital (Bildungskapitel) erwerben können (Bourdieu, 1983). Erworbene Bildungsabschlüsse ermöglichen den Zugang zu privilegierten Berufen und erhöhen somit die Chance, dass die nächste Generation einen gewissen materiellen Wohlstand und soziale Anerkennung erfährt (Stocké, 2007).

Im Folgenden soll die Entwicklung verschiedener Modelle zur Erklärung von sekundären Herkunftseffekten chronologisch dargestellt werden.

2.2.1 Boudon: Die Bedeutung der sekundären Herkunftseffekte

Boudon (1974) unterscheidet beim Einfluss der sozialen Herkunft auf den Bildungserfolg zwischen primären und sekundären Herkunftseffekten. Unter primären Herkunftseffekten versteht Boudon den schulischen Leistungsvorsprung von Kindern aus bildungsnahen Familien vor denen aus bildungsfernen Familien. Je mehr kulturelles (aber auch ökonomisches und soziales) Kapitel in einem Haushalt zur Verfügung steht, umso besser können Kinder vor und während der Schulzeit von ihren Eltern gefördert und auf die Anforderungen des Bildungssystems vorbereitet werden. Die Institution Schule kann zwar durch die gezielte Förderung von Schülerinnen und Schülern aus bildungsferneren Elternhäusern versuchen, diesen Leistungsrückstand zu verringern. In der Praxis scheint es aber kaum möglich zu sein, die herkunftsspezifischen Unterschiede in den Kompetenzen ganz auszugleichen (vgl. Kap. 1.1).

Mit dem Begriff der sekundären Herkunftseffekte bezeichnet Boudon Bildungsverlaufsentscheidungen, die – auch unter Kontrolle der primären Herkunftseffekte – durch die soziale Herkunft der Schülerfamilien beeinflusst werden. Mit anderen Worten: Von zwei Kindern mit ähnlichen schulischen Leistungen aber unterschiedlich bildungsnahen Elternhäusern hat das Kind aus der bildungsferneren Familie eine geringe Chance auf einen höheren Bildungsweg. Boudon begründet dieses Phänomen wie folgt:

(1) Die erwarteten Gewinne aus einem höheren Bildungsweg sind umso größer, je höher der Sozialstatus der Schülerfamilie ist. Der Grund hierfür ist der drohende Statusverlust für die sozial besser gestellten Familien. Diese haben mehr zu verlieren, und somit ist ein erfolgreicher hoher Bildungsabschluss auch mehr wert.

(2) Die erwarteten (finanziellen und sozialen) Kosten für einen höheren Bildungsweg sind relativ gesehen umso größer, je niedriger der Sozialstatus der Schülerfamilie ist. Finanzielle Kosten belasten eine Familie umso mehr, je geringer ihr Einkommen ist. Unter sozialen Kosten versteht Boudon die Belastung für ein Kind, wenn dessen Freunde mehrheitlich eine andere Bildungsentscheidung getroffen haben.

> Thus not choosing a prestigious curriculum may represent a high social cost for a youngster from a middle-class family if most of his friends have chosen it; but choosing the same course may represent a high cost for a lower-class youngster if most of his friends have not. (Boudon, 1974, S. 30)

Aber auch die Solidarität der Familie wird möglicherweise höher sein, wenn eine „statustypische" Bildungsgangentscheidung getroffen wird.

(3) Der Nutzen eines höheren Bildungsweges ist umso größer, je höher die erwarteten Gewinne und je niedriger die erwarteten Kosten sind. Das heißt je höher der Sozialstatus einer Schülerfamilie ist, umso größer ist der erwartete Nutzen eines höheren Bildungsweges. Folglich steigt auch die Wahrscheinlichkeit für die Entscheidung für einen höheren Bildungsweg mit dem Sozialstatus der Herkunftsfamilie.

Primäre und sekundäre Herkunftseffekte erklären nach Boudon gemeinsam die sozialen Disparitäten im Bildungserfolg. Bei den Bildungsentscheidungen in Familien handelt es sich zwar explizit um sekundäre Herkunftseffekte, doch stehen diese Entscheidungen in einem engen Zusammenhang mit den erbrachten schulischen Leistungen (primäre Herkunftseffekte). Will man die sekundären Herkunftseffekte empirisch isolieren, müssen folglich die primären Effekte statistisch kontrolliert werden.

2.2.2 Erikson & Jonsson: Ein formales Modell zur Erklärung von Bildungsentscheidungen

Auch Erikson und Jonsson (1996) fragen sich, warum „children with the same level of educational performance make educational choices that are correlated with their social origin" (Erikson & Jonsson, 1996, S. 13). Wie schon Boudon gehen auch sie von einer rationalen Abwägung von Bildungskosten und Bildungsnutzen in Schülerfamilien aus. Sie betonen allerdings, dass es sich hierbei nur um relativ grobe Schätzungen – beispielsweise des zukünftigen Einkommens – handeln kann. Dies stellt für die Anwendung der RC-Theorie insofern kein Problem dar, als es genügt, die unterschiedlichen Bildungsgänge nach ihrem Nettonutzen in eine Rangfolge zu bringen, ohne exakte Werte berechnen zu müssen. Aus ihren Annahmen entwickeln Erikson und Jonsson ein möglichst

einfaches formales Modell, mit dessen Hilfe soziale Ungleichheiten durch unterschiedliche Bildungsentscheidungen erklärt werden können:

$$U = (B - C)P - C(1 - P) \qquad (2.7)$$

P bezeichnet die Wahrscheinlichkeit, den gewählten Bildungsgang erfolgreich
abzuschließen. C sind die Kosten des gewählten Bildungsganges. Der Nutzen,
der nur entsteht, falls der Bildungsgang erfolgreich abgeschlossen wird, wird als
B bezeichnet.[7] Der Nettonutzen (U) für einen bestimmten Bildungsgang setzt
sich somit zusammen aus dem Nutzen im Falle eines erfolgreichen Abschlusses
des Bildungsganges (B – C) multipliziert mit der Wahrscheinlichkeit, dass dieser Fall eintritt (P) und den Kosten im Falle eines erfolglosen Besuches des gewählten Bildungsganges (C) multipliziert mit der Wahrscheinlichkeit, dass dieser Fall eintritt (1 – P). Die Formel 2.7 lässt sich durch Umformung wie folgt
vereinfachen:

$$U = PB - C \qquad (2.7')$$

Die Kosten für den Bildungsgang entstehen in jedem Fall (C), während der Gewinn nur dann eintritt, wenn der Bildungsgang erfolgreich absolviert wurde
(PB). Es wird nun der Bildungsgang gewählt, der den höchsten Nettonutzen verspricht.

Soziale Disparitäten im Bildungserfolg erklären sich nach diesem Modell
durch unterschiedliche Einschätzungen der einzelnen Faktoren in Abhängigkeit
von der sozialen Herkunft. So stellen die Kosten (C) eine umso größere Belastung für Familien dar, je geringer ihr Einkommen ist. Auch drohende Arbeitslosigkeit der Eltern führt dazu, dass die Kosten als höher wahrgenommen werden,
als wenn Familien nicht von Arbeitslosigkeit bedroht sind. Darüber hinaus ist
sowohl die tatsächliche als auch die erwartete Wahrscheinlichkeit (P) eines erfolgreichen Abschlusses eines höheren Bildungsganges umso größer, je höher
der soziale Status der Familie ist. Die tatsächliche Wahrscheinlichkeit ist deshalb größer, weil bildungsnähere Familien ihren Kindern adäquater schulbezo-
gene Fähigkeiten vermitteln und mit Besonderheiten des Bildungssystems um-
gehen können (primäre Herkunftseffekte). Zusätzlich werden die Anforderungen
eines höheren Bildungsganges von bildungsferneren Elternhäusern häufig über-
schätzt, wodurch bei der erwarteten Wahrscheinlichkeit die Unterschiede zwischen den sozialen Lagen noch größer werden. Schließlich wird auch der Nutzen
(B), den ein höherer Bildungsabschluss mit sich bringt, in Abhängigkeit von der

---

7   Da die Skala von Nutzen und Kosten beliebig ist, kann man den Nutzen für den Fall des
     Misserfolges auf Null festsetzen. Ausführlich hieße die Formel dann
     U = (B – C)P + (0 – C)(1 – P).

sozialen Herkunft unterschiedlich eingeschätzt. Zunächst erwarten alle Familien, dass der Nutzen umso größer ist, je höher der erreichte Bildungsabschluss ist. Unterstellt man der Einfachheit halber einen linearen Zusammenhang, weist dieser einen Knick auf – und zwar an der Stelle, die den Bildungsabschluss der Eltern repräsentiert (vgl. Abb. 2.02). Das heißt der Nutzen eines bestimmten Bildungsabschlusses wird von Eltern, die diesen Abschluss nicht erreicht haben, geringer eingeschätzt als von Eltern, die diesen oder einen höheren Abschluss erreicht haben. Hinzu kommt das aus der Theorie von Boudon bekannte Motiv der Statuserhaltung (vgl. Kap. 2.2.1.), das dazu führt, dass Familien solchen Bildungsgängen einen sehr geringen Nutzen zuweisen, der mit einem Statusverlust für ihre Kinder verbunden ist.

Abbildung 2.02:   Stylized relation between level of education and perceived benefits for two social classes

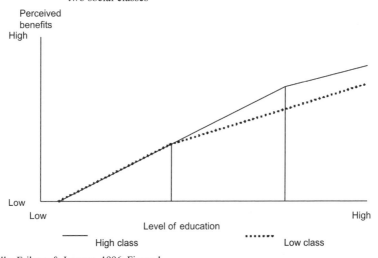

Quelle: Erikson & Jonsson, 1996, Figure 1

Während das Produkt aus Bildungsnutzen und Erfolgswahrscheinlichkeit (PB) umso größer wird, je höher der soziale Status einer Familie ist, werden die Bildungskosten (C) umso größer wahrgenommen, je geringer der Sozialstatus des jeweiligen Elternhauses ist. Der antizipierte Nettonutzen eines bestimmten Bildungsganges wird also gleich mehrfach durch die soziale Herkunft der Schülerfamilien bestimmt.

2.2.3 Breen & Goldthorpe: Ein sequentielles Entscheidungsmodell

Um soziale Disparitäten im Bildungserfolg zu erklären, nehmen Breen und Goldthorpe (1997) an, dass Schülerinnen und Schüler an „Verzweigungen" im Bildungssystem Entscheidungen treffen, deren nachträgliche Änderung mit zusätzlichen Kosten verbunden ist. Im Sinne eines möglichst einfachen allgemeinen Modells (vgl. Abb. 2.03) reduzieren die Autoren die möglichen Entscheidungen auf Verbleib im beziehungsweise Verlassen des Bildungssystems zu einem bestimmten Zeitpunkt.

Abbildung 2.03: Single decision tree

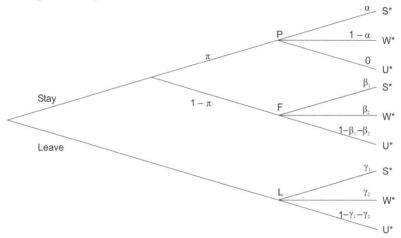

Quelle: Breen & Goldthorpe, 1997, Figure 1

Zunächst besteht die Entscheidung, im Bildungssystem zu verbleiben oder selbiges zu verlassen (L = *leave*). Setzt die Schülerin beziehungsweise der Schüler ihre beziehungsweise seine Ausbildung fort, gibt es zum einen die Möglichkeit des erfolgreichen Abschlusses (P = *pass*) und zum anderen die Möglichkeit, dass der Abschluss nicht erreicht wird (F = *fail*). Dabei beträgt die subjektiv erwartete Erfolgswahrscheinlichkeit π und die subjektiv erwartete Misserfolgswahrscheinlichkeit folglich $(1 - \pi)$. Es müssen also drei mögliche Handlungsfolgen berücksichtigt werden, wobei sich der Nutzen dieser Folgen aus der sozialen Position ergibt, die eine Person als Folge ihrer Ausbildung erreichen wird. Breen und Goldthorpe unterscheiden an dieser Stelle drei soziale Lagen: *service class* (S*), *working class* (W*) und *underclass* (U*). Wichtig ist dabei nicht die genaue Zusammensetzung dieser Gruppen, sondern die Möglichkeit, diese hierarchisch ordnen zu können.

Zur Erklärung von Bildungsungleichheiten müssen nun die subjektiv erwarteten Wahrscheinlichkeiten, mit denen ein bestimmter Bildungsabschluss zu einer bestimmten sozialen Position führt, untersucht werden. Im Falle des erfolgreichen Bildungsabschlusses wird die Wahrscheinlichkeit zur *service class* zu gehören mit α bezeichnet. Da angenommen wird, dass die Wahrscheinlichkeit trotz erfolgreichen Bildungsabschlusses der *underclass* anzugehören 0 beträgt, ergibt sich die Wahrscheinlichkeit für die *working class* als $(1-\alpha)$. Im Falle des erfolglosen Bildungsabschlusses beziehungsweise des vorzeitigen Abgangs beträgt die Wahrscheinlichkeit der *service class* anzugehören β_1 beziehungsweise γ_1 und die Wahrscheinlichkeit zur *working class* zu gehören β_2 beziehungsweise γ_2. Für die Zugehörigkeit zur *underclass* ergibt sich die Wahrscheinlichkeit als $(1-\beta_1-\beta_2)$ beziehungsweise $(1-\gamma_1-\gamma_2)$.

Zur Höhe der einzelnen subjektiv erwarteten Wahrscheinlichkeiten machen Breen und Goldthorpe folgende Annahmen:

(1) Ein erfolgreicher Bildungsabschluss (P) vergrößert die Chancen der *service class* anzugehören ($\alpha > \beta_1$ und $\alpha > \gamma_1$).

(2) Das Risiko, der *underclass* anzugehören, ist im Falle des erfolglosen Schulbesuchs (F) größer als im Falle des vorzeitigen Abgangs (L) ($\gamma_1 + \gamma_2 > \beta_1 + \beta_2$).

(3) Im Falle des vorzeitigen Abgangs von der Schule (L) ist die Wahrscheinlichkeit, zur *working class* zu gehören, größer als die, zur *service class* zu gehören ($\gamma_2/\gamma_1 > 1$). Das Risiko, der *working class* statt der *service class* anzugehören, ist für diejenigen, die den Bildungsabschluss nicht geschafft haben (F), nicht größer als für diejenigen, die ihre Ausbildung vorzeitig abgebrochen haben (L) ($(\gamma_2/\gamma_1) \geq (\beta_2/\beta_1)$).

(4) Im Falle eines erfolgreichen Bildungsabschlusses (P) ist es wahrscheinlicher, der *service class* anzugehören als der *working class* ($\alpha > .5$).

Den größten Beitrag zur Erklärung von sozialen Ungleichheiten bei Bildungsentscheidung sehen die Autoren in dem Motiv des Statuserhaltes. Demnach ist es für Familien aus der *service class* sehr wichtig, dass auch ihre Kinder dieser sozialen Lage angehören, da nur so ein sozialer Abstieg verhindert werden kann. Im Gegensatz dazu müssen Familien aus der *working class* lediglich verhindern, dass ihre Kinder der *underclass* angehören, um einen Statusverlust zu verhindern.

Es wird zunächst angenommen, dass mit dem Verbleib in der Bildungseinrichtung keine Kosten verbunden sind und dass die Parameter α, β und γ für alle

Familien den gleichen Wert haben.[8] Teilt man dann die Wahrscheinlichkeit, dass der Verbleib in der Bildungseinrichtung zum Statuserhalt führt, durch die Wahrscheinlichkeit, dass der Statuserhalt unabhängig von der Bildungsentscheidung erreicht wird, erhält man für den Schüler i aus der *service class* einen Wert p_{iS} und für den Schüler i aus der *working class* einen Wert p_{iW}.

$$p_{iS} = \frac{\pi_i \alpha + (1 - \pi_i)\beta_1}{\pi_i \alpha + (1 - \pi_i)\beta_1 + \gamma_1}$$

(2.08)

$$p_{iW} = \frac{\pi_i + (1 - \pi_i)(\beta_1 + \beta_2)}{\pi_i + (1 - \pi_i)(\beta_1 + \beta_2) + (\gamma_1 + \gamma_2)}$$

(2.09)

Demnach ist der Verbleib in der Bildungseinrichtung dem Abgang dann vorzuziehen, wenn p einen Wert größer als .5 annimmt, das heißt es ist wahrscheinlicher, den Statuserhalt zu erreichen, wenn die Schülerin beziehungsweise der Schüler in der Bildungseinrichtung verbleibt. Da p_{iS} für jeden Wert π (für $0 \leq \pi \leq 1$) größer wird als p_{iW}, lässt sich sagen, dass es Familien aus der *service class* eher als vorteilhaft betrachten, ihr Kind weiter zur Schule gehen zu lassen als Familien aus der *working class*, selbst wenn die subjektive Erfolgserwartung in beiden Gruppen gleich ist. Um zu erreichen, dass der Anreiz, in der Bildungseinrichtung zu verbleiben, in den beiden sozialen Lagen gleich groß ist, müsste die subjektive Erfolgserwartung in der *working class* größer sein als in der *service class*. Tatsächlich ist allerdings auf Grund der primären Herkunftseffekte das Gegenteil der Fall.

Bislang wurde angenommen, dass mit der Fortführung der Bildung keine Kosten verbunden sind. Berücksichtigt man jedoch die tatsächlich entstehenden Kosten, sind wiederum die Familien der *service class* im Vorteil, da sie im Vergleich zur *working class* über mehr Ressourcen verfügen. Betrachtet man nun den Bildungsverlauf als sequentielle Folge von Bildungsentscheidungen für oder gegen den Verbleib im Bildungssystem, lässt sich Bildungsungleichheit über die beschriebenen Mechanismen erklären.

---

8   Die Autoren diskutieren, welche Folgen die Lockerung der einzelnen Modellannahmen (einheitliche subjektive Wahrscheinlichkeiten, nur drei soziale Lagen etc.) für den Erklärungsgehalt des Modells hat (Breen & Goldthorpe, 1997, S. 287ff.). Die entscheidenden Mechanismen, die zur Reproduktion sozialer Ungleichheit beitragen, lassen sich jedoch am Besten an Hand des einfachen Entscheidungsmodells erläutern.

2.2.4   Esser: Ein Rational-Choice-Modell für die Übergangsentscheidung am Ende der Grundschulzeit

Esser (1999) schließt mit seinen Überlegungen zur Reproduktion sozialer Ungleichheit durch schichtspezifische Bildungsgangentscheidungen an das Modell von Erikson und Jonsson (vgl. Kap. 2.2.2) an, indem er es geringfügig modifiziert beziehungsweise erweitert.

Der Gewinn aus dem höheren Bildungsweg wird bei Esser mit U bezeichnet, und die Wahrscheinlichkeit, dass dieser Weg erfolgreich verläuft, mit p. Die Kosten des höheren Bildungsweges betragen C, während SV den sozialen Statusverlust bei Verzicht auf den höheren Bildungsweg bezeichnet und c die Wahrscheinlichkeit, dass dieser Statusverlust eintritt. Die Handlungsalternativen am Ende der vierten Jahrgangsstufe sind Übergang auf die Hauptschule (A_n) oder auf eine höhere Schulform (A_b).

Beim Wechsel auf eine andere Schulform als die Hauptschule ergibt sich der erwartete Nutzen als Summe aus (1) dem Produkt aus Gewinn und Erfolgswahrscheinlichkeit, (2) dem Produkt aus der Gegenwahrscheinlichkeit des Erfolges, den Kosten des drohenden Statusverlustes und der Wahrscheinlichkeit, dass dieser Statusverlust eintritt und (3) den Kosten für den höheren Bildungsweg:

$$EU(A_b) = pU + (1-p)c(-SV) - C \qquad (2.10)$$

Beim Verzicht auf eine höhere Schullaufbahn sind sowohl die Kosten für den höheren Bildungsweg als auch die Erfolgswahrscheinlichkeit 0. Die Gleichung 2.10 verändert sich dann wie folgt:

$$EU(A_n) = 0U + (1-0)c(-SV) - 0 \qquad (2.11)$$

$$EU(A_n) = c(-SV) \qquad (2.11')$$

Der erwartete Nutzen bei einer Entscheidung gegen eine höhere Schulform ist also gleich dem drohenden Statusverlust multipliziert mit der entsprechenden Eintrittswahrscheinlichkeit.

Gemäß der RC-Theorie wird nun die Handlungsalternative gewählt, die den höheren Nutzen verspricht. Der Übergang auf eine andere Schulform als die Hauptschule erfolgt also genau dann, wenn EU(A_b) größer ist als EU(A_n):

$$pU + (1-p)c(-SV) - C > c(-SV) \qquad (2.12)$$

Diese Ungleichung lässt sich wie folgt umformen:

$$pU - cSV + pcSV - C > -cSV \qquad (2.12')$$

$$p(U + cSV) > C \qquad (2.12'')$$

$$U + cSV > \frac{C}{p}$$

(2.12''')

Den Ausdruck $U + cSV$ bezeichnet Esser als ‚Bildungsmotivation'.[9] Dieser Wert wird größer, wenn der antizipierte Bildungsnutzen größer wird und/oder wenn die Kosten und/oder die Eintrittswahrscheinlichkeit des drohenden Statusverlustes größer werden. Bei dem Quotienten C/p handelt es sich um das ‚Investitionsrisiko'. Nimmt man C als konstant an, wird dieser Wert umso größer, je kleiner p ist. Somit folgt aus der Ungleichung (2.12'''):

> Eine Familie wechselt ihre Entscheidung von der Bildungsabstinenz zur Weiterführung erst dann, wenn die Bildungsmotivation *größer* ist als das Investitionsrisiko. (Esser, 1999, S. 270, Hervorhebung im Original)

Sekundäre Herkunftseffekte beim Übergang von der Grundschule auf weiterführende Schulen lassen sich nach diesem Modell also durch eine höhere Bildungsmotivation und/oder ein geringeres Investitionsrisiko bildungsnäherer Schülerfamilien erklären. Für einen Vergleich zwischen der unteren und der mittleren Schicht macht Esser die folgenden Annahmen über die einzelnen Variablen der Ungleichung: Der Gewinn U und die Bildungskosten C seien unabhängig von der sozialen Lage der Familie.[10] Von einem Statusverlust sei nur die mittlere Schicht bedroht, und dieser trete bei Verzicht auf eine höhere Schulbildung mit Sicherheit auf ($c = 1$). Die Wahrscheinlichkeit für einen erfolgreichen höheren Bildungsabschluss p sei in der Mittelschicht größer als in der Unterschicht. Ursache hierfür seien zum einen die primären Herkunftseffekte, zum anderen aber auch die besseren elterlichen Unterstützungsmöglichkeiten für Kinder aus bildungsnäheren Familien. Die Ungleichung (2.12''') sieht nun für die beiden zu vergleichenden Schichten unterschiedlich aus:

Untere Schicht:
$$U > \frac{C}{p}$$
(2.13)

Mittlere Schicht:
$$U + SV > \frac{C}{p}$$
(2.14)

Da der Gewinn U als unabhängig von der sozialen Schicht angenommen wird, ist die Bildungsmotivation der mittleren Schicht also um den Wert des drohen-

---

9   ‚Motivation' wird hier nicht im psychologischen Sinn als zielgerichtete Verhaltensbereitschaft verstanden (Deci & Ryan, 1985), sondern vielmehr als allgemeine Wertschätzung von Bildung.

10 Esser weist darauf hin, dass diese Annahme zwar empirisch nicht bestätigt ist; das Gegenteil jedoch auch nicht.

den Statusverlustes SV größer als die der unteren Schicht. Gleichzeitig ist das Investitionsrisiko für die untere Schicht größer, weil deren Erfolgwahrscheinlichkeit p geringer ist, während die Bildungskosten C in den beiden Gruppen identisch sind. Diesen Zusammenhang macht die Abbildung 2.04 deutlich.

Abbildung 2.04:   Die Entscheidungssituation beim Bildungsverhalten in den unteren und den mittleren sozialen Schichten

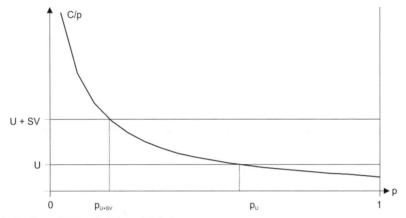

Quelle: Esser, 1999, Abb. 7.1, modifiziert

Auf der Abszisse ist die Erfolgswahrscheinlichkeit p abgetragen und auf der Ordinate der Nutzen auf einer beliebigen Skala. Die Kurve stellt das Investitionsrisiko C/p dar, das umso kleiner wird, je höher die Erfolgswahrscheinlichkeit ist. Während Familien aus der unteren Schicht sich erst dann für eine höhere Schullaufbahn entscheiden, wenn C/p kleiner als U wird, fällt diese Entscheidung in Familien aus der mittleren Schicht schon, wenn C/p kleiner als U+SV wird. Erst wenn die Erfolgswahrscheinlichkeit größer als p_U wird, fällt in der Unterschicht die Entscheidung für eine höhere Schulbildung. In der Mittelschicht reicht schon eine Erfolgswahrscheinlichkeit von p_{U+SV} damit diese Entscheidung getroffen wird. Dieser Effekt wird noch dadurch verstärkt, dass die Erfolgswahrscheinlichkeit von der mittleren Schicht größer eingeschätzt wird als von der unteren.

Sekundäre Herkunftseffekte machen sich in diesem Modell also doppelt bemerkbar: Zum einen ist die Bildungsmotivation in bildungsnäheren Familien größer, zum anderen ist das Investitionsrisiko für diese geringer. Auch wenn dieses Modell für die Bildungsgangentscheidung am Ende der Grundschulzeit entwickelt wurde, weist Esser ausdrücklich darauf hin, dass es sich für Entscheidungen auf allen Bildungsstufen eignet (vgl. Kap. 2.3).

2.2.5 Becker: Der Einfluss der Übergangsempfehlung auf die Übergangsentscheidung

Becker (2000) kritisiert, dass der Einfluss der Schule auf die Bildungsentscheidung der Eltern in den Modellen von Erikson und Jonsson (vgl. Kap. 2.2.2) beziehungsweise Esser (vgl. Kap. 2.2.4) nicht ausreichend berücksichtigt wird. Seiner Ansicht nach erfolgt die Bildungsgangentscheidung in zwei Schritten. Zunächst entwickeln die Familien eine Bildungsintention – also eine Präferenz für einen Bildungsweg, den sie sich für ihr Kind wünschen. Erst in einem zweiten Schritt erfolgt die eigentliche Bildungsgangentscheidung, bei der auch die Empfehlung der Schule zu berücksichtigen ist.

Für den Fall der Übergangsentscheidung am Ende der Grundschulzeit bedeutet dies, dass die Übergangsentscheidung P(B) eine Funktion der bestehenden Bildungsintention BI, der Übergangsempfehlung der Lehrer S und der Interaktion dieser beiden Faktoren ist. Die Indizes i und j in der Formel 2.15 stehen für die Schulformen Hauptschule (1), Realschule (2) und Gymnasium (3):

$$P(B_{ij}) = f(BI_i + S_j + (BI \cdot S)_{ij}) \qquad (2.15)$$

Abbildung 2.05:   Modell zur Erklärung der Übergangsentscheidung nach Becker

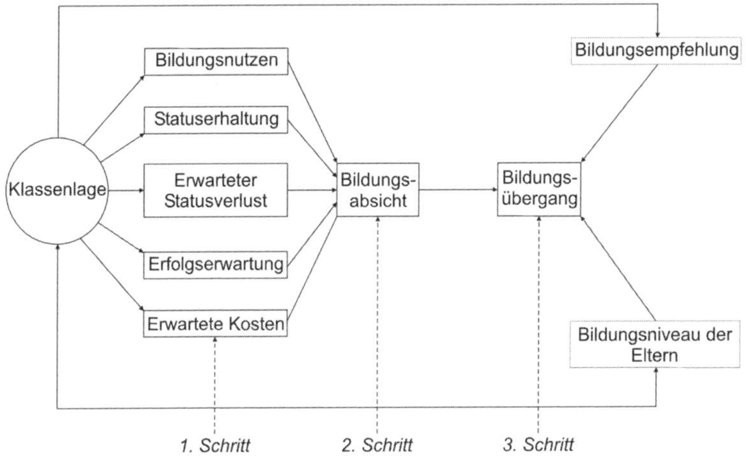

Quelle: Becker, 2000, Abbildung 2

Beckers Modell zur Erklärung der Übergangsentscheidung am Ende der Grundschulzeit ist in Abbildung 2.05 dargestellt. Die Klassenlage der Schülerfamilien als Ausgangspunkt korreliert demnach mit dem Bildungsniveau der Eltern und hat Einfluss auf die Bildungsempfehlung der Grundschule. Der tatsächliche Bildungsübergang ist abhängig von der Bildungsempfehlung, dem Bildungsniveau der Eltern und der ursprünglichen Bildungsabsicht der Familie. Letztere wird durch mehrere – aus den in den vorangegangenen Abschnitten diskutierten Modellen bekannte – Faktoren beeinflusst, die wiederum abhängig von der Klassenlage der Familie sind.

Tabelle 2.01: Determinanten des Schulwunsches im sozialen Wandel – Aspiration für das Gymnasium im Modell von Erikson und Jonsson (1996) (Probit-Regression; in runden Klammern: Standardfehler der unstandardisierten Probit-Koeffizienten; in eckigen Klammern: vollständig standardisierte Probit-Koeffizienten)

Konstante	0.29 *** (0.03)	0.29 *** (0.03)
Bildungsertrag B	0.47 *** (0.05) [0.59]	
Erfolgswahrscheinlichkeit P	0.38 *** (0.04) [0.60]	
Kosten C	-0.09 * (0.04) [-0.13]	
Gewichteter Bildungsertrag PB		0.23 *** (0.3) [0.22]
Kosten C		-0.11 *** (0.04) [-0.17]
Pseudo-R^2 (nach McFadden)	0.09	0.01
Chi^2	239.08	23.34
Freiheitsgrade	3	2
N	1964	1964

*$p \leq 0.05$; **$p \leq 0.01$; ***$p \leq 0.001$; + $p \leq 0.1$

Quelle: Becker, 2000, Tabelle 1, gekürzt

An Hand von Längsschnittdaten aus der Studie „Bildungsverläufe in Arbeiterfamilien", die Fauser Anfang der achtziger Jahre durchgeführt hat, überprüft Becker die Modelle von Erikson und Jonsson beziehungsweise Esser sowie seine eigene Erweiterung. Die Tabellen 2.01 und 2.02 zeigen zunächst die Resultate für die Modelle von Erikson und Jonsson beziehungsweise Esser. Becker sieht die Grundannahmen der beiden Modelle in den vorliegenden Daten bestätigt.

Tabelle 2.02: Determinanten des Schulwunsches im sozialen Wandel – Aspiration für das Gymnasium im Modell von Esser (1999) (Probit-Regression; in runden Klammern: Standardfehler der unstandardisierten Probit-Koeffizienten; in eckigen Klammern: vollständig standardisierte Probit-Koeffizienten)

Konstante	0.29 *** (0.03)	0.37 *** (0.03)
Bildungsertrag U	0.11 ** (0.04) [0.18]	
Statusverlust -SV	0.65 *** (0.07) [0.80]	
Erwartung des Statusverlustes c	0.23 *** (0.06) [0.34]	
Erfolgswahrscheinlichkeit p	0.37 *** (0.04) [0.58]	
Kosten C	-0.09 * (0.04) [-0.14]	
Bildungsmotivation U+ cSV		0.32 *** (0.03) [0.71]
Investitionsrisiko C/p		-0.18 * (0.08) [-0.14]
Pseudo-R² (nach McFadden)	0.1	0.05
Chi²	261.2	143.54
Freiheitsgrade	5	2
N	1964	1964

$^*p \leq 0.05$; $^{**}p \leq 0.01$; $^{***}p \leq 0.001$; $+ p \leq 0.1$

Quelle: Becker, 2000, Tabelle 1, gekürzt

Ganz im Sinne der Theorie von Erikson und Jonsson kann man aus Tabelle 2.01 ersehen, dass Bildungsertrag (B) und Erfolgswahrscheinlichkeit (P) einen positiven Einfluss auf die Entscheidung für ein Gymnasium haben, während der Einfluss der Kosten (C) negativ ist. In dem Modell nach Esser (vgl. Tab. 2.02) hat – ebenfalls theoriekonform – die Bildungsmotivation einen positiven und das Investitionsrisiko einen negativen Einfluss auf die Entscheidung für das Gymnasium. Dabei ist der Einfluss der Bildungsmotivation größer als der des Investitionsrisikos. Bei den einzelnen Variablen hat der drohende Statusverlust SV den größten Einfluss, gefolgt von der Erfolgswahrscheinlichkeit p. Auch hinsichtlich der klassenspezifischen Variationen in den einzelnen Determinanten der elterlichen Bildungsentscheidung erweisen sich die Resultate aus beiden Modellen als theoriekonform.

Tabelle 2.03:   Determinanten des Bildungsübergangs – Multinominale Logit-Regression (in Klammern: Standardfehler des unstandardisierten Logit-Koeffizienten)

	Erikson und Jonsson		Esser	
	Realschule	Gymnasium	Realschule	Gymnasium
Konstante	0.97 ***	1.23 ***	0.98 ***	1.20 ***
	(0.15)	(0.14)	(0.14)	(0.14)
Schulwunsch der Eltern				
Intention für das Gymnasium	-0.01	1.75 ***	0.28 *	1.75 ***
	(0.13)	(0.14)	(0.13)	(0.14)
Soziokulturelles Kapital:				
Bildungsniveau der Eltern				
– Realschule	0.55 *	0.97 ***	0.55 *	0.97 ***
	(0.23)	(0.23)	(0.23)	(0.23)
– Fachhochschulreife bzw. Abitur	0.56 +	2.08 ***	0.55 +	2.20 ***
	(0.33)	(0.30)	(0.32)	(0.30)
Grundschulempfehlung				
– Realschule	1.57 ***	0.47 ***	1.57 ***	0.46 ***
	(0.12)	(0.13)	(0.12)	(0.14)
– Gymnasium	1.20 ***	2.11 ***	1.21 ***	2.10 ***
	(0.16)	(0.16)	(0.16)	(0.16)
Pseudo-R² (nach McFadden)	0.387		0.396	
N	1964		1964	

*p ≤ 0.05; **p ≤ 0.01; ***p ≤ 0.001; + p ≤ 0.1

Quelle: Becker, 2000, Tabelle 2

Als unbefriedigend erweist sich hingegen in beiden Modellen das Modellgüte-maß nach McFadden (Pseudo-R^2). Becker erklärt dies damit, dass die Modelle zwar geeignet sind, die Bildungsabsicht der Eltern zu erklären, nicht aber den tatsächlichen Übergang. Letzterer wird durch den Bildungswunsch der Eltern aber auch durch deren Bildungsniveau und durch die Übergangsempfehlung der Grundschule beeinflusst (vgl. Abb. 2.05). Becker modelliert daher den Einfluss der drei Faktoren auf die tatsächliche Bildungsgangentscheidung. Die Modelle von Erikson und Jonsson beziehungsweise Esser werden als Indikatoren für die Bildungsabsicht berücksichtigt, das Bildungsniveau der Eltern wird über den höchsten Bildungsabschluss der Eltern operationalisiert, und schließlich fließt noch die Grundschulempfehlung in das Modell ein (vgl. Tab. 2.03).

Die Modellgüte beider Modelle wird durch die Erweiterung von Becker deutlich verbessert. Betrachtet man nur den Übergang auf das Gymnasium, zeigen alle unabhängigen Variablen einen signifikanten Zusammenhang mit der abhängigen Variable. Das in diesem Abschnitt vorgestellte Modell zur Erklärung von Bildungsübergängen nach Becker stellt also eine wichtige Erweiterung der Modelle von Erikson und Jonsson beziehungsweise von Esser dar.

2.2.6 Die Übergangsentscheidung bei KESS 4 und IGLU 2001

Weil im empirischen Teil dieser Arbeit mit Daten aus der Hamburger Längs-schnittstudie Kompetenzen und Einstellungen von Schülerinnen und Schülern (KESS) gearbeitet wird, werden abschließend noch die Resultate der Erklärung von sozialen Disparitäten beim Übergang von der Grundschule auf eine weiter-führende Schule im Rahmen von KESS 4 dargestellt. Da entsprechende Analy-sen auch für die Daten aus der Internationalen Grundschul-Lese-Untersuchung (IGLU 2001) – und somit repräsentativ für die Bundesrepublik Deutschland – durchgeführt wurden, werden auch die Ergebnisse aus dieser Studie berichtet.

Becker und Lauterbach (2004, Abbildung 4) spezifizieren in Anlehnung an Becker (2000, Abbildung 1) ein Mikro-Makro-Modell zur Analyse von Bil-dungsungleichheiten, das Pietsch (2007) im Rahmen von KESS 4 nutzt (vgl. Abb. 2.06). Die Grundstruktur dieses Modells entspricht dem allgemeinen Mik-ro-Makro-Modell der soziologischen Erklärung (vgl. Abb. 2.01). Das kollektive Explanandum sind die Zielungleichheiten – also die unterschiedliche Bildungs-erfolg der unterschiedlichen sozialen Schichten. Der kulturelle Kontext, das po-litische System und das Wirtschaftssystem bilden die soziale Struktur auf der Makroebene, aus der auf der Mikroebene die Startungleichheiten der Schülerin-nen und Schüler auf Grund ihrer sozialen Herkunft folgen. Die primären Her-kunftseffekte wirken sich auf die schulischen Leistungen aus, und in Wechsel-wirkung mit diesen Leistungen entsteht in den Familien in Abhängigkeit von ihrer sozialen Herkunft eine Bildungsabsicht, die ebenso wie das schulische Umfeld der Kinder – insbesondere die Übergangsempfehlung der Lehrerkräfte – die eigentliche Bildungsgangentscheidung bestimmt. Durch Aggregation der durch die soziale Herkunft beeinflussten Elternentscheidungen erhält man schließlich die Zielungleichheiten.

Abbildung 2.06:   Mikro-Makro-Modell zur Analyse von Bildungsungleichheiten

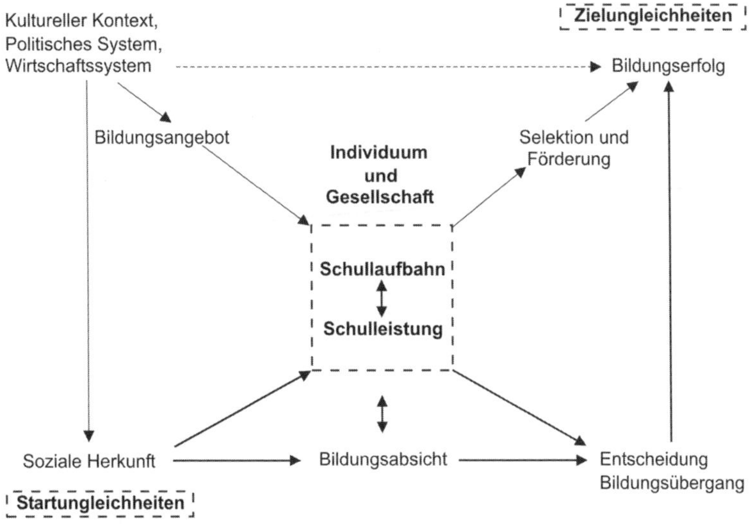

Quelle: Pietsch, 2007, Abbildung VII.1

An Hand der KESS-4-Daten berechnet Pietsch (2007) drei Modelle der Schul-formentscheidung in Abhängigkeit von der EGP-Klasse der Schülerfamilien: (1) den direkten Einfluss der sozialen Lage auf die Übergangsentscheidung, (2) den Einfluss der sozialen Lage unter Kontrolle der Variablen aus dem Modell nach Esser und (3) den Einfluss der sozialen Lage unter Kontrolle der Variablen aus dem Modell nach Esser und der Übergangsempfehlung durch die Lehrer – also dem Modell nach Becker (vgl. Tab. 2.04). Entsprechende Analysen haben Pietsch und Stubbe (2007) mit den Daten aus IGLU 2001 durchgeführt (vgl. Tab. 2.05).

Die Variablen aus dem Modell nach Esser wurden dabei wie folgt operationalisiert: Die Zufriedenheit der Eltern mit den Schulleistungen des Kindes stellt den Bildungsertrag (U) dar. Die Wahrscheinlichkeit, mit der ein Statusverlust (c) eintritt, wird durch den Eindruck der Eltern, ob ihr Kind in einzelnen schuli-

Tabelle 2.04:   Relative Chancen [odds ratios] für die Wahl einer weiterführenden Schulform nach sozialer Lage (EGP) der Schülerfamilien – KESS 4

Soziale Lage (Dienstklassen)	Modell 1[1]		Modell 2[2]		Modell 3[3]	
	Gesamt-schule	Gym-nasium	Gesamt-schule	Gym-nasium	Gesamt-schule	Gym-nasium
Obere Dienstklasse (I)	3,00 **	12,55 **	2,48 **	6,05 **	2,35 **	4,46 **
Untere Dienstklasse (II)	1,83 **	4,96 **	1,62 **	3,04 **	1,56 **	2,48 **
Routinedienstleistungen (III)	1,46 **	2,18 **	1,41 **	1,94 **	1,34 *	1,71 **
Selbständige (IV)	2,06 **	4,29 **	1,94 *	3,72 **	1,93 **	3,23 **
Facharbeiter und leitende Angestellte (V, VI)	1,21 *	1,45 **	ns	ns	ns	ns
Un- und angelernte Arbeiter, Landarbeiter (VII)	Referenzgruppe (odds ratio = 1)					
McF-R[2]	0,06		0,24		0,32	

** p < .01 * p < .05
ns: nicht signifikant
[1] ohne Kovariaten
[2] Modell nach Esser (1999)
[3] Modell nach Esser unter Kontrolle der Übergangsempfehlung
Fehlende Daten wurden hier mit Hilfe des MI-Verfahrens mehrfach modellbasiert geschätzt.

Quelle: Pietsch, 2007, Tabelle VII.13

Tabelle 2.05:   Relative Chancen [odds ratios] für die Wahl einer weiterführenden Schulform nach sozialer Lage (EGP) der Schülerfamilien – IGLU 2001

Soziale Lage (Dienstklassen)	Modell 1[1]		Modell 2[2]		Modell 3[3]	
	Real-schule	Gym-nasium	Real-schule	Gym-nasium	Real-schule	Gym-nasium
Obere Dienstklasse (I)	2,55 **	13,34 **	1,71 *	4,76 **	ns	2,61 *
Untere Dienstklasse (II)	2,78 **	7,71 **	2,94 **	7,29 **	ns	3,30 **
Routinedienstleistungen (III)	1,45 *	2,38 **	ns	1,98 *	ns	2,43 *
Selbständige (IV)	1,42 *	2,94 **	ns	2,00 *	ns	ns
Facharbeiter und leitende Angestellte (V, VI)	1,29 *	1,46 **	ns	ns	ns	ns
Un- und angelernte Arbeiter, Landarbeiter (VII)	Referenzgruppe (odds ratio = 1)					
McF-R[2]	0,07		0,38		0,56	

** p < .01 * p < .05
ns: nicht signifikant
[1] ohne Kovariaten
[2] Modell nach Esser (1999)
[3] Modell nach Esser unter Kontrolle der Übergangsempfehlung

Quelle: Pietsch & Stubbe, 2007, Table V

schen Lernbereichen Probleme hat, operationalisiert. Das Bruttojahreshaushaltseinkommen steht für die Kosten (C). Die Erfolgswahrscheinlichkeit (p) wird durch eine dichotome Variable gemessen, die angibt, ob der Notendurchschnitt des Kindes über oder unter dem Notendurchschnitt aller an KESS beziehungsweise IGLU teilnehmenden Schülerinnen und Schüler liegt. Da Haupt- und Realschulen in Hamburg in der Beobachtungsstufe nur integriert vorkommen (vgl. Kap. 4), wurde für KESS diese Schulform als Referenzkategorie gewählt. Bei IGLU ist die Referenzkategorie die Hauptschule.

Die Chance, nach der vierten Klasse statt auf eine Haupt- und Realschule auf ein Gymnasium zu wechseln, ist in Hamburg für ein Kind aus der oberen Dienstklasse 12,6mal so hoch wie für ein Kind von un- beziehungsweise angelernten Arbeitern. In der unteren Dienstklasse ist die Chance immerhin noch 5,0-mal so hoch und in der Gruppe der Selbständigen 4,3-mal. Kontrolliert man die Variablen aus dem Modell nach Esser, dann sinken diese Werte. So ist die Chance eines Kindes aus der oberen Dienstklasse noch 6,1-fach höher, ein Gymnasium statt einer Haupt- und Realschule zu besuchen, als in der Referenzgruppe. Wird zusätzlich noch die Übergangsempfehlung der Grundschullehrer berücksichtigt, sinkt dieser Wert auf 4,5. Die Chancen, nach der Grundschule auf ein Gymnasium statt auf eine Haupt- und Realschule zu wechseln, unterscheiden sich für Schülerinnen und Schüler, deren Eltern Facharbeiter oder leitende Angestellte sind, in Modell 2 und Modell 3 nicht signifikant von denen aus der Referenzgruppe.

Die Resultate für die IGLU-Studie fallen ähnlich aus wie bei KESS, allerdings werden die relativen Chancen für einen Gymnasialbesuch zum Teil stärker durch die Kovariaten der Modelle 2 und 3 beeinflusst. Das Modell nach Becker weist in beiden Studien den besten Modell-Fit auf. Das Modell ohne Kovariaten ist – ebenfalls in beiden Studien – das mit Abstand schlechteste Modell. Es zeigt sich, dass die Variablen aus dem Modell nach Esser und die Erweiterung um die Übergangsempfehlung nach Becker zur Erklärung der Übergangsentscheidung in Schulleistungsstudien wie KESS und IGLU beitragen können.

2.2.7 Psychologische Modelle zur Erklärung von Bildungsentscheidungen

Die vorgestellten soziologischen Modelle erklären soziale Disparitäten bei Bildungsentscheidungen durch unterschiedliche Einschätzungen von Kosten und Nutzen höherer Bildungsgänge in den verschiedenen sozialen Lagen. Psychologische Modelle rücken die Mechanismen, die in Abhängigkeit von der Bildungsnähe der Elternhäuser zu unterschiedlichen Einschätzungen der Situation führen, in den Vordergrund.

Eccles: Die Erwartungs-Wert-Theorie

Die Erwartungs-Wert-Theorie erklärt das Verhalten von Menschen über den angenommenen Wert der Folgen einer Tätigkeit und der Erwartung, mit welcher Wahrscheinlichkeit diese Folgen eintreten. Seit den 70er-Jahren entwickelt Eccles mit verschiedenen Kolleginnen und Kollegen ein allgemeines Modell zur Erklärung von intentionalem Verhalten, das sich gut auf unterschiedliche Bildungsentscheidungen anwenden lässt.

Eccles (2005) betont die Wichtigkeit des subjektiven Wertes einer Tätigkeit (*subjective task value*), der sich aus vier Komponenten zusammensetzt. Demnach bevorzugen Personen Tätigkeiten,

- die mit ihrem Selbstbild und ihren langfristigen Zielen konsistent sind (*attainment value*);
- deren Durchführung ihnen Vergnügen bereitet (*intrinsic and interest value*);
- die nützlich für ihre Zukunftspläne sind (*utility value*) und
- die geringe (emotionale) Kosten verursachen (*perceived cost*).

Abbildung 2.07 zeigt die Anpassung des Modells an die Übergangsentscheidung am Ende der Grundschulzeit nach Maaz et al. (2006). Da die Eltern bei dieser Entscheidung eine zentrale Rolle spielen, muss neben dem subjektiven Wert auch die Erfolgserwartung der Eltern berücksichtigt werden.

Abbildung 2.07: Vereinfachtes Modell der Genese von Bildungsentscheidungen nach den Grundannahmen des erweiterten Erwartungs-Wert-Modells von Eccles

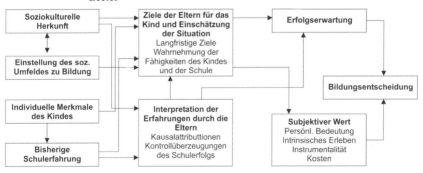

Quelle: Maaz et al., 2006, Abb. 3

Bildungsentscheidungen müssen nach Eccles (2005) nicht unbedingt das Resultat von bewussten Überlegungen sein, und es wird auch nicht angenommen, dass

Handelnde alle objektiv möglichen Handlungsalternativen in Betracht ziehen. Von den perzipierten Handlungsalternativen wird diejenige gewählt, die den größten subjektiven Wert aufweist. Dieses Modell steht somit keineswegs im Widerspruch zu den soziologischen Wert-Erwartungs-Modellen, sondern nähert sich der Beschreibung von Bildungsentscheidungen lediglich aus einem anderen Blickwinkel.

Ajzen: Theorie des geplanten Verhaltens

Nach der von Ajzen (1991) formulierten Theorie des geplanten Verhaltens (*theory of planned behavior*) lässt sich Verhalten durch die Verhaltensintention (*intention*) und die wahrgenommene Verhaltenskontrolle (*perceived behavioral control*), das heißt die umweltbedingten Einschränkungen der Möglichkeiten, erklären. Die Verhaltensintention ist wiederum das Resultat des Zusammenspiels der Einstellung zu dem jeweiligen Verhalten (*attitude toward the behavior*), der Annahmen über die Verhaltenserwartungen des Umfeldes und dem Willen, diesen Erwartungen zu entsprechen (*subjective norm*) und der wahrgenommene Verhaltenskontrolle, die – wie bereits erwähnt – auch einen direkten Zusammenhang mit dem Verhalten aufweist.

   Auch dieses Modell lässt sich zur Erklärung von Bildungsentscheidungen nutzen (Maaz et al., 2006). Zur wahrgenommenen Verhaltenskontrolle gehören beispielsweise Zugangsbeschränkungen zu bestimmten Schulformen. Erwartungen der Peers und der Familie hinsichtlich der zu wählenden Schulform bilden die subjektive Norm, und die Einstellung zu den verschiedenen Schulformen basiert auf der Einschätzung der jeweiligen Folgen des Besuchs einer bestimmten Schulform. Die aus diesen Aspekten resultierende Verhaltensintention bestimmt zusammen mit der tatsächlichen Verhaltenskontrolle der Eltern die Bildungsentscheidung.

Soziale Disparitäten machen sich in beiden psychologischen Modellen indirekt durch herkunftsspezifische Unterschiede in den individuellen Bewertungen und Einschätzungen bemerkbar. Insgesamt lässt sich festhalten, dass die psychologischen Modelle hinsichtlich der Erklärung der Genese von Entscheidungen mehr Möglichkeiten bieten als die soziologischen Modelle. Zur Erklärung von sozialen Disparitäten (sekundären Herkunftseffekten) ist eine Erweiterung der vorgestellten soziologischen Modelle um psychologische Komponenten allerdings nicht notwendig (vgl. Kap. 2.1.1).

2.3   Ein Rational-Choice-Modell für die Abgangsentscheidung vom Gymnasium

In gegliederten Schulsystemen muss in Schülerfamilien am Ende eines Schuljahres eine mehr oder weniger bewusste Entscheidung getroffen werden, das Kind entweder weiter auf diese Schulform gehen zu lassen oder die Schulform zu wechseln – sei es nach oben oder nach unten.[11] Je nach vorliegendem Schulsystem können darüber hinaus auch Bildungsgangentscheidungen auftreten, bei denen der Verbleib auf der derzeitigen Schulform keine Option darstellt. Neben dem Übergang am Ende der Grundschulzeit ist dies in Hamburg beispielsweise am Ende der Beobachtungsstufe an den Haupt- und Realschulen der Fall. An den bis zu diesem Zeitpunkt integriert geführten Schulen erfolgt dann die Aufteilung der Schülerinnen und Schüler auf Hauptschulen, Realschulen und sechsstufige Gymnasien (vgl. Kap. 4.3). Esser (1999) hat bereits darauf hingewiesen, dass sich sein Modell zur Erklärung der Übergangsentscheidung am Ende der Grundschulzeit für alle Bildungsstufen eignet. Daher soll auf der Basis dieses Modells (vgl. Kap. 2.2.4) die Formalisierung des Modells zur Erklärung der Entscheidung erfolgen, das Gymnasium vorzeitig zu verlassen.

2.3.1   Formalisierung des Rational-Choice-Modells

Die Entscheidung für den Verbleib auf dem Gymnasium (A_V) lässt sich mit der Gleichung (2.10) beschreiben, die im Esser-Modell für die Entscheidung steht, eine höhere Schulform als die Hauptschule zu besuchen:

$$EU(A_V) = pU + (1-p)c(-SV) - C \qquad (2.16)$$

Dabei ist p die Wahrscheinlichkeit, das Abitur erfolgreich abzuschließen, U bezeichnet den Nutzen, den die Gymnasiallaufbahn bringt, SV ist der drohende Statusverlust bei Verzicht auf das Abitur, der mit der Wahrscheinlichkeit c eintritt und C sind die Kosten des höheren Bildungsganges.

Beim Abgang vom Gymnasium (A_A) nehmen p und C den Wert Null an. Es entstehen keine Kosten durch einen höheren Bildungsgang, es besteht aber auch nicht die Chance des erfolgreichen Abschlusses am Gymnasium. Somit ergibt sich für die Abgangsentscheidung die Gleichung (2.11') aus dem Esser-Modell, die dort die Entscheidung beschreibt, nach der Grundschule eine Hauptschule zu besuchen:

---

11 Kristen (2005) weist darauf hin, dass von Familien im Extremfall von vorn herein nur eine einzige Schulform für ihr Kind in Erwägung gezogen wird. Dies ist mit den Annahmen der RC-Theorie allerdings problemlos vereinbar (vgl. Kap. 2.1.4).

$$EU(A_A) = c(-SV) \qquad (2.17)$$

Die Entscheidung, das Gymnasium zu verlassen, erfolgt dann, wenn der erwartete Nutzen der Abgangsentscheidung größer ist als der erwartete Nutzen des Verbleibs auf dem Gymnasium:

$$pU + (1-p)c(-SV) - C < c(-SV) \qquad (2.18)$$

Aus dieser Ungleichung erhält man durch Umformung:

$$U + cSV < \frac{C}{p} \qquad (2.18')$$

Die Entscheidung das Gymnasium vorzeitig zu verlassen, wird also genau dann getroffen, wenn das Investitionsrisiko (C/p) größer ist als die Bildungsmotivation (U+cSV).

Abbildung 2.08:   Die Entscheidungssituation für den Abgang vom Gymnasium

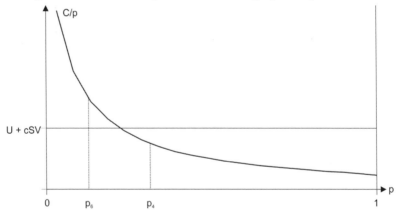

Nimmt man an, dass sich die Bildungsmotivation in den Schülerfamilien seit der ursprünglichen Entscheidung für das Gymnasium nicht verändert hat und auch die Einschätzung der Kosten des höheren Bildungsganges gleich geblieben ist, tritt dieser Fall nur ein, wenn die angenommene Wahrscheinlichkeit des erfolgreichen Abschlusses am Gymnasium gesunken ist. Abbildung 2.08 zeigt diesen Zusammenhang (vgl. Abb. 2.04). Aus der angenommenen Erfolgswahrscheinlichkeit am Ende der Grundschulzeit (p_4) folgt ein Investitionsrisiko, das geringer ist als die (konstant gehaltene) Bildungsmotivation U + cSV. Verschlechtert sich die Erfolgserwartung bis zum Ende der Beobachtungsstufe (p_6) um einen

hinreichend großen Betrag, wird das Investitionsrisiko größer als die Bildungsmotivation und es erfolgt die Entscheidung für den Abgang vom Gymnasium.
Eine wichtige Informationsquelle für die Einschätzung der Erfolgwahrscheinlichkeit stellen die Schulnoten der Gymnasiastinnen und Gymnasiasten
dar. Somit wird auch die von Becker (2000) geforderte Berücksichtigung der
Schulrückmeldungen in dem vorliegenden Modell aufgenommen (vgl. Kap.
2.2.5).

Sekundäre Herkunftseffekte machen sich in diesem Modell durch herkunftsspezifische Unterschiede in der Einschätzung der Erfolgswahrscheinlichkeit bemerkbar. Während Familien aus den oberen sozialen Lagen auch bei nur
ausreichenden Leistungen einen erfolgreichen Abschluss am Gymnasium für
hinreichend wahrscheinlich halten, gelangen Familien aus den unteren sozialen
Lagen in diesen Fällen eher zu der Einschätzung, dass das Erreichen des Abiturs
nicht sehr wahrscheinlich ist. Verstärkend kommt noch die unterschiedliche Bildungsmotivation hinzu. Diese wurde zwar über die Zeit konstant gehalten, dennoch verfügen bildungsfernere Familien insgesamt über eine geringere Bildungsmotivation (vgl. Kap. 2.2.4), so dass bei ähnlichen Einschätzungen der
Erfolgswahrscheinlichkeiten bildungsnähere Familien ihre Kinder mit größerer
Wahrscheinlichkeit auf dem Gymnasium lassen.

2.3.2 *Risk Aversion* und *Future Time Perspective*

Zwei weitere Phänomene, die zur Modellierung von Bildungsgangentscheidungen genutzt werden können, sollen an dieser Stelle kurz beschrieben werden. Da
in den KESS-Datensätzen keine entsprechenden Variablen vorliegen, werden
diese Aspekte im empirischen Teil dieser Arbeit zwar nicht wieder aufgegriffen;
für künftige Forschungen bieten sich hierdurch jedoch vielversprechende Ansät-
ze.

Risk Aversion

Erikson und Jonsson (1996) weisen explizit darauf hin, dass der Aspekt der *risk
aversion* in ihrem Modell (vgl. Kap. 2.2.2) nicht berücksichtig wurde. Ausgangspunkt der Überlegungen ist das Modell, das mit Formel 2.7' beschrieben
wurde:

$$U = PB - C \qquad (2.7')$$

Angenommen, zwei Bildungsgänge (i und j) weisen ähnliche Kosten auf und
auch das Produkt aus Erfolgswahrscheinlichkeit und Nutzen sei gleich,

$$C_i = C_j \qquad (2.19)$$

$$P_i B_i = P_j B_j \qquad (2.20)$$

dann ist der Nettonutzen für beide Bildungsgänge identisch. Nimmt man allerdings an, dass der eine Bildungsgang (i) einen größeren Nutzen aufweist aber gleichzeitig mit geringerer Wahrscheinlichkeit erfolgreich beendet wird,

$$P_i < P_j \qquad (2.21)$$

$$B_i > B_j \qquad (2.22)$$

folgt daraus, dass die Entscheidung für den Bildungsgang i zwar ein größeres Risiko bedeutet aber im Erfolgsfall auch einen höheren Gewinn verspricht. Schülerfamilien werden sich in solchen Fällen also umso eher für den Bildungsgang mit dem größeren Nutzen (also in der Regel den höheren Bildungsgang) entscheiden, je risikofreudiger sie sind. Da es sich Familien aus den oberen sozialen Lagen eher leisten können, ein solches Risiko einzugehen, als Familien aus den unteren sozialen Lagen, können auch durch dieses Phänomen soziale Disparitäten vergrößert werden.

Future Time Perspective

In komplexeren RC-Modellen wird zum Teil ein sogenannter Diskontparameter (bzw. Diskontierungsparameter) eingeführt, der es erlaubt, die Tatsache zu modellieren, dass Akteuren sofortige Auszahlungen wichtiger sind als Auszahlungen, die in der Zukunft erfolgen (Axelrod, 1995). In der Psychologie wird dieses Phänomen seit langem unter dem Begriff *future time perspective* beziehungsweise *future time orientation* behandelt. Dabei wird auch häufig auf den Zusammenhang mit Leistungsmotivation verwiesen (De Volder & Lens, 1982; Nuttin, 1985; Raynor, 1981). Je geringer Schülerinnen und Schüler zukünftige Gewinne bewerten, umso weniger werden sie bereit sein, in der Gegenwart Zeit und Mühe in künftige akademische Erfolge zu investieren.

> When students ascribe higher valence to goals in the distant future and higher instrumental value to studying hard for reaching goals in the distant future, they will be more persistent in their daily study and obtain better academic results. (De Volder & Lens, 1982, S. 570)

Empirisch lässt sich zeigen, dass bildungsfernere Personen eher Wert auf zeitnahe Belohnungen legen, während bildungsnähere Personen eher bereit sind, in der Gegenwart in die Zukunft zu investieren (Leshan, 1952; Nuttin & Grommen, 1975).

Hillmert und Jacob (2003) nehmen in ihr Modell zur Erklärung von Bildungsentscheidungen am Ende des Gymnasiums den Zeithorizont (*time horizon*) der Abiturientinnen und Abiturienten mit auf, der angibt, nach wie vielen Jahren sich die Investition in einen Hochschulabschluss rentiert haben muss. Für Jugendliche aus einkommensschwächeren Familien ist es schwieriger in der Gegenwart in zukünftige Gewinne zu investieren und ihr Zeithorizont ist entsprechend kürzer (Becker & Hecken, 2008).

Für das Modell von Esser bedeutet dies, dass das Investitionsrisiko bei konstantem C eine Funktion von p bleibt. Auf Grund der primären Herkunftseffekte und der bei ähnlichen Leistungen optimistischeren Erfolgseinschätzung ist das Investitionsrisiko also umso kleiner je höher der soziale Status ist. Die Bildungsmotivation ist in den oberen sozialen Lagen zum einen deswegen größer, weil nur dort ein Statusverlust droht; zum anderen sorgt – selbst unter der Annahme eines über die sozialen Lagen hinweg konstanten U (vgl. Kap. 2.2.4) – die herkunftsspezifische *future time perspective* dafür, dass der Nutzen in bildungsferneren Familien niedriger eingeschätzt wird, weil die Gewinne erst in relativ entfernter Zukunft eintreten.

2.3.3   Die Überprüfung des Rational-Choice-Modells

Auf unterschiedliche Verfahren zur Überprüfung von RC-Modellen mit Large-Scale-Daten wurden bereits in Kapitel 2.1.5 eingegangen. Das in Kapitel 2.3.1 entwickelte Modell zur Beschreibung der Entscheidung, das Gymnasium vorzeitig zu verlassen, soll im empirischen Teil dieser Arbeit mit Daten aus der KESS-Studie überprüft werden. Dazu soll die indirekte Strategie genutzt werden.

Das RC-Modell besagt, dass die Abgangsentscheidung dann erfolgt, wenn der erwartete Nutzen dieser Abgangsentscheidung (A_A) größer ist als der erwartete Nutzen bei Verbleib auf dem Gymnasium (A_V). Die Brückenannahme lautet: Je niedriger der soziale Status einer Familie ist, umso wahrscheinlicher ist es, dass der erwartete Nutzen der Abgangsentscheidung höher eingeschätzt wird als der der Entscheidung für den Verbleib am Gymnasium. Aus der Messung, dass Schüler i einen niedrigeren sozialen Status aufweist als Schüler j, lässt sich somit ableiten, dass Schüler i das Gymnasium mit einer größeren Wahrscheinlichkeit vorzeitig verlassen wird als Schüler j.

RC-Modell	$EU(A_A) > EU(A_V) \rightarrow$ Abgang vom Gymnasium
Brückenannahme	je niedriger der soziale Status einer Familie umso wahrscheinlicher gilt $EU(A_A) > EU(A_V)$
Messung	Schüler i hat einen niedrigeren sozialen Status als Schüler j
Messung	Schüler i geht mit größerer Wahrscheinlichkeit vorzeitig vom Gymnasium ab als Schüler j

Neben dem Zusammenhang, dass Schülerinnen und Schüler aus bildungsferneren Elternhäusern das Gymnasium mit einer größeren Wahrscheinlichkeit vorzeitig verlassen als Kinder aus bildungsnahen Elternhäusern, soll im empirischen Teil auch gezeigt werden, dass sich dieser Zusammenhang teilweise durch die Variablen des RC-Modells erklären lässt. Dies würde bedeuten, dass sich sekundäre Herkunftseffekte durch schichtspezifische Erwartungen hinsichtlich des Nutzens einer höheren Schullaufbahn erklären lassen.

3 Sekundäre Herkunftseffekte – der Forschungsstand

> *It might be said now that I have the best of both worlds, a Harvard education and a Yale degree.*
>
> John F. Kennedy[12]

Wie in den vorangegangenen Kapiteln ausgeführt wurde, stellt das Bildungssystem einen zentralen Aspekt bei der Reproduktion von sozialer Ungleichheit dar. Primäre und sekundäre Herkunftseffekte führen gemeinsam dazu, dass bestehende soziale Lagen auf die nächste Generation übertragen werden. In dieser Arbeit soll ein bestimmter Aspekt der sekundären Herkunftseffekte näher untersucht werden, nämlich die Schulformwechsel- und Bildungsgangentscheidungen in den ersten beiden Jahren der Sekundarstufe I.

In Deutschland bleiben Schülerinnen und Schüler im Regelfall bis zu ihrem Schulabschluss auf der Schulform, auf die sie nach der Primarstufe gewechselt sind (Bellenberg & Klemm, 2000). Damit kommt dem Grundschulübergang eine besondere Rolle im deutschen Schulsystem zu, da Bildungsentscheidungen, die an diesem Punkt getroffen wurden, nachträglich nur schwer zu korrigieren sind (vgl. dazu Entkoppelung von Schulart und Schulabschluss, Kap. 1.3). Diese Bedeutung spiegelt sich auch in den zahlreichen Publikationen zu diesem Thema in den letzten Jahren wider.

Kapitel 3.1 stellt den aktuellen Forschungsstand zum Grundschulübergang dar. Schulformwechsel in der Sekundarstufe bilden einen weiteren Typ von sekundären Herkunftseffekten in gegliederten Schulsystemen. In Deutschland spielt dabei insbesondere der Abgang vom Gymnasium auf eine andere Schulform eine zentrale Rolle. Die wichtigsten Forschungsergebnisse zu diesem Thema werden in Kapitel 3.2 referiert. In der englischsprachigen Literatur wird statt der Entscheidung für eine bestimmte Schulform meist die Entscheidung für oder gegen die Fortsetzung der Schullaufbahn betrachtet. Wie Kapitel 3.3 zeigen wird, können für beide Arten von Bildungsentscheidungen ähnliche Modelle genutzt werden, und es stehen zumeist dieselben Hintergrundmerkmale in Zusammenhang mit den Entscheidungen.

---

12 zitiert nach http://www.epinions.com/content_83204804228

3.1   Die Schullaufbahnentscheidung am Ende der Grundschulzeit

Für die Bundesrepublik Deutschland sind repräsentative Analysen zum Übergang von der Primar- in die Sekundarstufe in den vergangenen Jahren insbesondere durch die deutschen Datensätze der Internationalen Grundschul-Lese-Untersuchung (IGLU 2001 und IGLU 2006) ermöglicht worden. Dabei konnten erhebliche sekundäre Herkunftseffekte bei der Entscheidung für eine weiterführende Schulform gezeigt werden (Arnold et al., 2007; Pietsch & Stubbe, 2007; Stubbe & Bos, 2008). Das Pfadmodell in Abbildung 3.01 verdeutlicht den Zusammenhang zwischen den Schullaufbahnpräferenzen der Eltern und der Lehrkräfte, der Deutschnote und verschiedenen Hintergrundmerkmalen der Schülerinnen und Schüler an Hand der Daten aus IGLU 2006.

Abbildung 3.01:   Pfadmodell zum Zusammenhang zwischen Schullaufbahnpräferenz der Lehrkräfte bzw. der Eltern, Deutschnote und ausgewählten Hintergrundvariablen

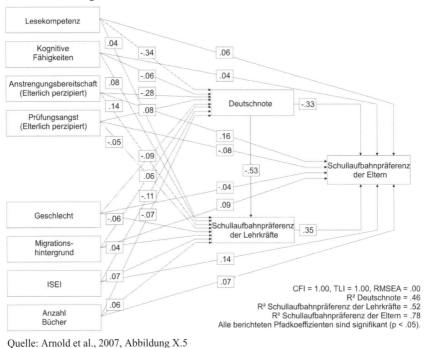

Quelle: Arnold et al., 2007, Abbildung X.5

In diesem Modell wirken die Deutschnote und die Schullaufbahnpräferenz der Lehrkräfte als Mediatoren, die beide mit sämtlichen Hintergrundmerkmalen und der abhängigen Variable einen signifikanten Zusammenhang aufweisen. Ein direkter Zusammenhang mit der Schullaufbahnpräferenz der Eltern besteht sowohl mit den vier schulnahen Kriterien (Lesekompetenz, kognitive Fähigkeiten, Anstrengungsbereitschaft und Prüfungsangst) als auch mit den vier soziokulturellen Merkmalen (Geschlecht, Migrationshintergrund, ISEI und Anzahl der Bücher im Haushalt). Das Modell erklärt 78 Prozent der Variabilität in der Schullaufbahnpräferenz der Eltern. Pietsch und Stubbe (2007) betonen in diesem Zusammenhang die gleich dreifache Benachteiligung von Schülerinnen und Schülern aus bildungsfernen Elternhäusern.

> The disadvantages for children from socially underprivileged families during the transition from primary to secondary school in Germany are therefore threefold: first, their reading achievement at fourth grade is significantly below the average. The developmental advantages of children from families with an academic background are not compensated for during the primary school years. Second, the teacher's school track recommendations are not solely influenced by the students' reading achievement, but also by the students' social background. This entails that socially underprivileged children have to perform better in school than socially privileged children in order to be recommended by their teachers for the *Gymnasium*. And, last but not least, the family's social status influences the parents' school track decision. Consequently, the accumulation of all of these factors leads to a noticeable increase in the threshold of access to higher education for socially disadvantaged children and, thereby, due to the strict linkage of educational background and the opportunity to gain access to the labour market in Germany (…), to worse occupational career prospects for them in the future. (Pietsch & Stubbe, 2007, S. 440, Hervorhebung im Original)

Pietsch (2007) kommt mit Daten aus KESS 4 für die Schullaufbahnentscheidungen an Hamburger Grundschulen zu vergleichbaren Ergebnissen wie IGLU für alle 16 Bundesländer.

Thiel (2006) stellt für Bildungsgangempfehlungen in Berlin fest, dass diese nur mit Schulnoten und Testleistungen einen direkten Zusammenhang aufweisen. Da sich jedoch eine Koppelung zwischen sozialer Herkunft der Schülerinnen und Schüler und deren Noten feststellen lässt, bedeutet dies nicht, dass es keine sozialen Benachteiligungen gibt.

Paulus und Blossfeld (2007) modellieren mit den Daten der BiKS-Studie (Bildungsprozesse, Kompetenzentwicklung und Selektionsentscheidungen) die Übergangsentscheidung der Eltern und betonen die Bedeutung der elterlichen Bildungsaspirationen im Entscheidungsprozess. Darüber hinaus konnte gezeigt werden, dass das kulturelle Kapital der Familie eine größere Erklärungskraft besitzt als das ökonomische Kapital.

Die Genese der letztendlichen Schulanmeldung durch die Eltern beschreiben Ditton und Krüsken (2006) an Hand von Längsschnittsdaten aus 27 bayrischen Grundschulklassen. In der dritten Klasse stimmen die Elternaspirationen und die Empfehlungsabsicht der Lehrkräfte nur in 51 Prozent der Fälle überein, wobei die Elterneinschätzungen deutlich optimistischer sind. Zwischen der Empfehlungsabsicht und der tatsächlichen Empfehlung in der vierten Jahrgangsstufe besteht eine Übereinstimmung von 74 Prozent. Dabei kommen Einschätzungsänderungen nach unten ungefähr genauso häufig vor wie nach oben. Die Übereinstimmung der ausgesprochenen Schulformempfehlung mit der elterlichen Bildungsaspiration in der dritten Klasse ist mit 53 Prozent relativ gering. 39 Prozent der Eltern melden ihr Kind jedoch an einer anderen Schulform als zunächst beabsichtigt an, so dass zwischen der Lehrerempfehlung und der Schulanmeldung durch die Eltern eine Übereinstimmung von 85 Prozent besteht. Die 15 Prozent, die sich nicht an die Empfehlung halten, melden ihr Kind in den meisten Fällen auf einer höheren Schulform an. Die Autoren zeigen, dass Abweichungen auf eine höhere als die empfohlene Schulform deutlich häufiger von Eltern aus den oberen sozialen Lagen vorgenommen werden, und das obwohl die Empfehlungen durch die Lehrkräfte bei dieser Gruppe sowieso stärker der Elternaspiration entsprechen (vgl. vertiefend Ditton, 2007; Schauenberg, 2007).

Wie einfach oder schwierig es für Eltern ist, von der Schullaufbahnempfehlung der Grundschule abzuweichen, hängt von dem jeweiligen Bundesland ab. In einigen Ländern entscheidet im Zweifelsfall der Elternwille, in anderen Ländern hat die Grundschulempfehlung verbindlichen Charakter (vgl. Sekretariat der Ständigen Konferenz der Kultusminister der Länder in der Bundesrepublik Deutschland, 2006). In diesen Ländern können Eltern, die mit der empfohlenen Schulform nicht zufrieden sind, ihr Kind allerdings an Aufnahmeprüfungen, Probe- oder Prognoseunterricht teilnehmen lassen, um zusätzliche entscheidungsrelevante Informationen zu erhalten und ihr Kind so doch noch an einer höheren Schulform anmelden zu dürfen (vgl. exemplarisch für die aktuelle Situation in Nordrhein-Westfalen Bos & Lintorf, 2007; Lintorf & Bos, 2007).

Bis 2006 waren Eltern, die von der Grundschulempfehlung nach oben abweichen wollten, in Nordrhein-Westfalen zu einem Beratungsgespräch an der weiterführenden Schule verpflichtet. Harazd (2007) untersucht diese Beratungssituation und vergleicht Eltern, die sich an die Empfehlung der Grundschule halten (konforme) mit denen, die sich nicht an die Empfehlung halten (nonkonforme). Demnach spielt für die letztendliche Bildungsgangentscheidung auch die

Qualität des Beratungsgesprächs (Argumente, Expertenstatus der Lehrkraft) eine Rolle. Aktuell führt Baumert im Rahmen von TIMSS 2007 eine längsschnittliche Zusatzstudie durch, um offene Forschungsfragen bezüglich der Schulformwahl am Ende der Grundschule bearbeiten zu können (http://www.uebergang. mpg.de).

3.2   Schulformwechsel in der Sekundarstufe I

Eine der bis heute umfangreichsten empirischen Studien, die sich mit dem vorzeitigen Abgang vom Gymnasium beschäftigt, wurde vor mehr als vierzig Jahren von Peisert und Dahrendorf (1967) durchgeführt. Es handelt sich dabei um eine Sekundäranalyse von Daten, die in Baden-Württemberg vom Kultusministerium und dem Statistischen Landesamt in den Schuljahren 1953/54 bis 1963/64 jährlich erhoben wurden. Neben zahlreichen Analysen mit dem umfangreichen Gesamtdatensatz wurde etwa ein Fünftel der Schülerinnen und Schüler, die im Jahre 1955 die fünfte Klasse eines Baden-Württembergischen Gymnasiums besucht haben (2918 Sextanerinnen und Sextaner an 32 Schulen), besonders ausführlich betrachtet (Gerstein, 1967, 1972).

Gerstein (1972) betont insbesondere die enge Koppelung zwischen der sozialen Herkunft der Schülerinnen und Schüler und der Bereitschaft, das Gymnasium vorzeitig zu verlassen. Abbildung 3.02 zeigt den Anteil der Schülerinnen und Schüler, die ihre Gymnasialzeit erfolgreich mit dem Abitur beenden, in Abhängigkeit vom Beruf des Vaters. Insgesamt erreichen 42 Prozent der Sextanerinnen und Sextaner die allgemeine Hochschulreife; doch während dies nur 24 Prozent der Arbeiterkinder gelingt, beträgt der entsprechende Anteil bei den Kindern von Beamten der höheren Dienste 84 Prozent.

Auch das Geschlecht der Schülerinnen und Schüler hat Einfluss auf die Erfolgschancen am Gymnasium. Mädchen weisen zwar insgesamt höhere Kompetenzen auf als ihre männlichen Mitschüler. Dennoch verlassen Mädchen häufiger als Jungen vorzeitig das Gymnasium (Gerstein, 1972). „Für Mädchen führt – nach sozialer Setzung – der Weg nach oben nicht über die Schule, sondern über die Ehe" (Dahrendorf, 1967, S. 149).

Zusätzlich zu den quantitativen Analysen wurden im Rahmen der Studie von Peisert und Dahrendorf auch 370 umfangreiche Interviews mit erfolgreichen und erfolglosen Gymnasiastinnen und Gymnasiasten durchgeführt, die eine detaillierte Rekonstruktion der bisherigen Bildungsbiographien der etwa zwanzigjährigen Befragten ermöglichen (Blankenburg, 1967; Schober, 1967; Wiehn, 1967).

Abbildung 3.02:   Die Erfolgsquoten nach den väterlichen Berufen

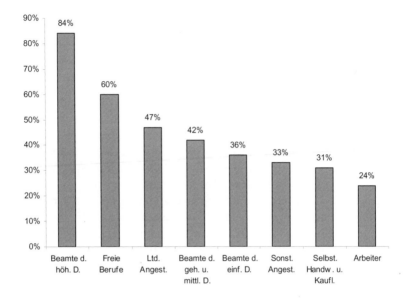

Quelle: Gerstein, 1972, Graphik 14

Dahrendorf (1967) benennt fünf Faktoren, die für den Erfolg beziehungsweise den Misserfolg am Gymnasium verantwortlich sind:

(1) Leistung: Gute Leistungen sind notwendig, um die gymnasiale Laufbahn erfolgreich abschließen zu können. Allerdings sind gute Leistungen keineswegs ein hinreichender Grund, auf dem Gymnasium zu verbleiben. Kinder aus der Unter- und Mittelschicht verlassen das Gymnasium häufig auch dann, wenn ihre Zensuren durchaus erfolgversprechend sind (vgl. auch Gerstein, 1972).

(2) Schulziel: Die Erfolgswahrscheinlichkeit ist umso größer, je eindeutiger das Abitur das angestrebte Schulziel der Schülerfamilie ist.

(3) Statuserhaltung: Da Familien sich für ihre Kinder wünschen, dass diese mindestens denselben sozialen Status erlangen wie ihre Eltern, entscheiden sich Schülerfamilien, in denen die Eltern selbst kein Abitur haben, eher für den Abgang ihrer Kinder vom Gymnasium, als Eltern mit Abitur.

(4) Schulnähe: Wenn die Eltern mit der Institution Gymnasium vertraut sind, steigt die Erfolgswahrscheinlichkeit der Kinder.

(5) Rollenkongruenz: Wird eine Schülerin oder ein Schüler außerhalb der Schule mit anderen Rollenerwartungen konfrontiert als innerhalb der Schule, erhöht dies die Wahrscheinlichkeit des vorzeitigen Abgangs vom Gymnasium.

Fast zwanzig Jahre später beschreibt Schümer (1985) – ebenfalls mit Hilfe amtlicher Statistiken – Veränderungen in den West-Berliner Schulen der Sekundarstufe I[13] im Zeitverlauf und stellt dabei eine in allen sozialen Lagen steigende Tendenz fest, Kinder immer seltener auf eine Hauptschule und immer häufiger auf ein Gymnasium zu schicken. Zur prognostischen Validität der Schulformempfehlung der Grundschule stellt Schümer zwar einen systematischen Zusammenhang zwischen der Grundschulempfehlung und einem Erfolg während des Probehalbjahres fest, betont allerdings, „daß sich mindestens ein Viertel der Hauptschulempfohlenen und 70 bis 80 % der Realschulempfohlenen am Gymnasium halten konnten – jedenfalls zunächst – und daß bis zu annährend 60 % der Hauptschulempfohlenen sich – zumindest anfangs – als geeignet für die Realschule erwiesen, während 3 bis 6 % der gymnasialempfohlenen Übergänger aufs Gymnasium und bis zu 10 % der Realschulübergänger mit günstigen Empfehlungen ihre Schule bereits nach dem Probehalbjahr wieder verlassen mußten" (Schümer, 1985, S. 108). Insgesamt gibt es im Probehalbjahr mit durchschnittlich sieben Prozent deutlich mehr Abstiege auf eine niedrigere Schulform als Aufstiege auf eine höhere Schulform (0,2 %).

In einer Längsschnittuntersuchung von 1960 bis 1974 hat Kemmler (1976) die Schullaufbahnen von 224 Schülerinnen und Schülern an Münsteraner Schulen untersucht und stellt ebenfalls eine enge Koppelungen zwischen sozialer Herkunft und Schulerfolg fest.

Meulemann (1985) wertet unter anderem Daten aus dem Jahr 1969 aus, die an 68 Gymnasien in Nordrhein-Westfalen erhoben wurden und betont, dass Familien aus oberen sozialen Lagen auch dann an einer Gymnasiallaufbahn festhalten, wenn die Erfolgsaussichten eher schlecht sind, weil der Prestigeverlust im Falle eines sozialen Abstiegs der Familie bei Verzicht auf das Abitur hohe psychische Kosten zur Folge hätte.

Mit Hilfe von Schullaufbahnakten und Fragebögen untersucht Kemnade (1989) die Durchlässigkeit von Schulen der Sekundarstufe I in Bremen. Dabei

---

13 Die Sekundarstufe I umfasst in Berlin aufgrund der sechsjährigen Grundschule die Jahrgangsstufen 7 bis 10.

stellt sie unter anderem fest, dass 18-mal mehr Schülerinnen und Schüler absteigen als aufsteigen.

Bofinger (1990) hat in den Schuljahren 1974/75, 1978/79, 1982/83 und 1986/87 eine repräsentative Stichprobe von Zehntklässlerinnen und Zehntklässlern an bayerischen Gymnasien, Real- und Wirtschaftsschulen zu ihrer bisherigen Schullaufbahn, ihren schulischen und beruflichen Perspektiven und ihrem familiären Hintergrund befragt. Tabelle 3.01 zeigt den Zusammenhang zwischen der Schulbildung der Eltern und dem Anteil der Schülerinnen und Schüler, die zwischen der fünften und der zehnten Klasse vom Gymnasium abgegangen sind. Demnach sind die Abbrecherquoten in Familien, in denen kein Elternteil das Gymnasium besucht hat, doppelt bis dreimal so hoch wie in Familien, in denen beide Elternteile auf dem Gymnasium waren.

Tabelle 3.01   Die (rekonstruierten und geschätzten) 5. Schülerjahrgänge der Schuljahre 1969/70, 1973/74, 1977/78 und 1981/82 nach der Vater- und Mutterausbildung und dem Verbleib am / Abgang vom Gymnasium bis zur Jahrgangsstufe 10 (Spaltenprozent innerhalb der einzelnen 5. Schülerjahrgänge; ohne Schüler, die keine Angaben zum Geschlecht und zur Elternbildung machten)

Rekonstruierte Schullaufbahnen bis zur Jahrgangsstufe 10; verschiedene 5. Schülerjahrgänge	Schulbildung der Eltern			Alle Schüler (ohne k. A. bei Eltern schulbesuch, Geschlecht)
	kein Elternteil mit Gymnasialbesuch	ein Elternteil mit Gymnasialbesuch	beide Elternteile mit Gymnasialbesuch	
1969 / 70	71	80	86	76
1973 / 74	68	81	90	74
1977 / 78	72	85	91	78
1981 / 82	69	83	91	77

Quelle: Bofinger, 1990, Tabelle 26, gekürzt

Hinsichtlich des Zusammenhangs zwischen Schulleistung, sozialer Herkunft und dem Abgang vom Gymnasium kommt Bofinger zu ähnlichen Resultaten wie Gerstein (1972): Kinder aus den oberen sozialen Lagen brechen ihre gymnasiale Laufbahn nur dann ab, wenn sehr schlechte Schulleistungen einen erfolgreichen Abschluss praktisch ausschließen. Insgesamt sieht Bofinger in der Frage des vorzeitigen Abgangs vom Gymnasium einen Hauptmechanismus bei der Reproduktion sozialer Ungleichheit.

> Die ausgeprägte Neigung von Kindern unterer Bevölkerungskreise, das Gymnasium vorzeitig, d.h. vor Erreichen der Hochschulreife zu verlassen, unterstreicht die anhaltende Bedeutung des sozialen Hintergrundes eines Schülers für einen erfolgreichen Besuch des Gymnasiums. Das Ergebnis zeigt dabei auch, wie wenig durchschlagskräftig die Bemühungen der Vergangenheit waren, schulfremde Einflüsse vom Gymnasium fernzuhalten. Zwar hat sich auf der Ebene der gymnasialen Schuleintritte einiges geändert. Die Wirkung außerschulischer, sozialer Faktoren hat sich im wesentlichen jedoch nur weiter ‚nach oben‘, in das Gymnasium hinein verschoben; das Problem der sozialen Unterschiede des gymnasialen Schulbesuchs ist nicht mehr so sehr eines des Übertritts an diese Schulart, sondern zunehmend eines des Verbleibs und erfolgreichen Abschlusses dieser Schulart. (Bofinger, 1990, S. 60).

Roeder und Schmitz (1995) haben für das Schuljahr 1991/92 anhand von Schülerakten Hamburger Gymnasiastinnen und Gymnasiasten Abgänge vom Gymnasium in der Sekundarstufe I analysiert. Dabei kommen sie unter anderem zu dem Ergebnis, dass Schülerinnen und Schüler, die eine Grundschulempfehlung für das Gymnasium haben, mit 81,0 Prozent eine fast doppelt so hohe Erfolgsquote am Gymnasium haben wie Schülerinnen und Schüler ohne entsprechende Empfehlung (42,7 %), und dass die prognostische Qualität der Übergangsempfehlung der Grundschule somit relativ gut ist (vgl. Kap. 1.2).

Hingegen stellt Block (2006) für die Daten aus PISA 2000 fest, dass Schülerinnen und Schüler, die von einer bestimmten Schulform auf eine niedrigere abgestiegen sind, in den meisten Fälle eine Grundschulempfehlung für die höhere Schulform erhalten haben, und betont die insgesamt unbefriedigende prognostische Qualität der Lehrerempfehlungen.

Auch van Ophuysen (2006) kritisiert die Prognosequalität sowohl von Lehrer- als auch von Elternurteilen zur Schulformwahl und stellt die frühe Aufteilung von Kindern auf unterschiedliche Schulformen im deutschen Bildungssystem in Frage.

> Da das mehrgliedrige deutsche Schulsystem gleichzeitig hinsichtlich Bildungsertrag und -gerechtigkeit im internationalen Vergleich recht schwach dasteht, kann einmal mehr die Frage nach dem individuellen wie gesellschaftlichen Sinn und Nutzen sowie nach der ethischen Vertretbarkeit dieses Systems gestellt werden. (van Ophuysen, 2006, S. 79)

Henz (1997a, 1997b, 1997c) analysiert Daten der Lebensverlaufsstudie verschiedener Kohorten unter den Aspekten der Schulformwechsel und der nachgeholten Bildungsabschlüsse und stellt fest, dass diese nachträglichen Bildungs-entscheidungen eine soziale Selektivität aufweisen.

Bellenberg (1999) untersucht die horizontale und vertikale Durchlässigkeit des nordrhein-westfälischen Schulsystems mit Hilfe der allgemeinen Schulstatistik. Unter horizontaler Durchlässigkeit wird das Ausmaß der Schulformwechsel zwischen den unterschiedlichen Schulformen verstanden, während der Begriff vertikale Durchlässigkeit die Möglichkeit bezeichnet, nach dem Schulabschluss an einer Schulform die Schullaufbahn an einer höheren Schulform fortzusetzen (vgl. Kap. 1.3). Auch in dieser Studie zeigt sich, dass die horizontale Durchlässigkeit nach unten deutlich größer ist als nach oben. Bei den Wechseln zwischen Realschule und Gymnasium kommen beispielsweise auf einen Aufsteiger 16 Absteiger. Zur vertikalen Durchlässigkeit in die gymnasiale Oberstufe der Gymnasien und Gesamtschulen stellt die Autorin fest, dass Schulformwechsler von Haupt- und Realschulen das Abitur sehr häufig nicht erreichen beziehungsweise auf dem Weg dorthin mindestens eine Klassenstufe wiederholen müssen. Auch wenn die vertikale Durchlässigkeit formal gewährleistet ist, ergeben sich in der Praxis erhebliche Probleme für Schülerinnen und Schüler, die von dieser Möglichkeit Gebrauch machen.

Hillmert und Jacob (2005) kritisieren die „langfristig sozial differenzierende Wirkung des gegliederten Schulsystems" (Hillmert & Jacob, 2005, S. 174) in Deutschland. Die Autoren stellen fest, dass nachträgliche Korrekturen der gewählten Schulform zu einer Verstärkung von sozialen Disparitäten führen.

Checchi und Flabbi (2007) sehen bei einem Vergleich der Sekundarschulsysteme in Deutschland und Italien nicht die Gliederung in unterschiedliche Schulformen als Ursache für die Reproduktion sozialer Ungleichheit. Es sei allerdings wichtig, dass die Aufteilung der Kinder nach Leistung und nicht nach der sozialen Herkunft der Eltern erfolgt. Um dies zu erreichen, sei es notwendig, die Zuweisung der Schülerinnen und Schüler auf eine bestimmte Schulform bei Bedarf auf der Basis von Schulnoten oder Leistungstests nachträglich zu korrigieren.

Um den Befund, der sich in allen Studien zu diesem Thema finden lässt, dass Schulformwechsel in erster Linie Abstiege bedeuten, zu verdeutlichen, sind in Tabelle 3.02 exemplarisch Daten aus Nordrhein-Westfalen aus dem Schuljahr 1998/99 dargestellt. Während 7.011 Gymnasiastinnen und Gymnasiasten auf eine Realschule und 1.147 sogar auf eine Hauptschule absteigen, schaffen nur 783 Hauptschülerinnen und Hauptschüler den Aufstieg auf eine Realschule und 135 den auf ein Gymnasium. Von den Realschülerinnen und Realschülern wechseln 358 auf ein Gymnasium und fast zwanzigmal mehr (6.915) auf eine Hauptschule.

> Insgesamt bestätigt sich immer wieder, dass die horizontale Durchlässigkeit des bundesdeutschen Schulsystems in nennenswertem Umfang nur nach unten stattfindet. Nicht zu unrecht lässt sich daher von einer Einbahnstraße sprechen. (Bellenberg & Klemm, 2000, S. 66)

Rösner (1997) stellt darüber hinaus fest, dass Aufstiege praktisch nur bis zum Ende der sechsten Jahrgangsstufe stattfinden, während Abstiege die gesamte Schullaufbahn hindurch vorkommen.

Tabelle 3.02   Schulische Herkunft der Schülerinnen und Schüler im Schuljahr 1998/99 in NRW (Sek. I) ohne Übergang von der Grundschule in die Sek. I

| | | aufnehmend | | | |
		HS	RS	GYM	GS
Hauptschule	Anzahl	-	783	135	339
	Spaltenprozent	-	0,3	0,0	0,2
Realschule	Anzahl	6.915	-	358	481
	Spaltenprozent	3,0	-	0,1	0,3
Gymnasium	Anzahl	1.147	7.011	-	906
	Spaltenprozent	0,5	2,8	-	0,6
Gesamtschule	Anzahl	794	303	126	-
	Spaltenprozent	0,3	0,1	0,0	-
Sonderschule	Anzahl	520	10	1	72
	Spaltenprozent	0,2	0,0	0,0	0,0
Sonstige	Anzahl	329	160	207	81
	Spaltenprozent	0,1	0,1	0,1	0,1
Schulformwechsler gesamt	Anzahl	9.705	8.267	827	1.879
	Spaltenprozent	4,2	3,3	0,3	1,3
Schüler gesamt	Anzahl	230.985	249.225	302.141	145.207
	Spaltenprozent	100,0	100,0	100,0	100,0

(Zeilenbeschriftung links: abgebend)

Quelle: Bellenberg & Klemm, 2000, Tab. II/6, modifiziert

Auch wenn Abstiege über alle Studien hinweg deutlich häufiger sind als Aufstiege, lässt sich im Zeitverlauf klar feststellen, dass die Verbleibchancen auf einer einmal gewählten Schulform deutlich ansteigen. Hansen und Rolff (1990) untersuchen beispielsweise die Erfolgsquoten von nordrhein-westfälischen Kindern, die nach der Grundschule auf ein Gymnasium gewechselt sind, auch tatsächlich das Abitur zu bestehen. Diese Quote, die Ende der 50er-Jahre bei etwa 40 Prozent lag, stieg insbesondere während der 70er-Jahre deutlich an und lag in der zweiten Hälfte der 80er-Jahre konstant über 70 Prozent.

Baumert, Roeder und Watermann (2005) berichten bundesweit einen stetigen Anstieg des relativen Gymnasialbesuchs der 14-jährigen Schülerinnen und Schüler von 1960 bis 2000. Während der Anteil der Jungen in dieser Zeit von 15,8 auf 25,4 Prozent steigt, verdreifacht sich der Anteil der Mädchen, die ein Gymnasium besuchen, fast (von 12,1 auf 32,2 %). Gleichzeitig steigt die Erfolgquote von 48,0 Prozent im Jahr 1960 auf circa 70 Prozent seit den späten 70er-Jahren bis heute.

Diese sogenannte Bildungsexpansion hat allerdings nur relativ begrenzt zu einem Abbau der sozialen Disparitäten im deutschen Bildungssystem geführt. Die Bildungschancen haben sich zwar in allen sozialen Lagen deutlich verbessert, die relativen Unterschiede sind jedoch größtenteils erhalten geblieben (Becker & Lauterbach, 2004; Blossfeld, 1993; Schimpl-Neimanns, 2000; Solga, 2005; Vester, 2004, 2005).

3.3   Der internationale Forschungsstand

Bildungsgangentscheidungen – sei es die Wahl einer bestimmten Schulform an institutionalisierten Übergängen oder die Entscheidung für den Wechsel auf eine andere Schulform – sind spezifisch für gegliederte Bildungssysteme, wie es sie beispielsweise in Deutschland gibt. Folglich spielen diese Typen von Entscheidungen in der englischsprachigen Literatur kaum eine Rolle. Es existiert aber ein sehr umfangreicher Bestand an Publikationen zu anderen Bildungsentscheidungen. Diese kann man grob in zwei Gruppen unterteilen: Zum einen die *school continuation decision*, also die Entscheidung, nach der erfolgreichen Beendigung einer bestimmten Schulform (z.B. *high school*) die Schullaufbahn auf der nächsthöheren Schulform (z.B. *college*) fortzusetzen, und zum anderen die *drop out decision*, also die Entscheidung, die Schullaufbahn an einem beliebigen Punkt abzubrechen. Die Forschungsliteratur beschäftigt sich überwiegend mit dem *drop out*, der als erhebliches gesellschaftliches Problem wahrgenommen wird. Da die beiden Entscheidungstypen jedoch größtenteils mit denselben Hintergrundmerkmalen in Zusammenhang stehen, lassen sich die entsprechenden Befunde auch verallgemeinern.

Wie bereits in Kapitel 2 dargestellt, können Bildungsentscheidungen mit Hilfe der Rational-Choice-Theorie modelliert werden. Breen und Goldthorpe (1997) haben *school continuation decisions* als sequentielles Entscheidungsmodell formuliert (vgl. Kap. 2.2.3), und das von Erikson und Jonsson (1996) beschriebene Rational-Choice-Modell zur Erklärung von Bildungsentscheidungen lässt sich unmittelbar auf *drop out decisions* anwenden (vgl. Kap. 2.2.2). In diesem Kapitel soll daher nicht weiter auf die theoretischen Erklärungsmodelle eingegangen werden, sondern ein Überblick über die Hintergrundmerkmale gegeben werden, die in der US-amerikanischen Forschung einen Zusammenhang mit der Entscheidung für den Schulabbruch aufweisen (vgl. zum Überblick Hammond, Linton, Smink & Drew, 2007).

3.3.1 Risikofaktoren für den vorzeitigen Schulabbruch (*drop out*)

Ethnische Zugehörigkeit – Einwanderungszeitpunkt – Englischkenntnisse – Geschlecht

In zahlreichen Studien konnte gezeigt werden, dass in den USA afro- und lateinamerikanische Jugendliche ihre Schullaufbahn häufiger abbrechen als weiße Schülerinnen und Schüler (Jordan, Lara & McPartland, 1996; Rumberger, 1983, 1995). Jugendliche asiatischer Herkunft weisen noch etwas geringere Abbrecherquoten auf als weiße, während Schülerinnen und Schüler mit einem indigenen Hintergrund ihre Schullaufbahn noch häufiger abbrechen als afro- und lateinamerikanische (vgl. Abb. 3.03). Unterschiede zwischen den ethnischen Gruppen bleiben auch dann bestehen, wenn der soziale Status der Familien kontrolliert wird (Rumberger, 1995).

Neben der ethnischen Zugehörigkeit stehen auch der Einwanderungszeitpunkt und die Englischkenntnisse in Zusammenhang mit der Entscheidung, die Schule vorzeitig zu verlassen. Immigranten weisen höhere Abbrecherquoten auf als Jugendliche, die in den USA geboren wurden, und Schülerinnen und Schüler mit geringen Englischkenntnissen brechen ihre Schullaufbahn mit größerer Wahrscheinlichkeit vorzeitig ab als solche mit guten Englischkenntnissen (Rumberger, 1995).

Wie bereits aus Abbildung 3.03 hervorgeht, ist das Risiko eines Schulabbruchs bei Jungen größer als bei Mädchen. Dies zeigt sich in praktisch allen Studien, in denen das Geschlecht der Jugendlichen berücksichtigt wurde (Battin-Pearson et al., 2000; Jimerson, Egeland, Sroufe & Carlson, 2000; Montes & Lehmann, 2004; Shu, Shu & Houston, 2007).

Familiärer Hintergrund

Der sozioökonomische Status und das Bildungsniveau der Eltern weisen einen besonders engen Zusammenhang mit dem Schulerfolg der Kinder auf (Alexander, K. L., Entwisle & Horsey, 1997; Alexander, K. L., Entwisle & Kabbani, 2001; Goldschmidt & Wang, 1999; Mare, 1980; Rumberger, 1983, 1995). Mit der Bildungsnähe des Haushaltes steigt die Wahrscheinlichkeit, die Schullaufbahn nicht vorzeitig abzubrechen. Damit verbunden erweist sich auch das Einkommen als guter Indikator für den Schulerfolg, und insbesondere Armut erhöht die Abbruchwahrscheinlichkeit erheblich (Battin-Pearson et al., 2000; Mare, 1980).

Abbildung 3.03:   Washington dropout rates by gender and race/ethnicity, grades 9–12 (school year 2003–2004)

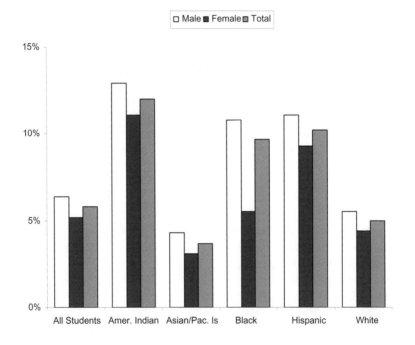

Quelle: Bergeson & Heuschel, 2006, Figure 5

Darüber hinaus steht die Familienstruktur in einem Zusammenhang mit der Abbrecherquote. Kinder und Jugendliche mit alleinerziehenden Eltern beziehungsweise mit Stiefeltern und solche mit vielen Geschwistern beziehungsweise mit Geschwistern, die ihrerseits vorzeitig von der Schule abgegangen sind, brechen ihre Schullaufbahn häufiger ab (Astone & McLanahan, 1991; Teachman, Paasch & Carver, 1996).

Auch häufige Schulwechsel – zum Beispiel verursacht durch Umzüge der Familie – erhöhen das Risiko eines frühen Schulabbruchs (Rumberger, 1995; Teachman et al., 1996). Schülerinnen und Schüler, deren Eltern wenig Kontakt zur Schule des Kindes haben oder nicht mit ihrem Kind über die Schule sprechen, brechen ebenfalls häufiger ihre Schullaufbahn vorzeitig ab (Gleason & Dynarski, 2002; Rumberger, 1995).

Schulische Leistungen und Disziplinprobleme

Als beste Indikatoren für einen Schulabbruch erweisen sich in fast allen Studien geringe schulische Leistungen (Hammond et al., 2007; Janosz, LeBlanc, Boulerice & Tremblay, 1997). Dazu gehören schlechte Noten oder Testleistungen sowie ein zu hohes Alter für die jeweilige Klassenstufe (Gleason & Dynarski, 2002; Rumberger, 1995). Auch Schwänzen, das Nichterledigen von Hausaufgaben, aggressives Verhalten und sonstige Disziplinprobleme zeigen einen Zusammenhang mit dem vorzeitigen Abbruch der Schullaufbahn (Gleason & Dynarski, 2002).

Erwachsenenpflichten

Schülerinnen und Schüler, die schon früh Pflichten von Erwachsenen übernehmen müssen, brechen ihre Schullaufbahn relativ häufig ab. Zu diesen Pflichten gehören insbesondere die Verantwortung für ein Kind oder die Notwendigkeit Geld zu verdienen (D'Amico, 1984; Gleason & Dynarski, 2002; Goldschmidt & Wang, 1999; Rumberger, 1983).

Weitere individuelle Merkmale

Kinder und Jugendlichen mit einem geringen Selbstbewusstsein und einer externen Kontrollüberzeugung (z.B. dem Gefühl, wenig Kontrolle über das eigene Leben zu haben) weisen höhere Abbrecherquoten auf. Ebenso wird ein frühes Ende der Schullaufbahn wahrscheinlicher, wenn die Bildungsaspirationen der Schülerinnen und Schüler niedrig sind (Gleason & Dynarski, 2002; Rumberger, 1983). Weiterhin konnte gezeigt werden, dass frühe sexuelle Erfahrungen mit einem deutlich erhöhten Risiko für einen Schulabbruch in Beziehung stehen (Battin-Pearson et al., 2000; Shu et al., 2007).

Das psychosoziale Umfeld

Je mehr im Freundeskreis antisoziales Verhalten gezeigt wird, umso mehr steigt die Gefahr eines vorzeitigen Schulabbruchs (Battin-Pearson et al., 2000). Aber auch Eigenschaften der Nachbarschaft (z.B. Armutsquote, mittleres Einkommen, Anteil der Familien mit einem weiblichen Haushaltsvorstand, Anteil der Familien mit einem hohen Berufsstatus) stehen in einem Zusammenhang mit der Abbrecherquote, und zwar auch dann, wenn der individuelle soziale Hintergrund kontrolliert wird (Vartanian & Gleason, 1999). Entsprechend weist auch die Zusammensetzung der Schülerschaft an einer Schule (z.b. mittlerer sozialer Status, Armutsquote) unter Kontrolle der individuellen Merkmale einen Zusammenhang mit der Abbrecherquote auf (Goldschmidt & Wang, 1999).

3.3.2 Erklärungsmodelle für den vorzeitigen Schulabbruch (*drop out*)

Battin-Pearson et al. (2000) entwickeln ein Strukturgleichungsmodell zur Erklärung des Schulabbruchs vor dem Ende der zehnten Klasse (vgl. Abb. 3.04). Geringe schulische Leistungen weisen in diesem Modell den engsten direkten Zusammenhang mit der abhängigen Variable auf und wirken als Mediator. Auch allgemeine Devianz und ein niedriger sozioökonomischer Status stehen in einem engen direkten Zusammenhang mit der Abbruchentscheidung. Dafür ist der Zusammenhang dieser beiden Variablen mit dem Mediator nicht signifikant. Die Zugehörigkeit zu einem antisozialen Freundeskreis steht sowohl direkt als auch indirekt über die Schulleistungen mit der abhängigen Variable in Zusammenhang. Die übrigen Variablen – geringe Bildungserwartungen der Eltern, ethnische Zugehörigkeit, Geschlecht, Einstellung zur Schule, frühe sexuelle Erfahrungen und niedrige Bildungsabschlüsse der Eltern – weisen nur mit dem Mediator einen signifikanten Zusammenhang auf. Insgesamt erklärt das Modell 39 Prozent der Variabilität des vorzeitigen Endes der Schullaufbahn.

Gleason und Dynarski (2002) identifizieren Risikofaktoren, die geeignet sind, den vorzeitigen Schulabbruch vorherzusagen. Tabelle 3.03 zeigt für die *middle school*, welcher Anteil der Schülerinnen und Schüler die jeweiligen Risikofaktoren aufweist und wie hoch bei diesen die Abbruchquote ist. Insbesondere Kinder, die mindestens zwei Jahre älter als ihre Mitschülerinnen und Mitschüler sind, und solche, die häufig fehlen, brechen ihre Schullaufbahn deutlich häufiger schon zu diesem Zeitpunkt ab als andere Kinder.

Die entsprechenden Daten für die *high school* sind in Tabelle 3.04 dargestellt. Als besonders guter Indikator für einen Schulabbruch erweist sich hier die Verantwortung für ein Kind. Jeder dritte Jugendliche, der diese Erwachsenenpflicht übernehmen muss, bricht die Schule ab. Daneben zeigen insbesondere geringe schulische Leistungen (zu alt für die jeweilige Klassenstufe, schlechte Noten) und häufiges Fehlen einen engen Zusammenhang mit dem Schulabbruch.

In einer aktuellen Studie untersuchen Shu et al. (2007) den Zusammenhang zwischen der Abbruchquote und ausgewählten Hintergrundmerkmalen. Ein be-

Abbildung 3.04: Strukturgleichungsmodell zur Erklärung des Schulabbruchs vor dem Ende der zehnten Klasse[14]

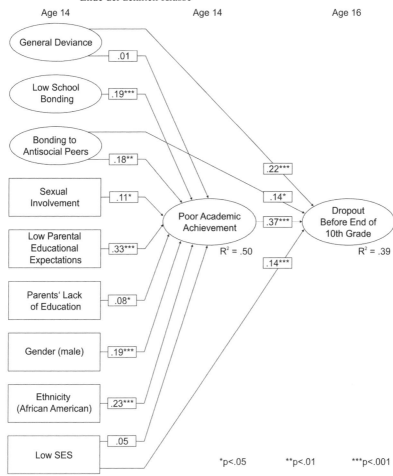

Quelle: Battin-Pearson et al., 2000, Figure 3

sonderes Augenmerk gilt dabei schlechten Schulnoten, Schülerinnen und Schülern, die suspendiert wurden, und Jugendlichen, deren Familien einen geringen sozioökonomischen Status aufweisen. Tabelle 3.05 zeigt die Korrelationen dieser und weiterer Variablen mit dem vorzeitigen Abbruch der Schullaufbahn (linke Spalte). In der rechten Spalte sind partielle Korrelationen unter Konstanthal-

---

14 Battin-Pearson et al. (2000) berichten keine Fit-Statistiken.

tung der drei oben genannten Hintergrundmerkmale angegeben. Neben diesen Variablen stehen insbesondere frühe sexuelle Erfahrungen, alleinerziehende Eltern beziehungsweise Stiefeltern und viele Fehltage in Zusammenhang mit der Abbruchentscheidung.

Tabelle 3.03:   Middle school risk-factor efficiency

Risk Factor	Percentage of All Students With Risk Factor	Dropout Rate Among Students With Risk Factor (%) [1]
Family characteristics		
Single parent	34	8
Public assistance	24	8
Mother was high school dropout	24	5
Sibling has dropped out	22	7
English not primary language	18	5
Previous school experiences		
Does little homework	42	6
Overage for grade	30	9
Disciplinary problems	30	9
Does not read for fun	18	9
Has attended 5 or more schools	17	10
Low grades	12	8
High absenteeism	6	15
Overage by 2 or more years	5	16
Personal and psychological characteristics		
External locus of control	46	7
Not sure of high school graduation	37	8
Low self-esteem	33	7
Parents do not talk to student about school	17	11
Multiple characteristics		
Composite risk factor (3 of 8)	15	14
High absenteeism or overage by 2 or more years	11	15
Composite risk factor (4 of 8)	6	19
Propensity score risk factor	6	23

[1] Among this sample, 6% dropped out within 2 to 3 years

Quelle: Gleason & Dynarski, 2002, Table 1

Tabelle 3.04:   High school risk-factor efficiency

Risk Factor	Percentage of All Students With Risk Factor	Dropout Rate Among Students With Risk Factor (%) [1]
Family characteristics		
Single parent	35	18
Public assistance	15	19
Mother was high school dropout	26	18
Sibling has dropped out	22	21
English not primary language	19	17
Previous school experiences		
High absenteeism	9	27
Overage for grade	31	21
Overage by 2 or more years	9	28
Low grades	14	27
Disciplinary problems	19	23
Ever dropped out	7	13
Does little homework	31	21
Does not read for fun	16	17
Has attended 6 or more schools	18	17
Personal and psychological characteristics		
External locus of control	38	18
Low self-esteem	23	19
Not sure of high school graduation	23	25
Parents do not talk to student about school	22	20
Watches much television	15	17
Adult responsibilities		
Has child	3	32
Multiple characteristics		
High absenteeism or overage by 2 or more years	17	27
Low grades or has child	18	28
High absenteeism or has child or ever dropped out	17	27
Composite risk factor (2 of 8)	30	25
Composite risk factor (3 of 8)	14	34
Propensity score risk factor	15	42

[1] Among this sample, 14,6% dropped out within 2 to 3 years

Quelle: Gleason & Dynarski, 2002, Table 2

3.3.3   *The National Dropout Prevention Center and Network*

Bereits Anfang der siebziger Jahre wurde im Auftrag des *Select Committee on Equal Educational Opportunity* eine Studie durchgeführt, um zu klären, welcher volkswirtschaftliche Schaden durch das Nichterreichen des *High-School-*Abschlusses entsteht (Levin, 1972). Demnach würde jeder Dollar, der in die Steigerung der Abschlussquote investiert wird, einen volkswirtschaftlichen Nut-

zen von 6 Dollar bedeuten. Nicht berücksichtigt wurden dabei die Wohlfahrts-
kosten und die Kosten durch Verbrechen, die in Zusammenhang mit ungenü-
gender Bildung stehen (jeweils 3 Milliarden Dollar pro Jahr).

Tabelle 3.05:   Korrelationen zwischen unterschiedlichen Hintergrundmerkmalen und der
Entscheidung für den vorzeitigen Schulabbruch (*drop out*)

Variable	Pearson Correlation With DROPOUT	Partial Correlation With DROPOUT[1]
Low grade average in the eighth grade	.355 **	-
Suspended students	.307 **	-
Low SES	.210 **	-
Number of days late to school without excuse	.116 **	.049 **
Number of days absent from school	.220 **	.154 **
Positive perception of teacher	-.161 **	-.088 **
Number of household members	.094 **	.080 **
Highest education attainment of mother was high school or less	.159 **	.113 **
The student lived with both biological parents as of 1996	-.233 **	-.134 **
Gender of youth	.075 **	.001
Threat of being hurt in school	.026	-.013
Number of fights at school	.184 **	.128 **
Behavioral and emotional problems	.162 **	.105 **
Total number of schools attended	.195 **	.124 **
Use of school teacher/ counselor versus family members as resource for personal problems	-.122 **	-.093 **
Use of school friends versus family members as resource for personal problems	-.125 **	-.095 **
Percentage of peers planning to go to college	-.199 **	-.120 **
Mother's permissiveness	.002	.003
First sexual experience occured at age 15 or below	.292 **	.168 **
Optimistic about future	-.194 **	-.161 **

**p < .01

[1] The influence of 'low grade average in the eighth grade', 'suspended students', and 'low
SES' is held constant.

Quelle: Shu et al., 2007, Table 1, gekürzt

Um die Abbrecherquoten nachhaltig zu senken, wurde 1986 das *National Dropout Prevention Center and Network* gegründet, das wissenschaftliche Forschung
zum Thema *drop out* durchführen und Programme zur Senkung der Abbrecherquoten ins Leben rufen soll (Hammond et al., 2007; Smink & Schargel, 2004).
Dabei geht es zum einen um die Identifizierung von Risikogruppen und der gezielten Arbeit mit diesen Schülerinnen und Schülern (Battin-Pearson et al.,

2000; Gleason & Dynarski, 2002; Shu et al., 2007) und zum anderen um Eigenschaften der Schulen, die mit niedrigen Abbruchquoten in Zusammenhang stehen (Goldschmidt & Wang, 1999).

3.4 Fazit

Sowohl national als auch international weisen Bildungsgangentscheidungen in Familien zu jedem Zeitpunkt der Schullaufbahn einen Zusammenhang mit schulfernen Hintergrundmerkmalen (insbesondere mit der sozialen Herkunft) auf. Sekundäre Herkunftseffekte tragen somit zur Reproduktion sozialer Disparitäten in Gesellschaften bei. Zur theoretischen Erklärung der sekundären Herkunftseffekte hat sich seit den 70er-Jahren die Rational-Choice-Theorie bewährt (vgl. Kapitel 2.2).

Während für Deutschland insbesondere in den vergangenen Jahren die Entscheidungssituation am Ende der Grundschulzeit sehr ausführlich untersucht wurde, gibt es zu den Bildungsentscheidungen in der Sekundarstufe I nur relativ wenige empirische Studien, so dass es zu diesem Thema zahlreiche offene Forschungsfragen gibt.

> Schulische Bildungsverlaufsforschung ist eine wichtige Forschungsrichtung, um beabsichtigte oder nicht beabsichtigte Wirkungen von institutionalisierten Bildungslaufbahnen und etablierter pädagogischer Praxis für das Individuum deutlich zu machen. Damit leistet sie einen wichtigen Beitrag zum Verständnis des Funktionierens unseres Bildungssystems. Dieses Verständnis ist für mögliche Qualitätsverbesserungen ein unerlässlicher Analyseschritt. (Bellenberg, 2005, S. 13)

Sekundäranalysen der allgemeinen Schulstatistiken erlauben es nicht, individuelle Schullaufbahnen zu rekonstruieren und enthalten – wenn überhaupt – nur sehr wenige Hintergrundinformationen zu den Schülerfamilien und zu den Schulleistungen der Kinder. Querschnitterhebungen, die retrospektiv die Schullaufbahnen der einzelnen Schülerinnen und Schüler nachzeichnen, eignen sich auch nur begrenzt dazu, Entscheidungssituation zu rekonstruieren. Insbesondere stehen hier keine Informationen zu den schulischen Kompetenzen zum Zeitpunkt der Bildungsentscheidung zur Verfügung. Nur Längsschnittstudien ermöglichen detaillierte Aussagen über sekundäre Herkunftseffekte in der Sekundarstufe. Allerdings ist die Stichprobengröße in den meisten dieser Untersuchungen aus Kostengründen relativ gering, und da Schulformwechsel nur einen kleinen Teil der Schülerschaft betreffen, lassen sich kaum belastbare Aussagen zu diesen Schülerinnen und Schülern machen.

Die KESS-Studie bietet durch die Kombination von Längsschnitt und Vollerhebung die Möglichkeit, die individuellen Schullaufbahnen der teilnehmenden Kinder zu verfolgen und mit den umfangreichen Hintergrundvariablen sowie den Testleistungen in Beziehung zu setzen. Bevor in Kapitel 6.1 näher auf diese Studie eingegangen wird, werden im folgenden Kapitel – ausgehend vom Forschungsstand und den theoretischen Überlegungen – die Forschungsfragen formuliert, die im empirischen Teil dieser Arbeit (Kap. 7) beantwortet werden sollen.

4 Besonderheiten des Hamburger Schulsystems

I would found an institution where any
person can find instruction in any study.

Ezra Cornell[15]

Eine graphische Übersicht über das Hamburger Sekundarschulsystem[16] ist in Abbildung 4.01 dargestellt. Die unterschiedlichen Schulformen sollen im Folgenden kurz beschrieben werden (vgl. Behörde für Bildung und Sport, 2003; Behörde für Bildung und Sport, 2006).

Am Ende ihrer Grundschulzeit erhalten Schülerinnen und Schüler in Hamburg entweder eine Empfehlung für die Beobachtungsstufe der Haupt- und Realschulen oder für die Beobachtungsstufe des Gymnasiums. Beide Empfehlungen beinhalten ausdrücklich auch eine Empfehlung für eine (integrierte oder kooperative) Gesamtschule. Anders als in einigen anderen Bundesländern ist diese Übergangsempfehlung in Hamburg tatsächlich nur eine Empfehlung. Die Entscheidung, welche Schule ihr Kind in der fünften Klasse besuchen soll, liegt ausschließlich bei den Eltern. Dies führt dazu, dass es in Hamburg bei den Elternentscheidungen für die weiterführende Schule ihrer Kinder deutlich mehr Abweichungen auf eine höhere Schulform gibt als im Bundesdurchschnitt (vgl. Tab. 4.01). In Hamburg entscheiden sich 24,0 Prozent der Eltern, deren Kind keine Gymnasialempfehlung erhalten hat, dennoch für diese Schulform; im Bundesdurchschnitt sind es nur 9,0 Prozent.

4.1 Das (achtstufige) Gymnasium

Schülerinnen und Schüler, die sich nach der Grundschulzeit für eine Gymnasiallaufbahn entscheiden, besuchen zunächst die zweijährige Beobachtungsstufe des Gymnasiums. Sofern im Jahreszeugnis der sechsten Klasse in allen Fächern mindestens ausreichende Leistungen erbracht wurden beziehungsweise für nicht ausreichende Leistungen ein Ausgleich vorhanden ist, wechseln die Schülerin-

---

15 zitiert nach http://www.cornell.edu/admissions/
16 Die folgenden Ausführungen beziehen sich auf die Regelungen, die für die KESS-Population (Einschulung im Jahr 1999) gelten.

Abbildung 4.01:　Das Hamburger Sekundarschulsystem

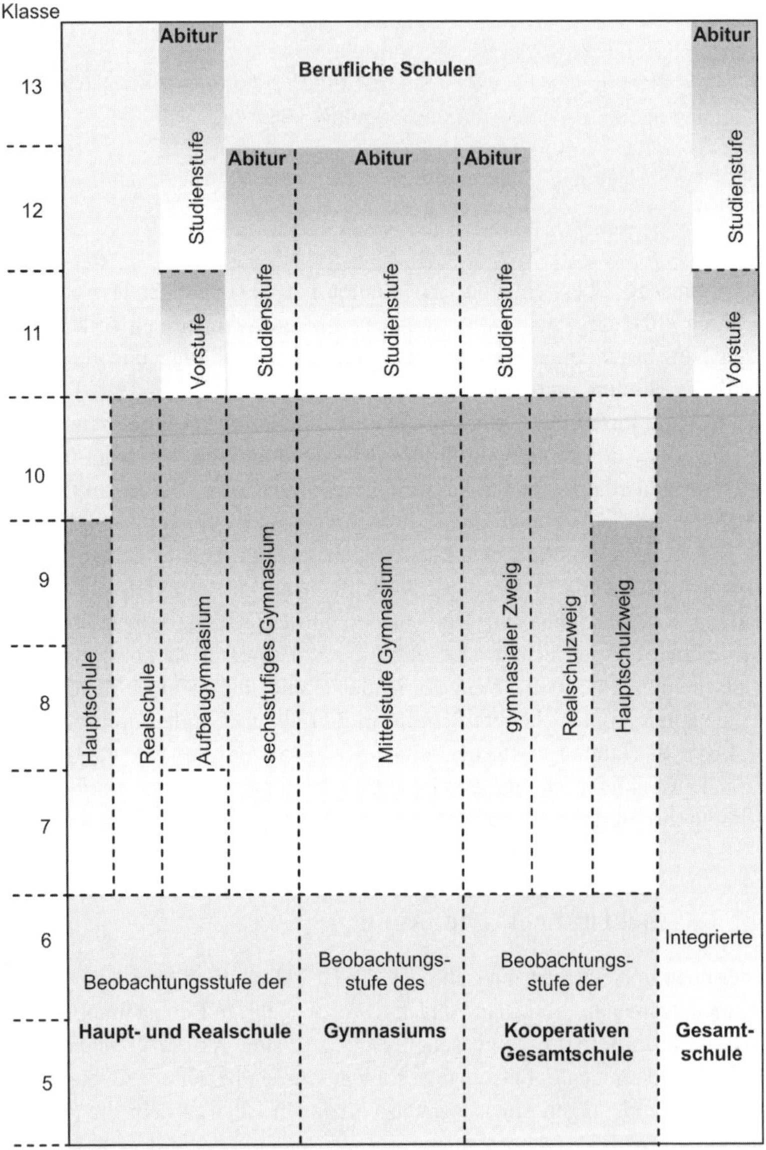

Quelle: Behörde für Bildung und Sport, 2006, Seite 6

nen und Schüler an den Hamburger Gymnasien in die Mittelstufe des Gymnasiums, die die Klassenstufen sieben bis zehn umfasst. Bei nicht ausreichenden Leistungen erfolgt zwangweise die Umschulung auf eine andere Schulform. Nach erfolgreichem Abschluss der Studienstufe[17] erhalten die Schülerinnen und Schüler die allgemeine Hochschulreife (Abitur).

Tabelle 4.01:   Schulformwahl im Vergleich mit den Übergangsempfehlungen der Grundschulen in der Bundesrepublik Deutschland (IGLU 2001) und Hamburg (KESS 4) in Prozent

Übergangsempfehlung der Lehrer	Weiterführende Schulen – Elternangabe				
	Hauptschule	Realschule	Gymnasium	Gesamtschule	Total[1]
Deutschland					
Hauptschule	74,7%	16,1%	1,4%	7,9%	100,1%
Realschule	10,1%	66,0%	14,5%	9,3%	99,9%
Gymnasium	0,2%	7,1%	90,7%	2,0%	100,0%
n	1.022	1.356	1.924	275	4.577
Hamburg					
HS / RS / GS[2]		39,0%	24,0%	37,0%	100,0%
Gym / GS[2]		1,1%	93,8%	5,2%	100,1%
n		1.691	4.602	1.764	8.057

[1] Abweichungen von 100 Prozent beruhen auf Rundungsfehlern.

[2] Da in Hamburg kombinierte Haupt- / Realschulen bestehen, werden die Werte hier zusammengefasst berichtet.

Quelle: Pietsch, 2005, Tabelle XIII.11, gekürzt

4.2   Die integrierte Gesamtschule

An integrierten Gesamtschulen werden die Schülerinnen und Schüler von der fünften bis zur zehnten Klasse überwiegend gemeinsam unterrichtet. Eine Leistungsdifferenzierung findet in den Fächern Englisch und Mathematik ab der sechsten Klasse, im Fach Deutsch ab der achten Klasse und in den Naturwissenschaften ab der neunten Klasse statt. Am Ende der zehnten Klasse kann der Hauptschul- beziehungsweise der Realschulabschluss gemacht werden. Leis-

---

17 In der Vergangenheit hat die Studienstufe drei Schuljahre umfasst (neunstufiges Gymnasium). Seit dem Schuljahr 2005/06 umfasst die Studienstufe nur noch zwei Jahre (achtstufiges Gymnasium). Somit kann das Abitur in Zukunft statt nach 13 Jahren bereits nach zwölf Jahren erreicht werden.

tungsstarke Schülerinnen und Schüler können ab der elften Jahrgangsstufe die dreijährige Oberstufe besuchen und erhalten nach dem erfolgreichen Abschluss das Abitur.

4.3   Die Haupt- und Realschule

In der Beobachtungsstufe gibt es in Hamburg keine Trennung zwischen Haupt- und Realschule. Schülerinnen und Schüler dieser beiden Schulformen werden gemeinsam unterrichtet. Beim Übergang in die siebte Jahrgangsstufe werden die Schülerinnen und Schüler dann nach ihren bisherigen Leistungen auf die Hauptschule, die Realschule oder das sechsstufige Gymnasium[18] verteilt. Dabei ist, anders als bei der Bildungsgangentscheidung nach der vierten Klassenstufe, nicht der Elternwille entscheidend, sondern das Urteil der Schule. Um eine Empfehlung für die Realschule zu erhalten, müssen die Kinder einen Notendurchschnitt von mindestens 3,0 haben und in mindestens zwei der drei Fächer Deutsch, Mathematik und erste Fremdsprache mindestens befriedigende Leistungen zeigen. Ein Übergang auf ein sechsstufiges Gymnasium ist dann möglich, wenn die Schülerinnen und Schüler eine Durchschnittsnote von 2,5 erreichen und in mindestens zwei der drei Fächer Deutsch, Mathematik und erste Fremdsprache mindestens die Note 2 bekommen. An einigen Haupt- und Realschulen wird der Unterricht auch über die Beobachtungsstufe hinaus integriert geführt. Hier ändert sich beim Übergang in die siebte Jahrgangsstufe also nichts, es sei denn, ein Kind entscheidet sich für den Wechsel auf ein sechsstufiges Gymnasium. Grundsätzlich soll der Unterricht an Hauptschulen und Realschulen so koordiniert werden, dass der Wechsel zwischen den beiden Schulformen jederzeit möglich ist.

An den Hauptschulen können die Schülerinnen und Schüler nach der neunten Klasse ihren Hauptschulabschluss machen. Bei entsprechenden Leistungen ist auch der Wechsel auf eine Realschule möglich. Einen dem Realschulabschluss gleichwertigen Abschluss können Absolventinnen und Absolventen der Hauptschulen allerdings auch an einer zweijährigen Berufsfachschule oder bei erfolgreichem Abschluss ihrer Berufsausbildung an einer Berufsschule machen. Realschülerinnen und -schüler können nach der zehnten Klasse ihren Realschulabschluss machen. Bereits nach der achten Jahrgangsstufe ist für leistungsstarke Schülerinnen und Schüler der Wechsel an ein Aufbaugymnasium möglich, an

---

18   Mit der Verkürzung der Zeit bis zum Abitur (vgl. Fußnote 17) also der Umwandlung des neunstufigen in das achtstufige Gymnasium wurde entsprechend aus dem siebenstufigen Gymnasium das sechsstufige.

dem nach einer Vorstufe in Klasse elf und der zweijährigen Studienstufe mit dem Abitur die allgemeine Hochschulreife erreicht werden kann. Alternativ können Realschulabsolventinnen und Realschulabsolventen auch an einem Wirtschaftsgymnasium oder einem Technischen Gymnasium ihr Abitur erlangen. An den sechsstufigen Gymnasien kann wie an den achtstufigen nach der zwölften Klasse das Abitur gemacht werden.

4.4 Die kooperative Gesamtschule

In der Beobachtungsstufe der kooperativen Gesamtschule findet keine Aufteilung der Schülerinnen und Schülern nach ihrer Leistung statt. Die Entscheidung für einen der drei Zweige wird dadurch um zwei Jahre vorschoben. Erst ab der siebten Klasse erfolgt die Aufteilung in Hauptschulzweig, Realschulzweig und gymnasialen Zweig. Auf dem gymnasialen Zweig können die Schülerinnen und Schüler ebenso wie auf dem achtstufigen Gymnasium nach insgesamt zwölf Jahren das Abitur erreichen. Der Hauptschul- beziehungsweise der Realschulzweig führt nach neun beziehungsweise zehn Jahren zum Hauptschul- beziehungsweise zum Realschulabschluss. Der Wechsel zwischen den unterschiedlichen Zweigen an einer kooperativen Gesamtschule ist jederzeit möglich und soll durch Fördermaßnahmen und Zusammenarbeit der Lehrer erleichtert werden.

4.5 Bildungsgangentscheidungen in der Sekundarstufe an Hamburger Schulen

Wechsel zwischen den einzelnen Schulformen sind grundsätzlich jederzeit möglich. Je nach Richtung und Zeitpunkt bestehen aber möglicherweise Mindestanforderungen hinsichtlich der bisherigen Schulleistungen beziehungsweise der zu erwartenden Leistungen in der Zukunft, oder der Schulformwechsel findet bei zu geringen Leistungen zwangsweise statt (z.B. Umschulung vom Gymnasium). Die tatsächlich vorkommenden Schulformwechsel in den ersten beiden Jahren der Sekundarstufe I werden in Kapitel 7.2 ausführlich dargestellt.

Neben diesen „Brüchen" in den Schullaufbahnen einzelner Schülerinnen und Schüler verlangt das Hamburger Bildungssystem von Schülerfamilien allerdings auch reguläre Entscheidungen für einen bestimmten Bildungsgang. Dabei ist insbesondere das Ende der Beobachtungsstufe, also der Übergang in die siebte Klasse, zu nennen. Schülerinnen und Schüler an Haupt- und Realschulen sowie an kooperativen Gesamtschulen werden auf Grundlage ihrer Noten im Jahreszeugnis der sechsten Klasse auf unterschiedliche Schulformen beziehungsweise Schulzweige verteilt. Anders als beim Übergang am Ende der Grundschulzeit haben die Eltern bei dieser Entscheidung deutlich weniger Mitspracherecht, da vor allem die bisherigen Schulleistungen für den weiteren Bildungsweg verantwortlich sind.

5 Forschungsfragen

Perhaps we're asking the wrong questions.

Agent Brown[19]

In den vorangegangenen Kapiteln wurde auf die in Deutschland im internationalen Vergleich besonders enge Koppelung zwischen sozialer Herkunft und Bildungserfolg hingewiesen. Diese lässt sich nach Boudon (1974) durch primäre und sekundäre Herkunftseffekte erklären. Da in dieser Arbeit eine besondere Form von sekundären Herkunftseffekten näher beleuchtet werden soll (Schulformentscheidungen in der Sekundarstufe I), wurde in Kapitel 3 der nationale und internationale Forschungsstand zu diesem Thema vorgestellt. Es hat sich gezeigt, dass unterschiedlichste Bildungsentscheidungen einen Zusammenhang mit verschiedenen Hintergrundmerkmalen der Schülerinnen und Schülern beziehungsweise deren Familien aufweisen. Als besonders eng hat sich die Koppelung zwischen der sozialen Herkunft und den Bildungsentscheidungen erwiesen. Daraus ergibt sich die Notwendigkeit, die Gründe für diese Schieflage näher zu untersuchen, um Maßnahmen entwickeln zu können, die zu einer Verminderung der sozialen Disparitäten führen. Als wissenschaftliches Erklärungsmodell hat sich in der Vergangenheit die Rational-Choice-Theorie bewährt (vgl. Kap. 2.2). Nach dieser Theorie werden Bildungsentscheidungen in Familien als rationale Handlungen verstanden, mit denen der Nutzen für die eigenen Kinder maximiert werden soll. Herkunftsspezifische Einschätzungen des zu erwartenden Nutzens und der zu erwartenden Kosten führen dann zu den beobachteten sozialen Disparitäten.

Aus den bisherigen Überlegungen ergeben sich zwei zentrale Forschungsfragen:

(1) Können für Bildungsgangentscheidungen in der Sekundarstufe in Hamburg sekundäre Herkunftseffekte nachgewiesen werden?

(2) Lassen sich sekundäre Herkunftseffekte in der Sekundarstufe mit Hilfe der Rational-Choice-Theorie erklären?

---

19 aus dem Film „The Matrix" (USA, 1999); zitiert nach http://www.theforbiddenknowledge.com/the_matrix_script/index01.htm

In diesem Kapitel sollen diese Forschungsfragen für die besondere Situation in Hamburg konkretisiert werden, so dass sie mit Hilfe der Daten aus der Längsschnittstudie KESS beantwortet werden können.

5.1 Schülerinnen und Schüler auf den einzelnen Schulformen im zeitlichen Verlauf

Vor den vertiefenden Analysen muss zunächst ein Überblick über die vorliegenden Daten gewonnen werden. Dazu werden in einem ersten Schritt deskriptive Statistiken zu den Schülerzahlen und den Veränderungen der Schülerzahlen an den einzelnen Schulformen im Zeitverlauf berichtet. Insbesondere weil es in der Hamburger Sekundarstufe so viele unterschiedliche Schulformen gibt (vgl. Kap. 4), ist es wichtig zu klären, wie viele Schülerinnen und Schüler die einzelnen Bildungswege besuchen. Darüber hinaus wird dargestellt, von welchen Schulformen Kinder auf welche anderen Schulformen wechseln, so dass geklärt werden kann, ob in Übereinstimmung mit den in Kapitel 3.2 vorgestellten Studien Schulformwechsel in den meisten Fällen Abstiege bedeuten.

Schülerzahlen an den unterschiedlichen Schulformen im Zeitverlauf

Wie viele Schülerinnen und Schüler besuchen zu den verschiedenen Zeitpunkten (fünfte, sechste und siebte Klassenstufe) die unterschiedlichen Schulformen? Welche Schulformen verzeichnen im Laufe der Zeit einen Rückgang der Schülerzahlen? Welche Schulformen gewinnen Schülerinnen und Schüler hinzu?

Abgebende und aufnehmende Schulformen im Zeitverlauf

Mit welcher Grundschulempfehlung wechseln die Schülerinnen und Schüler auf welche Schulform (Übergang von der vierten in die fünfte Jahrgangsstufe)? Von welcher Schulform wechseln die Schülerinnen und Schüler auf welche Schulform (Übergang von der fünften in die sechste Jahrgangsstufe)? Von welcher Schulform wechseln die Schülerinnen und Schüler in welche Schulform beziehungsweise wie verteilen sich ehemalige Haupt- und Realschülerinnen und -schüler beziehungsweise Kinder an kooperativen Gesamtschulen auf die Schulformen der siebten Klasse (Übergang von der sechsten in die siebte Jahrgangsstufe)?

5.2 Muster der Schulformwechsel

Bellenberg (2005) sieht in der Analyse von Bildungsverläufen einen „wichtigen Beitrag, zum Verständnis des Funktionierens unseres Bildungssystems" (Bellenberg, 2005, S. 13). Allerdings erlaubt die Feststellung, dass eine Schulform im Laufe der Zeit Schülerinnen und Schüler verliert beziehungsweise hinzugewinnt, noch keine Aussagen über die tatsächlichen Bildungsbiografien der Schülerinnen und Schüler. Daher werden in einem zweiten Schritt die individuellen Schullaufbahnen (Schulformwechselmuster) beschrieben und unterschiedlichen Typen zugeordnet.

Schulformwechselmuster

Welche Schulformwechselmuster lassen sich in den vorliegenden Daten identifizieren? Wie häufig kommen die einzelnen Muster vor? Lassen sich Typen von Schulformwechselmustern identifizieren?

5.3 Der Zusammenhang zwischen unterschiedlichen Hintergrundvariablen und der besuchten Schulform zu den verschiedenen Zeitpunkten

Die umfangreiche Forschung zum Grundschulübergang hat wiederholt gezeigt, dass die Wahl einer weiterführenden Schule nicht nur durch die schulischen Kompetenzen der Kinder bestimmt wird (vgl. Kap. 3.1). Daher wird der Zusammenhang zwischen den Testergebnissen bei KESS 7 und der in der siebten Klasse besuchten Schulform untersucht, um einschätzen zu können, wie deutlich sich die Schulformen hinsichtlich der mittleren Leistung sowie der Leistungsstreuung unterscheiden. Auch die bereits mehrfach angesprochene Frage der prognostischen Qualität der Schullaufbahnempfehlungen der Grundschullehrkräfte (vgl. Kap. 1.2 und Kap. 3.2) lässt sich mit den vorliegenden Daten bearbeiten, indem der Zusammenhang zwischen der Grundschulempfehlung und möglichen Wechselentscheidungen analysiert wird. Schließlich wird der Zusammenhang zwischen den besuchten Schulformen und den Hintergrundmerkmalen der Schülerinnen und Schüler (Geschlecht, Migrationshintergrund und soziale Herkunft) beleuchtet, da ausgehend vom Forschungsstand anzunehmen ist, dass ein solcher Zusammenhang besteht (vgl. Kap. 1.1, Kap. 1.4 und Kap. 3).

Zusammenhang zwischen schulischen Kompetenzen und besuchter Schulform

Wie unterscheiden sich die mittleren Kompetenzen in den verschiedenen Domänen zwischen den unterschiedlichen Schulformen in der siebten Jahrgangsstufe?
Wie groß sind die Überschneidungen zwischen den unterschiedlichen Schulformen hinsichtlich der schulischen Kompetenzen der jeweiligen Schülerinnen und
Schüler?

Zusammenhang zwischen Grundschulempfehlung und Schullaufbahn

Welche Schulformen besuchen die Schülerinnen und Schüler in den ersten drei
Jahren der Sekundarstufe in Abhängigkeit von der Grundschulempfehlung? Wie
entwickelt sich der Anteil der gymnasialempfohlenen Kinder auf den unterschiedlichen Schulformen? Wie groß ist die Verbleibewahrscheinlichkeit auf
dem Gymnasium in Abhängigkeit von der Grundschulempfehlung?

Zusammenhang zwischen Geschlecht und Schullaufbahn

Auf welchen Schulformen sind Mädchen im Vergleich zu ihrem Anteil in der
Grundgesamtheit über- beziehungsweise unterrepräsentiert? Wie unterscheiden
sich die mittleren Lese- beziehungsweise Mathematikkompetenzen von Mädchen und Jungen? Wie unterscheiden sich die Zugangschancen von Mädchen
und Jungen zu den unterschiedlichen Schulformen im Zeitverlauf ohne und mit
Kontrolle der schulischen Kompetenzen?

Zusammenhang zwischen Migrationshintergrund und Schullaufbahn

Auf welchen Schulformen sind Kinder mit Migrationshintergrund im Vergleich
zu ihrem Anteil in der Grundgesamtheit über- beziehungsweise unterrepräsentiert? Wie unterscheiden sich die mittleren Lese- beziehungsweise Mathematikkompetenzen von Kindern mit und ohne Migrationshintergrund? Wie unterscheiden sich die Zugangschancen von Kindern mit und ohne Migrationshintergrund zu den unterschiedlichen Schulformen im Zeitverlauf ohne und mit
Kontrolle der schulischen Kompetenzen?

Zusammenhang zwischen sozialer Herkunft und Schullaufbahn

Auf welchen Schulformen sind Kinder, deren Familien einer bestimmten EGP-
Klasse angehören, im Vergleich zu ihrem Anteil in der Grundgesamtheit über-
beziehungsweise unterrepräsentiert? Wie unterscheiden sich die mittleren Lese-
beziehungsweise Mathematikkompetenzen in den einzelnen EGP-Klassen? Wie
unterscheiden sich die Zugangschancen von Kindern der unterschiedlichen

EGP-Klassen zu den unterschiedlichen Schulformen im Zeitverlauf ohne und mit Kontrolle der schulischen Kompetenzen?

5.4 Die Bildungsgangentscheidung am Ende der sechsten Jahrgangsstufe an Haupt- und Realschulen

Eine Besonderheit des Hamburger Schulsystems ist die Schulformentscheidung am Ende der Beobachtungsstufe an Haupt- und Realschulen (vgl. Kap. 4.3). Anders als beim Grundschulübergang dürfen Eltern ihre Kinder bei dieser Bildungsentscheidung nicht auf einer höheren Schulform anmelden als von den Lehrkräften empfohlen, so dass dem Lehrerurteil an dieser Stelle eine sehr große Bedeutung zukommt. Da bekannt ist, dass die Vergabe von Schulnoten neben den schulischen Kompetenzen auch mit Hintergrundmerkmalen der Kinder und der mittleren Leistung der Klassen zusammenhängt (vgl. Kap. 1.2), wird zunächst untersucht, welche Variablen einen Zusammenhang mit den Noten in der sechsten Jahrgangsstufe aufweisen.

Da integrierte Haupt- und Realschulen – unabhängig von der Schullaufbahnempfehlung – von allen Kindern besucht werden dürfen, ist zu klären, ob Schülerinnen und Schüler mit ungünstigen Empfehlungen bewusst auf diese Schulform wechseln, um ihre Chance auf einen Realschulabschluss zu erhöhen.

Die Schulformentscheidungen werden abschließend unter Berücksichtigung der soziokulturellen Merkmale der Kinder analysiert. Es stellt sich die Frage, ob bei dieser Bildungsentscheidung sekundäre Herkunftseffekte (vgl. Kap. 1.1 und Kap. 3) identifiziert werden können, obwohl der Entscheidungsspielraum der Eltern deutlich eingeschränkt ist.

Schullaufbahnempfehlung für die siebte Jahrgangsstufe an Haupt- und Realschulen

Wie hoch sind an Haupt- und Realschulen am Ende der sechsten Jahrgangsstufe die Anteile der empfohlenen Schülerinnen und Schüler für die unterschiedlichen Schulformen (ausgehend von den Schulnoten in der sechsten Klasse)?

Schulnoten an Haupt- und Realschulen

Besteht an Haupt- und Realschulen in der sechsten Jahrgangsstufe ein Zusammenhang zwischen den Schulnoten und den Hintergrundmerkmalen der Schüler (Kompetenz, Geschlecht, Migrationshintergrund, soziale Herkunft) beziehungsweise der Schule (mittlere Kompetenz der Schüler)?

Die Bedeutung von integrierten Haupt- und Realschulen

Lässt sich eine Tendenz feststellen, dass Schülerinnen und Schüler mit einer Empfehlung für die Hauptschule bevorzugt auf integrierte Haupt- und Realschulen wechseln, um ihre Bildungschancen zu erhöhen?

Der Übergang in die siebte Jahrgangsstufe an Haupt- und Realschulen

Auf welche Schulformen wechseln die Kinder in der siebten Jahrgangsstufe in Abhängigkeit von der Schullaufbahnempfehlung der Haupt- und Realschule? Lassen sich trotz der strengen Vorgaben durch die Schule sekundäre Herkunfts-effekte feststellen?

5.5   Die Entscheidung für den Abgang vom Gymnasium

In allen Studien zum Thema Schullaufbahnen in der Sekundarstufe hat sich ge-zeigt, dass Abgänge vom Gymnasium in Deutschland die häufigste Form von Schulformwechseln darstellen (vgl. Kap. 3.2). Aufnehmende Schulformen sind in Hamburg zum einen die integrierten Gesamtschulen und zum anderen die (Haupt- und) Realschulen. Es ist zu klären, ob in den vertiefenden Analysen be-rücksichtigt werden muss, auf welche dieser beiden Schulformen eine Gymnasi-astin beziehungsweise ein Gymnasiast wechselt. Da an integrierten Gesamtschu-len das Abitur erreicht werden kann, stellt ein Wechsel auf Haupt- und Real-schulen einen deutlicheren Abstieg dar. Auf der anderen Seite wäre es möglich, dass die Entkoppelung von Schulart und Schulabschluss (vgl. Kap. 1.3) sich in-soweit bemerkbar macht, dass keine Schulformentscheidung den endgültigen Verzicht auf das Abitur bedeutet. Die Schülerinnen und Schüler, die auf inte-grierte Gesamtschulen beziehungsweise Realschulen wechseln, werden hinsicht-lich ihrer Hintergrundmerkmale miteinander verglichen, um zu klären, inwie-weit sich die beiden Gruppen voneinander unterscheiden.

Es müssen drei Arten von Gymnasialabgängen genauer analysiert werden: (1) der Abgang nach der fünften Klasse, (2) der erzwungene Abgang nach der sechsten Klasse (Umschulung) und (3) der freiwillige Abgang nach der sechsten Klasse (vgl. Kap. 4.1). Auch bei diesen Analysen wird die Koppelung des Gym-nasialabbruchs mit soziokulturellen Eigenschaften der Kinder untersucht. Insbe-sondere muss beantwortet werden, in welchem Ausmaß sekundäre Herkunftsef-fekte vorliegen (vgl. Kap. 1.1 und Kap. 3).

Nach den etablierten RC-Modellen zu Bildungsentscheidungen in Schüler-familien lassen sich sekundäre Herkunftseffekte durch Berücksichtigung von herkunftsspezifischen Einschätzungen von Kosten und Nutzen der einzelnen

Schullaufbahnen erklären (vgl. Kap. 2.2). Das in Kapitel 2.3.1 entwickelte RC-Modell zur Erklärung von sekundären Herkunftseffekten in der Sekundarstufe wird daher mit den vorliegenden Daten überprüft (vgl. Kap. 2.3.3). Dazu werden die Abgänge nach der fünften Klasse und die freiwilligen Abgänge nach der sechsten Klasse zusammengefasst.

Abgänge vom Gymnasium auf integrierte Gesamtschulen und Haupt- und Realschulen im Vergleich

Unterscheiden sich Schülerinnen und Schüler, die vom Gymnasium auf eine integrierte Gesamtschule wechseln, von denen, die vom Gymnasium auf eine Haupt- und Realschule wechseln? Mit welchen Variablen steht die Entscheidung zwischen integrierter Gesamtschule und Haupt- und Realschule im Zusammenhang?

Abgänge vom Gymnasium nach der fünften Klasse

Welcher Zusammenhang besteht zwischen der Abgangsentscheidung vom Gymnasium nach der fünften Klasse und den Hintergrundmerkmalen der Schülerinnen und Schüler?

Erzwungene Abgänge vom Gymnasium nach der sechsten Klasse (Umschulung)

Welcher Zusammenhang besteht zwischen den Schulnoten (insbesondere nicht-ausreichenden Schulnoten) in sechsten Klassen an Gymnasien und den Hintergrundmerkmalen der Schülerinnen und Schüler?

Freiwillige Abgänge vom Gymnasium nach der sechsten Klasse

Welcher Zusammenhang besteht zwischen der (freiwilligen) Abgangsentscheidung vom Gymnasium nach der sechsten Klasse und den Hintergrundmerkmalen der Schülerinnen und Schüler?

Das Rational-Choice-Modell

Welcher Zusammenhang besteht zwischen den Variablen des RC-Modells und der Abgangsentscheidung vom Gymnasium (unabhängig vom Zeitpunkt und von der aufnehmenden Schulform)? Lassen sich Unterschiede zwischen den EGP-Klassen hinsichtlich der Abgangswahrscheinlichkeit durch die Variablen des RC-Modells erklären?

5.6   Sonstige Bildungsgangentscheidungen

Neben den bislang beschriebenen Bildungsgangentscheidungen kommen in der Beobachtungsstufe in Hamburg nur noch zwei weitere so häufig vor, dass eine nähere Beschreibung möglich ist (vgl. Kap. 7.2): der Aufstieg von der Haupt- und Realschule auf ein Gymnasium und der Wechsel von einer Haupt- und Realschule auf eine integrierte Gesamtschule. Auch für diese Bildungsentscheidungen wird der Zusammenhang mit soziokulturellen Hintergrundmerkmalen der Schülerinnen und Schüler untersucht. Insbesondere ist zu prüfen, ob bei der Aufstiegsentscheidung sekundäre Herkunftseffekte vorliegen.

Der Aufstieg von der Haupt- und Realschule auf ein Gymnasium

Lassen sich bei der Bildungsentscheidung, am Ende der sechsten Jahrgangsstufe von einer Haupt- und Realschule auf ein Gymnasium zu wechseln, sekundäre Herkunftseffekte feststellen? Welcher Zusammenhang besteht zwischen der Aufstiegsentscheidung und weiteren Variablen?

Der Wechsel von einer Haupt- und Realschule auf eine integrierte Gesamtschule

Welche Variablen weisen einen Zusammenhang mit der Entscheidung auf, am Ende der sechsten Jahrgangsstufe von einer Haupt- und Realschule auf eine integrierte Gesamtschule zu wechseln?

5.7   Konsequenzen für die pädagogische Praxis und die weitere Forschung

Neben der Beschreibung und Erklärung von erziehungswissenschaftlichen Phänomen stellt sich in einer erziehungswissenschaftlichen Arbeit auch immer die Frage nach den Konsequenzen für die pädagogische Praxis, also für die Arbeit von Erzieherinnen und Erziehern, Lehrerinnen und Lehrern sowie Bildungspolitikerinnen und Bildungspolitikern. Daher wird in Kapitel 8.3 – im Anschluss an die Diskussion der Ergebnisse dieser Arbeit – aufgezeigt, welche Erkenntnisse die genannten Berufsgruppen für ihre Arbeit nutzen können. Dabei müssen unterschiedliche Handlungsfelder berücksichtigt werden:

- die alltägliche Arbeit in Kindergärten und Schulen;
- die Einbeziehung der Eltern in den Bildungsprozess und
- die Gestaltung der Schulstruktur.

Bei der Bearbeitung von wissenschaftlichen Fragestellungen ergeben sich üblicherweise auch neue Fragen, die beantwortet werden müssen. Abschließend werden daher Forschungsdesiderate benannt, die aus der vorliegenden Arbeit resultieren (vgl. Kap. 8.4).

6 Daten und Methoden

*He who refuses to do arithmetic is
doomed to talk nonsense.*

John McCarthy[20]

In diesem Kapitel wird zunächst die Längsschnittstudie KESS vorgestellt, aus
der die Daten für die anschließenden Analysen stammen (Kap. 6.1). Anschließend werden in Kapitel 6.2 die verwendeten Daten und Variablen vorgestellt,
und schließlich wird das methodische Vorgehen beschrieben (Kap. 6.3).

6.1 Kompetenzen und Einstellungen von Schülerinnen und Schülern: Die KESS-Studie

In Hamburg finden bereits seit vielen Jahren systematische empirische Untersuchungen der schulischen Kompetenzen sowie der Lernentwicklung von Schülerinnen und Schülern statt. Die Ergebnisse dieser Studien stellen der Hamburger
Bildungspolitik wertvolles Steuerungswissen zur Verfügung. Die Längsschnittstudie Kompetenzen und Einstellungen von Schülerinnen und Schülern (KESS)
wird seit 2003 unter der wissenschaftlichen Leitung von Prof. Dr. Wilfried Bos
im Auftrag der Hamburger Behörde für Bildung und Sport (BBS) durchgeführt.
Das Ziel dieser Studie ist es, die Lernentwicklung von Hamburger Schülerinnen
und Schüler zu untersuchen.

Am Ende des Schuljahres 2002/03 wurden die Lernstände der Schülerinnen
und Schüler der vierten Klassen aller Hamburger Grundschulen erhoben (KESS
4). Zusätzlich wurden diese Kinder und deren Eltern, Lehrerinnen und Lehrer
sowie die Schulleiterinnen und Schulleiter der Hamburger Grundschulen schrift-
lich befragt (Bos, Gröhlich & Pietsch, 2007; Bos & Pietsch, 2006). Der zweite
Erhebungszeitpunkt fand etwas mehr als zwei Jahre später zu Beginn des Schuljahres 2005/06 als Vollerhebung der Schülerinnen und Schüler der siebten Jahrgangsstufe statt (KESS 7). Wie schon zum ersten Erhebungszeitpunkt wurden
neben den schulischen Kompetenzen auch die Einstellungen der beteiligten Personen mit Hilfe eines Schüler-, eines Eltern-, unterschiedlicher Lehrer- und ei-

---

20 zitiert nach http://www-formal.stanford.edu/jmc/progress/

nes Schulleiterfragebogens erhoben (Bos, Bonsen et al., 2007). Ein dritter Erhebungszeitpunkt fand Ende des Schuljahres 2006/07 statt (KESS 8).

Bereits in den Jahren von 1996 bis 2004 fand in Hamburg mit LAU (Aspekte der Lernausgangslage und der Lernentwicklung) eine Längsschnittstudie zur Lernentwicklung von Schülerinnen und Schülern statt (Lehmann, Gänsfuß & Peek, 1999; Lehmann, Hunger, Ivanov & Gänsfuß, 2004; Lehmann et al., 1997; Lehmann, Peek, Gänsfuß & Husfeldt, 2002; Lehmann, Vieluf, Nikolova & Ivanov, 2006; Trautwein, Köller, Lehmann & Lüdtke, 2006). Unter der wissenschaftlichen Leitung von Prof. Dr. Rainer H. Lehmann wurden alle zwei Jahre jeweils im Herbst alle Hamburger Schülerinnen und Schüler eines Jahrgangs befragt und deren schulische Kompetenzen ermittelt.

6.1.1 Die schulischen Kompetenzen von Schülerinnen und Schülern in Hamburg

Sowohl in KESS 4 als auch in KESS 7 wurden die Kompetenzen der Schülerinnen und Schüler in den Bereichen Lesen, Orthographie, Mathematik und Naturwissenschaften erhoben. Darüber hinaus wurde im Rahmen von KESS 4 ein eigens entwickelter Englisch-Hörverstehenstest und im Rahmen von KESS 7 sowohl ein englischer Lesetest als auch ein englischer C-Test eingesetzt. In KESS 4 wurde zusätzlich eine Schreibaufgabe gestellt, in der die Kinder eine Geschichte zu einem vorgegebenen Thema schreiben sollten. Bei der Zusammenstellung der einzelnen Items für die Fachleistungstests wurde darauf geachtet, dass

- die Kompetenzentwicklung der Schülerinnen und Schüler der KESS-Population im Zeitverlauf ermittelt werden kann (Bos, Bonsen et al., 2007);
- die Veränderungen im Leistungsstand der Hamburger Schülerinnen und Schüler von LAU 5 zu KESS 4 und von LAU 7 zu KESS 7 ermittelt werden können (Bos, Bonsen et al., 2007; Bos, Pietsch & Stubbe, 2006) und
- die Anbindung von KESS 4 an die Ergebnisse der Internationalen Grundschul-Leseuntersuchung (IGLU 2001) möglich ist (Bos, Pietsch et al., 2006).

Die Skalierung der Leistungstests für KESS 4 und KESS 7 erfolgte gemäß der *Item-Response-Theorie* (IRT) mit Hilfe des einparametrigen logistischen Raschmodells (Bos, Bonsen et al., 2007; Bos, Brose et al., 2006). Dieses Vorgehen ermöglicht es, Schülerfähigkeiten und Aufgabenschwierigkeiten auf derselben Skala abzubilden. Liegt die Aufgabenschwierigkeit eines bestimmten Items unterhalb der Fähigkeit eines bestimmten Schülers, so löst dieser das betreffende (und alle leichteren) Items mit einer Wahrscheinlichkeit von über 50 Prozent.

Die Skalen für die einzelnen Domänen wurden anschließend auf einen Mittelwert von 100 und eine Standardabweichung von 30 standardisiert. Die Leistungen von knapp 70 Prozent aller Schülerinnen und Schüler liegen im Bereich von plus/minus einer Standardabweichung um den Mittelwert. Im Bereich von plus/minus zwei Standardabweichungen um den Mittelwert finden sich 95 Prozent der Kinder.

Neben den schulischen Kompetenzen wurden zu beiden Erhebungszeitpunkten die kognitiven Fähigkeiten der Schülerinnen und Schüler mit Hilfe eines standardisierten Tests erfasst.

Abbildung 6.01:   Rahmenmodell für den Zusammenhang zwischen Schülerleistungen und deren Bedingungen

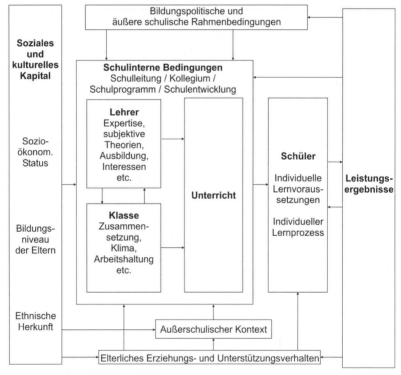

Quelle: Lankes et al., 2003, Abbildung II.2

6.1.2 Die Kontextfragebögen

Der KESS-Studie liegt das in Abbildung 6.01 dargestellte theoretische Rahmenmodell für den Zusammenhang zwischen schulischen Leistungen und deren Bedingungen zu Grunde, das von Lankes et al. (2003) für IGLU 2001 entwickelt wurde und auf die multidimensionalen Verflechtungen von Ursachen und Wirkungen verweist (Helmke & Weinert, 1997). Die schulischen Leistungen von Kindern werden in diesem Modell als Ergebnis von komplexen Wechselwirkungsprozessen der individuellen Lernvoraussetzungen und zahlreichen externen Bedingungsfaktoren verstanden. Neben den schulinternen Bedingungen, zu denen Merkmale des Lehrers und der Klasse, die aus diesen Merkmalen resultierende Qualität des Unterrichts und Merkmale der gesamten Schule gehören, weisen auch außerschulische Faktoren – insbesondere Merkmale des Elternhauses aber auch gesellschaftliche und politische Rahmenbedingungen – einen Zusammenhang mit dem individuellen Lernerfolg auf.

> Die Forschung zu den unterrichtlichen Determinanten der Schulleistung wird in dem Maße fruchtbar sein, in dem sie über die Prozeß-Produkt-Forschung alten Zuschnitts hinausgeht und der Komplexität des Gegenstandes durch eine angemessene theoretische Modellierung (Berücksichtigung der [sic] systemischen Charakters, der Multikriterialität, interaktiver Effekte und Kontextspezität), durch adäquate Untersuchungsdesigns (quasi-experimentelle oder Längsschnittstudien an Stelle einfacher Querschnittstudien) und moderne statistische Analysemethoden Rechnung trägt. (Helmke & Weinert, 1997, S. 152)

Die Entwicklung der KESS-Kontextfragebögen erfolgte auf der Basis dieses Modells. Dabei wurden die beteiligten Personen zu unterschiedlichen Bereichen befragt (vgl. Abb. 6.02). Den Schülerinnen und Schülern wurden Fragen zur eigenen Person (z.B. außerschulische Lesegewohnheiten), zu den Eltern (z.B. überwiegend gesprochene Sprache) und zum Unterricht (z.B. Durchsetzungsvermögen der Lehrkraft) gestellt. Mit dem Elternfragebogen wurden unter anderem Informationen zu soziodemographischen Merkmalen des Elternhauses (z.B. Beruf der Eltern) und zu gemeinsamen Aktivitäten mit dem Kind (z.B. gemeinsame Museumsbesuche) erhoben. Die Schulleiterinnen und Schulleiter wurden im Schulfragebogen gebeten, Angaben zu den Charakteristika ihrer Schule (z.B. Angebote innerhalb der Schule und in der näheren Umgebung) zu machen. Darüber hinaus gab es allgemeine Fragen zu dem Unterricht an der jeweiligen Schule. Von dem eingesetzten Lehrerfragebogen gab es jeweils unterschiedliche Versionen für die Deutsch-, Mathematik- und Sachunterrichtslehrkraft und im Rahmen von KESS 7 zusätzlich für die Fremdsprachenlehrkraft. Den Lehrerinnen und Lehrern wurden Fragen zu ihrer Klasse (z.B. Ausstattung der Klassenräume) und ihrer Schule (z.B. Stellenwert von Ordnung und Disziplin), aber auch zu ihrer Person (z.B. persönliche Belastung im Schulalltag) und zu ihren Unterrichtsmethoden gestellt. Von der Klassenlehrkraft wurden mit Hilfe der Schülerteilnahmeliste zusätzlich Informationen zu den einzelnen Schülerinnen und Schülern erhoben (z.B. Schulnoten).

Abbildung 6.02:   KESS-Kontextfragebögen und damit erhobene Merkmale

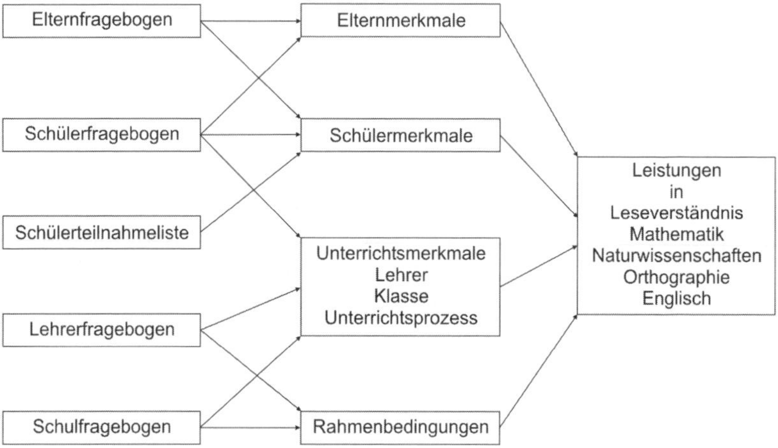

Quelle: Bos, Brose et al., 2006, Abbildung II.2, ergänzt

6.1.3   Teilnahme- und Rücklaufquoten

In Tabelle 6.01 sind für beide Erhebungszeitpunkte die Teilnahme- beziehungsweise Rücklaufquoten dargestellt. Die Teilnahme an den Leistungstests war für die Hamburger Schülerinnen und Schüler verpflichtend, so dass die Teilnahmequoten ausnahmslos über 95 Prozent liegen. Gemäß den Vorgaben aus vergleichbaren Studien konnten körperlich oder geistig behinderte Kinder von der Teilnahme ausgeschlossen werden, wenn sie auf Grund ihrer Behinderung nicht in der Lage waren, an der Erhebung teilzunehmen. Auch Schülerinnen und Schüler nichtdeutscher Muttersprache, die weniger als ein Jahr in deutscher Sprache unterrichtet wurden, konnten vom Test ausgeschlossen werden.

Für die Teilnahme an der Schülerbefragung war eine Elterngenehmigung notwendig, die in der vierten Klasse für knapp 20 Prozent und in der siebten Klasse für circa zehn Prozent der Kinder nicht vorlag. Auch bei vorhandener Elterngenehmigung war das Ausfüllen des Schülerfragebogens freiwillig, allerdings zeigen die Rücklaufquoten, dass die meisten Kinder, die eine Elterngenehmigung hatten, auch an der Befragung teilgenommen haben. Sehr erfreulich ist auch die Rücklaufquote der Schulleitungen, die in der vierten Jahrgangsstufe fast 100 Prozent beträgt und auch in der siebten Jahrgangsstufe über 95 Prozent liegt. Deutlich geringer fallen allerdings die Rücklaufquoten der Lehrkräfte aus. In der Sekundarstufe füllt nur etwa die Hälfte den Fragebogen aus, in der Grundschule fällt die Teilnahmebereitschaft mit circa zwei Dritteln zwar besser aus, liegt aber trotzdem deutlich unterhalb der Vergleichswerte aus der Internationalen Grundschul-Lese-Untersuchung (IGLU), die sowohl 2001 als auch 2006 bei über 90 Prozent liegen (Hornberg, Bos, Buddeberg, Potthoff & Stubbe, 2007; Lankes et al., 2003). Auch die Rücklaufquote des Elternfragebogens fällt in der siebten Klasse mit 60,4 Prozent etwas geringer aus als in der vierten Klasse (68,9 Prozent).

Tabelle 6.01: Teilnahme- bzw. Rücklaufquoten für die eingesetzten Fachleistungstests und Fragebögen nach Erhebungszeitpunkt und Testtag

	KESS 4		KESS 7	
	1. Testtag	2.Testtag	1. Testtag	2.Testtag
Test	95,8	95,7	96,6	95,8
Schülerfragebogen	75,9	76,4	85,3	
Elternfragebogen	68,9		60,4	
Fragebogen für die Deutschlehrkraft	68,0		52,2	
Fragebogen für die Mathematiklehrkraft	70,0		51,5	
Fragebogen für die Fremdsprachenlehrkraft	-		52,7	
Fragebogen für die Naturwissenschaftslehrkraft	64,0		48,9	
Schulleiterfragebogen	98,5		95,9	

Quelle: Bos, Bonsen et al., 2007, Tabelle 2.1; Bos, Brose et al., 2006, Tabelle II.1

6.2 Die Daten

Im Folgenden soll zunächst beschrieben werden, welche Variablen in den Analysen in Kapitel 7 zum Einsatz kommen. Anschließend werden die verwendeten Datensätze und der Umgang mit fehlenden Werten beschrieben.

6.2.1 Die Variablen

Grundschulempfehlung und besuchte Schulformen in der Sekundarstufe I

Aus der Schülerteilnahmeliste für die vierte Klasse stammt die Information, für welche Schulform die Kinder von ihren Grundschullehrkräften empfohlen wurden. In Hamburg gibt es nur zwei mögliche Empfehlungen: (1) Haupt- und Realschule beziehungsweise Gesamtschule und (2) Gymnasium beziehungsweise Gesamtschule (vgl. Tab. 4.01).

Im Rahmen von KESS 7 wurden mit Hilfe der Schülerteilnahmeliste die Schulnummern der Schulen erhoben, die die Kinder in der fünften, sechsten und siebten Jahrgangsstufe besucht haben. Diese Information erlaubt die Generierung von Variablen, die die besuchte Schulform zu den drei Zeitpunkten angeben.

Schulnoten

Ebenfalls über die Schülerteilnahmeliste aus KESS 7 wurden die Schulnoten in den Fächern Deutsch, Mathematik, Englisch und Naturwissenschaften im Halbjahreszeugnis der sechsten Klasse erfragt. Durchschnittsnoten werden für deskriptive Statistiken auf ganze Zahlen gerundet. In multivariaten Analysen wird eine Nachkommastelle berücksichtigt, um genauere Informationen nutzen zu können.

Da in KESS 7 nicht die Schullaufbahnempfehlung für die siebte Klasse an Haupt- und Realschulen erhoben wurde (vgl. Kap. 4.3), wird für diese Schülerinnen und Schüler ausgehend von den Noten in den Fächern Deutsch, Mathematik und Englisch die wahrscheinliche Schullaufbahnempfehlung berechnet (vgl. Tab. 7.20). Als realschulempfohlen werden Kinder betrachtet, die in zwei der drei Fächer mindestens eine 3 aber höchstens in einem der drei Fächer eine 1 oder 2 erhalten haben. Bei Schülerinnen und Schüler, die in zwei der drei Fächer mindestens eine 2 erreichen, wird davon ausgegangen, dass sie eine Empfehlung für das sechsstufige Gymnasium erhalten haben. Für die übrigen Kinder wird eine Hauptschulempfehlung angenommen.[21]

Schulische und kognitive Fähigkeiten

Für den Beginn der siebten Jahrgangsstufe liegen WLE-Schätzer aus den Raschskalierungen (vgl. Kap. 6.1.1) in den Domänen Lesen, Mathematik, Englisch (Lesen und C-Test) und Naturwissenschaften vor. Da nur die Lese- und die Mathematikkompetenz von allen Kindern erhoben wurden, werden die Leistungen in diesen beiden Bereichen in multivariaten Modellen als Indikator für die schulischen Kompetenzen insgesamt eingesetzt. Die Erfahrungen aus Studien wie

---

21 Da neben der Anzahl der befriedigenden bzw. guten Leistungen in den Hauptfächern auch die Durchschnittsnote über alle Fächer berücksichtigt werden soll, diese aber nicht vorliegt, wurde überprüft, ob die zusätzliche Berücksichtigung des Durchschnittes der vier vorhandenen Noten eine abweichende Verteilung ergibt. Da dies nicht der Fall ist, erfolgt die Generierung der Variable so wie im Text beschrieben.

IGLU und KESS haben gezeigt, dass bereits die Lesekompetenz allein ein guter Indikator für die allgemeine schulische Kompetenz von Schülerinnen und Schülern ist (Arnold et al., 2007), so dass die kombinierte Lese- und Mathematikkompetenz für die geplanten Analysen ein zufriedenstellendes Maß für die Schülerleistungen darstellt.

Die Leistungsdaten aus KESS 7 werden für Aussagen über die erreichten Kompetenzen in der sechsten und siebten Klasse genutzt. Als Indikator für den Leistungsstand der Kinder in der fünften Jahrgangsstufe werden die Lese- und Mathematikkompetenz sowie die kognitiven Fähigkeiten aus KESS 4 genutzt.

Geschlecht und Migrationshintergrund

Das Geschlecht der Kinder, das sowohl über den Schülerfragebogen als auch über die Schülerteilnahmeliste erhoben wurde, wird einheitlich so kodiert, dass die Jungen den Wert 0 und Mädchen den Wert 1 erhalten.

Der Migrationshintergrund der Schülerinnen und Schüler wird entsprechend dem Vorgehen in der KESS-Berichterstattung auf einer dreistufigen Skala erfasst: kein Elternteil im Ausland geboren (0), ein Elternteil im Ausland geboren (1) und beide Elternteile im Ausland geboren (2).

Soziale Herkunft

Um den sozialen Status der Schülerfamilien messen zu können, wurde im Elternfragebogen der siebten Klasse der Beruf von Vater und Mutter mit einer offenen Frage erhoben. Mit diesen Angaben und einigen weiteren Informationen zur beruflichen Stellung lassen sich zwei unterschiedliche Variablen zum Berufsstatus der Eltern erzeugen.

Abbildung 6.03: The basic status attainment model with occupation as an intervening variable

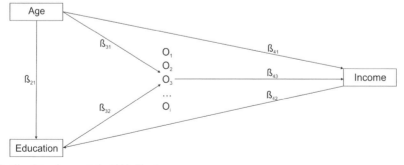

Quelle: Ganzeboom et al., 1992, Fig. 1

Bei dem *International Socio-Economic Index of Occupational Status* (ISEI) (Ganzeboom, De Graaf & Treiman, 1992; Ganzeboom & Treiman, 1996) handelt es sich um eine eindimensionale Skala, die Berufen einen bestimmten Wert zwischen 16 und 90 zuweist. Der ISEI ist als Eigenschaft von Berufen zu interpretieren, die Ausbildung von Personen in Einkommen umzuwandeln (vgl. Abb. 6.03). Die Ausbildung einer Person beeinflusst den Beruf dieser Person (β_{32}) und der Beruf beeinflusst das Einkommen (β_{43}). Neben diesem indirekten Effekt von Ausbildung auf Einkommen gibt es auch noch einen direkten Effekt (β_{42}). Der ISEI ist dann diejenige Skalierung der Berufskategorien, die den direkten Effekt der Ausbildung auf das Einkommen minimiert und den indirekten Einfluss der Ausbildung auf das Einkommen über den Beruf maximiert. Das Alter wurde in dieser Berechnung als Kontrollvariable eingeführt, da ältere Personen tendenziell eine geringere Ausbildung aber ein höheres Einkommen haben als jüngere Personen.

Tabelle 6.02:   The class schema. Occupational groupings comprised

I	Higher-grade professionals, administrators and officials; managers in large industrial establishments; large proprietors
II	Lower-grade professionals, administrators and officials; managers in small business and industrial establishments; supervisors of non-manual employees
III	Routine non-manual employees in administration and commerce; sales personnel; other rank-and-file service workers
IV a	Small proprietors; artisans etc., with employees
IV b	Small proprietors; artisans etc., without employees
IV c	Farmers and smallholders; self-employed fishermen
V/VI	Lower-grade technicians; supervisor of manual workers; skilled manual workers
VII a	Semi- and unskilled manual workers (not in agriculture)
VII b	Agricultural workers

Quelle: Erikson, Goldthorpe & Portocarero, 1979, Table II, gekürzt

Bei der zweiten Variable zum Berufsstatus handelt es sich um die von Erikson, Goldthorpe und Portocarero (1979) entwickelten EGP-Klassen, die Personen auf Grund ihrer beruflichen Stellung distinkten Gruppen zuordnen. Die Autoren betonen, dass die EGP-Klassen somit nominales Skalenniveau besitzen. Ursprünglich wurden neun Klassen unterschieden (vgl. Tab. 6.02), in der erziehungswissenschaftlichen Forschung in Deutschland werden diese jedoch üblicherweise in sechs Kategorien zusammengefasst (vgl. Tab. 6.03).

Tabelle 6.03:   Die EGP-Klassenaufteilung in KESS 7

Dienstklasse	Bezeichnung und Beispiele
I	*Obere Dienstklasse:* Zur oberen Dienstklasse gehören die Angehörigen von freien akademischen Berufen, führende Angestellte und höhere Beamte, selbständige Unternehmer mit mehr als 10 Mitarbeitern und alle Hochschul- und Gymnasiallehrer.
II	*Untere Dienstklasse :* Zu dieser Klasse zählen Angehörige von Semiprofessionen, Angehörige des mittleren Managements, Beamte im mittleren und gehobenen Dienst und technische Angestellte mit nicht manueller Tätigkeit.
IIIa-b	*Routinedienstleistungen in Handel und Verwaltung:* Hierzu zählen die klassischen Büro- und Verwaltungsberufe mit Routinetätigkeiten, Berufe mit niedrig qualifizierten, nicht manuellen Tätigkeiten wie zum Beispiel Verkaufs- und Servicetätigkeiten.
IVa-c	*Selbständige (…) und selbständige Landwirte:* Zu dieser Klasse zählen alle Selbständigen aus manuellen Berufen mit und ohne Mitarbeiter. Freiberufler werden dieser Klasse zugeordnet, wenn sie keinen hoch qualifizierten Beruf ausüben.
V,VI	*Facharbeiter und Arbeiter mit Leitungsfunktionen sowie Angestellte in manuellen Berufen:* Dazu gehören Vorarbeiter, Meister, Techniker, die in manuelle Arbeitsprozesse eingebunden sind, sowie Aufsichtskräfte im manuellen Bereich und abhängig Beschäftigte mit manueller Tätigkeit.
VIIa-b	*Un- und angelernte Arbeiter sowie Landarbeiter:* Dieser Klasse zugeordnet werden alle un- und angelernten Berufe aus dem manuellen Bereich, einige Dienstleistungstätigkeiten mit weitergehend manuellen Charakter und geringem Anforderungsniveau, ferner alle Arbeiter, gelernt oder ungelernt, in der Land-, Forst- und Fischwirtschaft sowie der Jagd.

Quelle: Bos, Bonsen et al., 2007, Tabelle 7.6

Für deskriptive Analysen und in logistischen Regressionen werden in dieser Arbeit die EGP-Klassen verwendet, da diese sehr anschaulich sind. Für Pfadanalysen wird der ISEI eingesetzt, da diese Variable im Gegensatz zu den EGP-Klassen ordinales Skalenniveau besitzt.

Die Variablen aus dem Rational-Choice-Modell

Für das Rational-Choice-Modell (vgl. Kap. 2.3.1) werden vier Variablen benötigt, die aus dem Elternfragebogen (KESS 7) stammen:

Der antizipierte Bildungsertrag der höheren Schullaufbahn (U) wird über die Frage „Welchen Schulabschluss wünschen Sie sich für Ihr Kind?" (1 = Hauptschulabschluss, 2 = Realschulabschluss, 3 = Abitur) gemessen. Es wird angenommen, dass eine hohe Bildungsaspiration der Eltern ein Anzeichen dafür ist, dass in einem guten Schulabschluss ein ökonomischer Nutzen gesehen wird.

Der Statusverlust (SV), der bei Verzicht einer Gymnasiallaufbahn droht, wird über die Frage ermittelt, ob die Eltern Abitur haben oder nicht (1 = höchster Bildungsabschluss im Haushalt mindestens Abitur, 0 = alle übrigen Fälle).

Die Kosten der höheren Schullaufbahn (C) werden mit Hilfe des jährlichen Haushalts-Brutto-Einkommens gemessen (acht Stufen von ‚unter 10.000 Euro' bis ‚70.000 oder mehr'). Da die absoluten Kosten für alle Kinder etwa gleich groß sein sollten, wird angenommen, dass diese Kosten für Familien mit einem geringeren Einkommen eine größere Belastung darstellen.

Die Einschätzung der Wahrscheinlichkeit, dass die höhere Schullaufbahn erfolgreich abgeschlossen wird (p), wurde explizit mit der Frage erhoben „Für wie wahrscheinlich halten Sie es, dass Ihr Kind aufgrund seiner bisherigen schulischen Entwicklung problemlos das Abitur erreichen kann?" (vier Stufen von ‚unwahrscheinlich' bis ‚sehr wahrscheinlich').

6.2.2 Die Datensätze

An KESS 4 nahmen 263 Grundschulen mit 638 Klassen und 14.110 Schülerinnen und Schülern teil. An KESS 7 haben sich 14.200 Schülerinnen und Schüler aus 172 Schulen beteiligt. Für 11.398 Kinder, die an KESS 7 teilgenommen haben, lassen sich die zugehörigen Daten aus KESS 4 zuordnen.

Für die deskriptiven Analysen in dieser Arbeit (vgl. Kap. 7.1 und Kap. 7.2) werden alle Schülerinnen und Schüler berücksichtigt, für die Angaben zur Übergangsempfehlung der Grundschule sowie zu den besuchten Schulformen in der fünften, sechsten und siebten Klassenstufe vorliegen. Da diese Informationen mit Hilfe der Schülerteilnahmelisten erhoben wurden, weisen sie nur sehr wenige fehlende Werte auf. Es können somit die meisten Schülerinnen und Schüler berücksichtigt werden, die sowohl an KESS 4 als auch KESS 7 teilgenommen haben, und zwar insgesamt 10.913.

Die Analysen zum Zusammenhang zwischen der besuchten Schulform und den Hintergrundmerkmalen der Schülerinnen und Schüler (Kap. 7.3) wurden mit einem etwas reduzierten Datensatz gerechnet. Da die kooperative Gesamtschule in Hamburg nur eine sehr geringe Rolle spielt, wurden Schülerinnen und Schüler, die zwischen der fünften und siebten Klasse zu einem beliebigen Zeitpunkt diese Schulform besucht haben, ausgeschlossen. Es verbleibt ein Datensatz mit 10.598 Schülerinnen und Schülern.

Dieser Datensatz stellt auch die Ausgangsbasis für alle vertiefenden Analysen ab Kapitel 7.4 dar. Je nach Fragestellung werden allerdings nur Teildatensätze verwendet. Beispielsweise werden für Analysen zur Schulformentscheidung an Haupt- und Realschulen alle Schülerinnen und Schüler aus den Analysen ausgeschlossen, die in der sechsten Jahrgangsstufe keine Haupt- und Realschule besucht haben.

Da in sämtlichen Analysen nur diejenigen Schülerinnen und Schüler berücksichtigt werden, die sowohl an KESS 4 als auch an KESS 7 teilgenommen haben, können einige Kinder dieser Jahrgangsstufen nicht berücksichtigt werden. Dies gilt beispielsweise für Schülerinnen und Schüler, die an KESS 4 teilgenommen haben und danach die Zielpopulation durch eine Klassenwiederholung verlassen haben, sowie für Kinder, die erst in der Sekundarstufe durch eine Klassenwiederholung in die Zielpopulation gekommen sind.

6.2.3 Der Umgang mit fehlenden Werten

Angaben zu der Schullaufbahnempfehlung der Grundschule und zu den besuchten Schulformen in den Klassenstufen fünf, sechs und sieben liegen vollständig vor (vgl. Kap. 6.2.2). Die übrigen Variablen weisen in unterschiedlichem Umfang fehlende Werte auf. Für die komplexeren Modelle wurden daher die fehlenden Daten mit Hilfe der Software NORM 2.03[22] sowohl mehrfach (*multiple imputation*) als auch einfach (*single imputation*) modellbasiert geschätzt. Dabei wird postuliert, dass die fehlenden Informationen latent in den vorhandenen Angaben sowie in der Nicht-Beantwortung von Fragen enthalten sind. Die Variablen, für die fehlende Werte ersetzt werden sollen und gegebenenfalls weitere Variablen, die einen Zusammenhang mit den unvollständigen Variablen aufweisen, bilden das sogenannte Imputationsmodell, dessen Parameter bestimmt werden müssen, um die fehlenden Daten ersetzen zu können. Dies erfolgt bei NORM mit Hilfe des von Dempster, Laird und Rubin (1977) entwickelten EM-Algorithmus (*expectation maximization*), der zu den ML-Verfahren (*maximum likelihood*) gehört. In einem iterativen Prozess werden dabei die Modellparameter geschätzt (Schafer & Olsen, 1998). Mit diesen Parametern lassen sich die fehlenden Werte ersetzen (*single imputation*).

Wie alle Verfahren zur einfachen Ersetzung von fehlenden Werten hat allerdings auch dieses Vorgehen den Nachteil, dass die Varianz in den Daten systematisch unterschätzt wird:

> A key problem with all the approaches (...) is that inferences about parameters based on the filled-in data do not account for imputation uncertainty.

---

22 http://www.stat.psu.edu/~jls/misoftwa.html

Thus standard errors computed from the filled-in data are systematically un-
derestimated, P values of tests are too small and confidence intervals are too
narrow. (Little & Rubin, 2002, S. 72)

Rubin (1987) schlägt zur Lösung dieses Problems die mehrfache Ersetzung von
fehlenden Daten (*multiple imputation*) vor. Dabei wird jeder fehlende Wert
durch einen Vektor aus m imputierten Werten ersetzt (m ≥ 2; üblicherweise
m = 5). In der Praxis werden bei diesem Verfahren m vollständige Datensätze
erzeugt. Sämtliche Analysen werden dann mit jedem der Datensätze einzeln
durchgeführt und mit Hilfe der von Rubin entwickelten Formeln zusammengefasst (vgl. auch Schafer, 1997).

Die Statistiken für jeden der m Datensätze ergeben sich aus den beobachteten Werten (Y_{obs}) und den jeweils ersetzten Werten (Y_{mis}). Für t = 1, 2, ..., m
ergeben sich für einen Punktschätzer $\hat{Q}^{(t)}$ (z.B. Mittelwert) und den zugehörigen
Standardfehler $U^{(t)}$:

$$\hat{Q}^{(t)} = \hat{Q}(Y_{obs}, Y_{mis}^{(t)}) \tag{6.01}$$

$$U^{(t)} = U(Y_{obs}, Y_{mis}^{(t)}) \tag{6.02}$$

Das arithmetische Mittel der m Punktschätzer ergibt die gewünschte Gesamtsta-
tistik $\overline{Q}$:

$$\overline{Q} = \frac{1}{m} \sum_{t=1}^{m} \hat{Q}^{(t)} \tag{6.03}$$

Der Gesamtstandardfehler setzt sich aus der *within-imputation variance*
(*sampling variance*) $\overline{U}$ und der *between-imputation variance* (*imputation variance*) B zusammen. Erstere ergibt sich über das arithmetische Mittel aus den m
Standardfehlern:

$$\overline{U} = \frac{1}{m} \sum_{t=1}^{m} U^{(t)} \tag{6.04}$$

Letztere ist die Varianz der m Punktschätzer:

$$B = \frac{1}{m-1} \sum_{t=1}^{m} (\hat{Q}^{(t)} - \overline{Q})^2 \tag{6.05}$$

The variation among the m imputations reflects the uncertainty with which
the missing values can be predicted from the observed ones. (Schafer & Olsen, 1998, S. 547)

Within-imputation und *between-imputation variance* werden nach folgender Formel zusammengefasst:

$$T = \overline{U} + (1 + m^{-1})B \qquad (6.06)$$

Der Gesamtstandardfehler ergibt sich dann als Wurzel aus T.

Die Stärke der *multiple imputation* ist die Möglichkeit, die Unsicherheit, die durch die fehlenden Daten erzeugt wird, abschätzen zu können und so robustere Schätzungen für die Standardfehler zu gewinnen (Schafer & Graham, 2002). Wie groß das Ausmaß dieser Unsicherheit ist, ergibt sich nach Rubin (1987) über den relativen Anstieg in den Standardfehlern auf Grund von fehlenden Werten r:

$$r = \frac{(1 + m^{-1})B}{\overline{U}} \qquad (6.07)$$

Wenn der Wert r entsprechend klein ist, bedeutet dies, dass die systematische Unterschätzung der Standardfehler im Falle der *single imputation* vernachlässigt werden kann (Schafer, 1999). Da dies bei den vorliegenden Daten der Fall ist, werden alle Analysen mit einem einzigen vollständigen Datensatz durchgeführt.

6.3   Die multivariaten Methoden

Bei der Auswahl der geeigneten Methoden für die geplanten Analysen ist zu beachten, dass es sich bei den abhängigen Variablen um dichotome (z.B. die Entscheidung für oder gegen den Abgang vom Gymnasium) beziehungsweise nominale (z.B. besuchte Schulform zu einem bestimmten Zeitpunkt) Items handelt. Zwei multivariate Verfahren, die beide bereits bei der Analyse von Bildungsentscheidungen zum Einsatz gekommen sind, bieten sich in solchen Fällen an: logistische Regressionen und Pfadanalysen (Arnold et al., 2007; Becker, 2000; Bos et al., 2004; Pietsch & Stubbe, 2007; Schneider, 2004; Stubbe & Bos, 2008).

6.3.1   Logistische Regressionen

Um den Zusammenhang zwischen einer dichotomen abhängigen Variable und einer nominalen (oder ordinalen) unabhängigen Variable zu untersuchen, werden in dieser Arbeit binomiale logistische Regressionen durchgeführt. Entsprechend werden multinomiale logistische Regressionen zur Modellierung des Zusammenhangs zwischen einem Hintergrundmerkmal und einer nominalen abhängigen Variable genutzt. Die Berechnungen werden mit SPSS 14.0 durchgeführt. Die folgenden Ausführungen basieren auf den Büchern von Long (1997) und Urban (1993) sowie auf dem entsprechenden Kapitel aus dem Lehrbuch von Moore und McCabe (2006).

Bei der linearen Regression wird die abhängige (metrische) Variable Y für den Fall i als Summe aus einer Konstanten β_0 (*intercept*), dem Produkt aus dem Steigungskoeffizienten β_1 (*slope*) und der Ausprägung der unabhängigen Variable X für den Fall i sowie einem Fehlerterm r_i beschrieben:

$$Y_i = \beta_0 + \beta_1 X_i + r_i \qquad (6.08)$$

Die Grundannahme der logistischen Regression ist, dass ein Ereignis bei bestimmten Ausprägungen der unabhängigen Variablen eintritt und bei anderen Ausprägungen nicht. Da es sich jedoch nicht um ein deterministisches Modell handelt, wird davon ausgegangen, dass ein Zusammenhang zwischen den unabhängigen Variablen und der Eintrittswahrscheinlichkeit des Ereignisses besteht. Ausgehend von Gleichung 6.08 ließe sich die Wahrscheinlichkeit, dass ein bestimmtes Ereignis eintritt, ebenfalls als Funktion von X beschreiben:[23]

$$p_i = \beta_0 + \beta_1 X_i \qquad (6.09)$$

Diese Gleichung verletzt allerdings für extreme Werte von X unter Umständen die Bedingung:

$$0 \le p \le 1 \qquad (6.10)$$

Daher wird bei der logistischen Regression statt der Wahrscheinlichkeit der natürliche Logarithmus des Quotienten aus Wahrscheinlichkeit und Gegenwahrscheinlichkeit (*log odds*)[24] als abhängige Variable genutzt:

$$\ln\left(\frac{p_i}{1-p_i}\right) = \beta_0 + \beta_1 X_i \qquad (6.11)$$

Tabelle 6.04 zeigt exemplarisch den Zusammenhang zwischen Wahrscheinlichkeit, *odds* und *log odds*. Ist die Wahrscheinlichkeit, dass ein Ereignis eintritt, ebenso groß wie die Wahrscheinlichkeit, dass das Ereignis nicht eintritt, sind die *odds* 1 (das heißt, die Chancen stehen 1:1) und die *log odds* folglich 0. Da die *log odds* Werte zwischen -∞ und +∞ annehmen können, ist die Gleichung 6.11 auch für extreme Werte von X definiert.

---

23 Aus Gründen der Übersichtlichkeit wird der Fehlerterm r_i im Folgenden weggelassen.
24 Der Quotient aus Wahrscheinlichkeit und Gegenwahrscheinlichkeit wird als *odds* bezeichnet. *Odds* werden üblicherweise als Brüche aus natürlichen Zahlen und nicht als Dezimalbrüche angegeben. So wird beispielsweise bei *odds* von 0,2 von einer Chance von 1:5 (sprich: „1 zu 5") gesprochen.

Tabelle 6.04:   Der Zusammenhang zwischen Wahrscheinlichkeiten, *odds* und *log odds*

Wahrscheinlichkeit p	odds p/(1-p)	log odds ln(p/(1-p))
0,01	1:99	-4,60
0,10	1:9	-2,20
0,25	1:3	-1,10
0,50	1:1	0,00
0,75	3:1	1,10
0,90	9:1	2,20
0,99	99:1	4,60

Die Schätzung der Parameter β_0 und β_1 soll exemplarisch für den Fall hergeleitet werden, dass auch X eine dichotome Variable ist (z.b. Mädchen und Jungen). Da X nur die Werte 1 und 0 annehmen kann, ergeben sich die beiden folgenden Gleichungen:

$$\ln\left(\frac{p_1}{1-p_1}\right) = \beta_0 + \beta_1$$

(6.12)

$$\ln\left(\frac{p_0}{1-p_0}\right) = \beta_0$$

(6.13)

Damit ergeben sich für *intercept* und *slope*:

$$b_0 = \ln\left(\frac{p_0}{1-p_0}\right)$$

(6.14)

$$b_1 = \ln\left(\frac{p_1}{1-p_1}\right) - \ln\left(\frac{p_0}{1-p_0}\right)$$

(6.15)

Der *slope* ist also die Differenz aus den *log odds* der Personen, bei denen X den Wert 1 hat, und den *log odds* der Personen, bei denen X den Wert 0 annimmt.

Da *odds* wenig anschaulich sind, wird häufig – so auch in dieser Arbeit – das Verhältnis zwischen zwei *odds* angegeben. Man spricht dann vom *odds ratio*, das sich wie folgt berechnen lässt:

$$\frac{\left(\dfrac{p_1}{1-p_1}\right)}{\left(\dfrac{p_0}{1-p_0}\right)} = e^{b_1}$$

(6.16)

Das *odds ratio* gibt an, wie viel mal so groß die Chance für das Eintreffen des Ereignisses für Personen, bei denen X den Wert 1 annimmt, im Vergleich zu Personen, bei denen X den Wert 0 annimmt, ist. *Odds ratios* lassen sich auch dann berechnen, wenn die abhängige Variable und/oder die unabhängige Variable mehr als zwei Ausprägungen aufweisen. In diesen Fällen muss jedoch jeweils eine Kategorie als Referenz ausgewählt werden. Ein *odds ratio* gibt dann an, wie viel mal so groß die Chance für das Eintreten eines bestimmten Ereignisses statt des Referenzereignisses in einer bestimmten Gruppe statt in der Referenzgruppe ist.

Die Modellgüte wird in dieser Arbeit mit Hilfe des Pseudo-R^2 nach McFadden bestimmt, das auch als *likelihood ratio index* bezeichnet wird. Wie beim Bestimmtheitsmaß R^2 der linearen Regression werden dabei Aussagen über den Anteil der erklärten Varianz gemacht. Zur Berechnung wird der Quotient aus der *Log-Likelihood* des vollständigen Modells LL_1 und der *Log-Likelihood* des Nullmodells (das heißt keine unabhängigen Variablen) LL_0 von 1 subtrahiert:

$$McFadden - R^2 = 1 - \frac{LL_1}{LL_0}$$

(6.17)

Verringert sich die *Log-Likelihood* durch die Berücksichtigung von erklärenden Variablen nur geringfügig, nimmt der Quotient einen Wert von knapp 1 und das McFadden-R^2 somit einen Wert von ungefähr 0 an. Da die Log-Likelihood praktisch nicht den Wert 0 annehmen kann, erreicht das McFaddens-R^2 selbst bei sehr guten Modellen nicht den Wert 1. Üblicherweise wird schon bei Werten von 0,2 bis 0,4 von einer guten Modellpassung gesprochen (Urban, 1993).

In dieser Arbeit handelt es sich bei den abhängigen Variablen um dichotome beziehungsweise nominale Variablen, die Angaben zur besuchten Schulform zu einem bestimmten Zeitpunkt beziehungsweise zu konkreten Bildungsentscheidungen machen. Es soll gezeigt werden, dass in unterschiedlichen Gruppen unterschiedliche Chancen für bestimmte Bildungsgangentscheidungen bestehen. Zum Teil werden weitere Hintergrundmerkmale (z.B. schulische Kompetenzen) in den Modellen kontrolliert (multiple logistische Regressionen). Die oben beschriebene Interpretation der *odds ratios* gilt dann unter Konstanthaltung der übrigen unabhängigen Variablen.

6.3.2 Pfadanalysen

Soll der Zusammenhang zwischen einer abhängigen Variable und verschiedenen unabhängigen Variablen gleichzeitig quantifiziert werden, werden in dieser Arbeit rekursive Pfadanalysen mit dem Programm Mplus 4.2 (Muthén & Muthén, 2006) durchgeführt. Dieses Verfahren erlaubt es, dass die abhängige Variable ordinales Skalenniveau besitzt oder dichotom ist. Darüber hinaus können Variablen gleichzeitig abhängig als auch unabhängig sein. Man spricht dann von Mediatoren. Pfadanalysen stellen einen Spezialfall von Strukturgleichungsmodellen dar, in denen es nur manifeste Variablen gibt. Die folgenden Ausführungen basieren auf den Büchern von Bollen (1989) und Reinecke (2005).

Die allgemeine Gleichung für Pfadmodelle lautet:

$$y = By + \Gamma x + \zeta \qquad (6.18)$$

mit:

B = m × m Koeffizientenmatrix
Γ = m × n Koeffizientenmatrix
y = m × 1 Vektor der endogenen Variablen
x = n × 1 Vektor der exogenen Variablen
ζ = m × 1 Vektor der Fehlerterme

und:

m = Anzahl der endogenen Variablen
n = Anzahl der exogenen Variablen

Für ein Pfadmodell mit einer abhängigen Variable (y_2 – z.B. Abgang vom Gymnasium), einem Mediator (y_1 – z.B. Schulnote) und vier Hintergrundmerkmalen (x_1 bis x_4) lautet die Gleichung (6.18) dann:

$$\begin{bmatrix} y_1 \\ y_2 \end{bmatrix} = \begin{bmatrix} 0 & 0 \\ \beta_{21} & 0 \end{bmatrix}\begin{bmatrix} y_1 \\ y_2 \end{bmatrix} + \begin{bmatrix} \gamma_{11} & \gamma_{12} & \gamma_{13} & \gamma_{14} \\ \gamma_{21} & \gamma_{22} & \gamma_{23} & \gamma_{24} \end{bmatrix}\begin{bmatrix} x_1 \\ x_2 \\ x_3 \\ x_4 \end{bmatrix} + \begin{bmatrix} \zeta_1 \\ \zeta_2 \end{bmatrix}$$

$$(6.18')$$

Da es in rekursiven Pfadmodellen keine direkte oder indirekte Rückwirkung zwischen zwei Variablen gibt, muss in der Matrix B nur die untere Dreiecksmatrix geschätzt werden.

Die Ergebnisse von Pfadanalysen werden in dieser Arbeit mit Hilfe von Pfaddiagrammen veranschaulicht. Berichtet werden jeweils die standardisierten Pfadkoeffizienten und die erklärte Varianz (R^2) der endogenen Variablen. Als Fitindizes für die Modellgüte werden jeweils der CFI (*Comparative-Fit-Index*), der TLI (*Tucker-Lewis-Index* bzw. *Non Normed Fit Index*) und der RMSEA

(*Root Mean Spuare Error of Approximation*) berichtet. Diese für die Bewertung von Strukturgleichungsmodellen entwickelten Indizes sind allerdings kaum als Gütemaße für Pfadmodelle geeignet, da letztere – abgesehen von dem Fall einer deutlichen Missspezifikation – einen (fast) perfekten Fit aufweisen (Reinecke, 2005). Die Relevanz der Modelle wird daher in dieser Arbeit danach beurteilt, wie viel Varianz der abhängigen Variable sie erklären.

7 Empirische Analysen

> *The statistical model knows if you lie.*
>
> Bengt O. Muthén[25]

Im Folgenden sollen die in Kapitel 5 formulierten Forschungsfragen mit Hilfe der Längsschnittsdaten aus KESS 4 und KESS 7 (vgl. Kap. 6) beantwortet werden. Dazu werden zunächst rein deskriptiv die Schülerzahlen an den einzelnen Schulformen in den ersten drei Jahren der Sekundarstufe I sowie die Veränderungen in der Verteilung auf die Schulformen dargestellt (Kap. 7.1). Darauf aufbauend werden die Schullaufbahnmuster, die in den Daten vorkommen, beschrieben und nach bestimmten Merkmalen gruppiert (Kap. 7.2). So soll zunächst ein Überblick über unterschiedliche Schullaufbahnen in Hamburg gewonnen werden, um anschließend häufig vorkommende Entscheidungen genauer betrachten zu können. In Kapitel 7.3 werden die Schülerschaften an den unterschiedlichen Schulformen hinsichtlich ihrer schulischen Kompetenzen, ihrer Schullaufbahnempfehlung aus der Grundschule, ihres Geschlechtes, ihres Migrationshintergrunds und ihrer sozialen Herkunft beschrieben. Darüber hinaus werden die Zugangschancen zu höheren Schulformen in Abhängigkeit von Geschlecht, Migrationshintergrund und sozialer Herkunft analysiert, um einen ersten Überblick über das Ausmaß herkunftsbedingter Disparitäten gewinnen zu können. Kapitel 7.4 beschäftigt sich mit einer für das Hamburger Schulsystem spezifischen Bildungsgangentscheidung, nämlich der Wahl einer Schulform am Ende der Beobachtungsstufe an Haupt- und Realschulen. Da an diesem Punkt der Schullaufbahn die Empfehlung der Lehrkräfte deutlich mehr Gewicht hat als der Elternwille, wird zunächst der Zusammenhang zwischen der Schullaufbahnempfehlung und ausgewählten Hintergrundvariablen untersucht. Anschließend wird geprüft, ob trotz strenger Vorgaben durch die Schulen sekundäre Herkunftseffekte bei der eigentlichen Schulformwahl feststellbar sind. Die Entscheidung für den vorzeitigen Abgang vom Gymnasium wird in Kapitel 7.5 analysiert. Dabei wird zunächst geprüft, inwieweit Abgänge auf Schulen, an denen das Abitur erworben werden kann (z.B. integrierte Gesamtschule) von Abgängen auf Schulen, an denen das Abitur keinen möglichen Abschluss darstellt, un-

---

25 Kommentar auf dem *Workshop on Latent Variable Modeling with Mplus by Bengt & Linda Muthén* in Florenz, Italien im September 2007.

terschieden werden müssen. Anschließend werden Abgänge vom Gymnasium (unabhängig von der aufnehmenden Schulform) am Ende der fünften Klasse, am Ende der sechsten Klasse, wenn sie freiwillig erfolgt sind, und am Ende der sechsten Klasse, wenn sie zwangsweise erfolgten (Umschulung), jeweils einzeln auf Variablen untersucht, die einen Zusammenhang mit der Abgangsentscheidung aufweisen. Schließlich erfolgt für alle freiwilligen Abgangsentscheidungen (unabhängig von der aufnehmenden Schulform und dem Zeitpunkt) eine empirische Überprüfung des in Kapitel 2.3 formulierten Rational-Choice-Modells. Neben den bereits beschriebenen Bildungsgangentscheidungen gibt es an Hamburger Schulen während der Beobachtungsstufe noch zwei weitere Typen von Schulformwechseln, die häufig genug vorkommen, um empirisch beschrieben zu werden: den Aufstieg von einer Haupt- und Realschule auf das Gymnasium am Ende der sechsten Klasse und der Wechsel von einer Haupt- und Realschule auf eine integrierte Gesamtschule. Diese beiden Entscheidungen werden in Kapitel 7.6 näher untersucht.

7.1 Schülerinnen und Schüler auf den einzelnen Schulformen im zeitlichen Verlauf

Bevor vertiefende Analysen mit den vorliegenden Daten gerechnet werden, sollen zunächst einige deskriptive Befunde referiert werden. Dabei werden vier Variablen berücksichtigt: die Schullaufbahnempfehlung der Grundschule sowie die besuchte Schulform in der fünften, sechsten und siebten Jahrgangsstufe.

Tabelle 7.01:   Schullaufbahnempfehlungen am Ende der Grundschulzeit

		Häufigkeit	Prozent
Hauptschule / Realschule / Gesamtschule	(HS / RS / GS)	6680	61,2%
Gymnasium / Gesamtschule	(GYM / GS)	4233	38,8%
	Gesamt	10913	100,0%

Wie Tabelle 7.01 zu entnehmen ist, haben 61,2 Prozent der Grundschülerinnen und Grundschüler eine Empfehlung für eine Haupt-, Real- oder Gesamtschule und 38,8 Prozent eine Empfehlung für ein Gymnasium oder eine Gesamtschule erhalten. In der vollständigen KESS-4-Population liegen diese Werte bei 63,1 und 36,9 Prozent (Pietsch, 2007). Im hier verwendeten Datensatz zeigt sich also

eine leichte Verschiebung zu Gunsten der Gymnasialempfehlungen. Der Haupt-
grund hierfür dürfte die Tatsache sein, dass Kinder mit einer Empfehlung für die
Haupt- und Realschule in den Jahrgangsstufen 5 und 6 mit größerer Wahrscheinlichkeit eine Klasse wiederholen müssen und in den hier vorliegenden Daten somit nicht berücksichtigt werden (vgl. Kapitel 6.2.2).

Tabelle 7.02:   Besuchte Schulformen in den Jahrgangsstufen 5 und 6

	Jahrgangsstufe 5		Jahrgangsstufe 6	
	Häufigkeit	Prozent	Häufigkeit	Prozent
Haupt- und Realschule (HRS)	2689	24,6%	2793	25,6%
Kooperative Gesamtschule (KGS)	301	2,8%	300	2,7%
Integrierte Gesamtschule (IGS)	3095	28,4%	3201	29,3%
Gymnasium (GYM)	4828	44,2%	4619	42,3%
Gesamt	10913	100,0%	10913	100,0%

Tabelle 7.02 zeigt die Verteilung der Kinder auf die einzelnen Schulformen in
der fünften und sechsten Jahrgangsstufe. Die mit Abstand größte Gruppe bilden
die Gymnasiastinnen und Gymnasiasten, gefolgt von den Schülerinnen und
Schülern an integrierten Gesamtschulen und Haupt- und Realschulen. Kooperative Gesamtschulen werden in der Beobachtungsstufe von weniger als 3 Prozent
der Kinder besucht. Beim Übergang von der fünften in die sechste Jahrgangsstufe verlieren die Gymnasien Schüler, während die Haupt- und Realschulen sowie
die integrierten Gesamtschulen Schüler hinzugewinnen können. Die Anzahl der
Kinder auf kooperativen Gesamtschulen bleibt praktisch konstant.

Einige der Besonderheiten des Hamburger Schulsystems (vgl. Kap. 4) führen dazu, dass sich in der siebten Jahrgangsstufe mehr Schulformen unterscheiden lassen als in der fünften und sechsten Klasse. Die ehemaligen Haupt- und
Realschüler verteilen sich auf Hauptschulen, integrierte Haupt- und Realschulen,
Realschulen und sechsstufige Gymnasien. An kooperativen Gesamtschulen be-
ginnt mit der siebten Jahrgangsstufe die Aufteilung der Schülerinnen und Schüler in einen Hauptschul-, einen Realschul- und einen Gymnasialzweig. Da in den
vorliegenden Daten für 67 Kinder an kooperativen Gesamtschulen die Information fehlt, welchen Zweig sie besuchen, wurden diese in Tabelle 7.03 in einer
eigenen Kategorie zusammengefasst.

Tabelle 7.03:   Besuchte Schulformen in der Jahrgangsstufe 7

	Häufigkeit	Prozent
Hauptschule (HS)	998	9,1%
Integrierte Haupt- und Realschule (IHR)	451	4,1%
Realschule (RS)	1240	11,4%
Sechsstufiges Gymnasium (6-GYM)	116	1,1%
Hauptschulzweig an einer kooperativen Gesamtschule (KGS (HS))	40	0,4%
Realschulzweig an einer kooperativen Gesamtschule (KGS (RS))	140	1,3%
Gymnasialzweig an einer kooperativen Gesamtschule (KGS (GYM))	63	0,6%
Unbekannter Zweig an einer kooperativen Gesamtschule (KGS (?))	67	0,6%
Integrierte Gesamtschule (IGS)	3335	30,6%
Gymnasium (GYM)	4463	40,9%
Gesamt	10913	100,0%

Gymnasien und integrierte Gesamtschulen werden zusammen auch in der siebten Jahrgangsstufe von mehr als zwei Dritteln der Hamburger Schülerinnen und Schüler besucht. Jeweils etwa 10 Prozent der Kinder gehen auf eine Haupt- beziehungsweise eine Realschule, und nur 1,1 Prozent entscheiden sich für ein sechsstufiges Gymnasium. Wie schon beim Übergang von der fünften in die sechste Jahrgangsstufe verlieren die Gymnasien am Ende der Beobachtungsstufe Schüler, während die integrierten Gesamtschulen hinzugewinnen können.

Bislang lässt sich festhalten, dass die Hamburger Gymnasien in den ersten beiden Jahren der Sekundarstufe Schülerinnen und Schüler verlieren, während die anderen Schulformen einen Zuwachs verzeichnen können. Es lässt sich jedoch noch keine Aussage über das tatsächliche Wechselverhalten machen, zum Beispiel ob Gymnasien nur Abgänge zu verzeichnen haben oder ob Abgänge nur häufiger als Zugänge sind. Daher soll im nächsten Schritt für die einzelnen Übergangspunkte die besuchte Schulform nach dem Übergang in Abhängigkeit von der besuchten Schulform vor dem Übergang dargestellt werden. Tabelle 7.04 zeigt zunächst den Zusammenhang zwischen der Grundschulempfehlung und der tatsächlichen Schulformentscheidung in der 5. Klasse.

90,5 Prozent der Gymnasialempfohlenen besuchen in der fünften Klasse ein Gymnasium. Von den Kindern mit einer Empfehlung für die Haupt- und Realschule wechseln hingegen nur 39,4 Prozent auf eine Haupt- und Realschule,

41,8 Prozent auf eine integrierten Gesamtschule und immerhin 15,0 Prozent auf ein Gymnasium.

Tabelle 7.04: Zusammenhang zwischen Schullaufbahnempfehlung und besuchter Schulform in der Jahrgangsstufe 5

| | Besuchte Schulform in der 5. Jahrgangsstufe | | | |
	HRS	KGS	IGS	GYM
Übergangsempfehlung für HS/RS/GS				
Anzahl	2631	261	2789	999
Zeilenprozent	39,4%	3,9%	41,8%	15,0%
Spaltenprozent	97,8%	86,7%	90,1%	20,7%
Übergangsempfehlung für GYM/GS				
Anzahl	58	40	306	3829
Zeilenprozent	1,4%	0,9%	7,2%	90,5%
Spaltenprozent	2,2%	13,3%	9,9%	79,3%

Interessant ist in diesem Zusammenhang auch die Zusammensetzung der Schülerschaft an den einzelnen Schulformen, weshalb in Tabelle 7.04 auch die Spaltenprozent angegeben sind. 90,1 Prozent der Schülerinnen und Schüler an integrierten Gesamtschulen und 86,7 Prozent an kooperativen Gesamtschulen haben eine Haupt- und Realschulempfehlung. An den Haupt- und Realschulen sind es sogar 97,8 Prozent. Im Gegensatz dazu weisen nur 79,3 Prozent der Schülerinnen und Schüler an den Gymnasien eine Empfehlung für diese Schulform auf.

Beim Übergang von der fünften in die sechste Klassenstufe finden nur relativ wenige Schulformwechsel statt (vgl. Tab. 7.05). Abgesehen von den Gymnasien bleiben jeweils mehr als 99 Prozent der Schülerinnen und Schüler auf ihrer bisherigen Schulform. 21 Kinder wechseln von einer Haupt- und Realschule auf eine integrierte Gesamtschule, während es umgekehrt 11 Kinder sind. 213 Schülerinnen und Schüler verlassen nach der fünften Klasse das Gymnasium und wechseln zu etwa gleichen Teilen auf Haupt- und Realschulen beziehungsweise auf integrierte Gesamtschulen. Den Aufstieg aufs Gymnasium schaffen nur vier Kinder – zwei aus Haupt- und Realschulen und zwei aus integrierten Gesamtschulen.

An den Gesamtschulen bietet sich beim Übergang von der sechsten in die siebte Klasse ein ähnliches Bild wie im vorangegangenen Schuljahr, denn wiederum bleiben mindestens 99 Prozent ihrer Schulform treu (vgl. Tab. 7.06). Von

Tabelle 7.05: Schulformwechsel beim Übergang von der fünften in die sechste Jahrgangsstufe

| | | | Besuchte Schulform in der 6. Jahrgangsstufe | | | |
			HRS	KGS	IGS	GYM
	HRS	Anzahl	2666	0	21	2
		Zeilenprozent	99,1%	0,0%	0,8%	0,1%
	KGS	Anzahl	1	299	1	0
		Zeilenprozent	0,3%	99,3%	0,3%	0,0%
	IGS	Anzahl	11	0	3082	2
		Zeilenprozent	0,4%	0,0%	99,6%	0,1%
	GYM	Anzahl	115	1	97	4615
		Zeilenprozent	2,4%	0,0%	2,0%	95,6%

Besuchte Schulform in der 5. Jahrgangsstufe

Tabelle 7.06: Schulformwechsel beim Übergang von der sechsten in die siebte Jahrgangsstufe

| | | Besuchte Schulform in der 7. Jahrgangsstufe | | | | | | | | | |
		HS	IHR	RS	6-GYM	KGS (HS)	KGS (RS)	KGS (GYM)	KGS (?)	IGS	GYM
	HRS Anzahl	983	438	1135	112	0	1	1	0	45	78
	Zeilenprozent	35,2%	15,7%	40,6%	4,0%	0,0%	0,0%	0,0%	0,0%	1,6%	2,8%
	KGS Anzahl	0	0	0	1	40	133	58	66	2	0
	Zeilenprozent	0,0%	0,0%	0,0%	0,3%	13,3%	44,3%	19,3%	22,0%	0,7%	0,0%
	IGS Anzahl	7	3	6	1	0	1	2	0	3178	3
	Zeilenprozent	0,2%	0,1%	0,2%	0,0%	0,0%	0,0%	0,1%	0,0%	99,3%	0,1%
	GYM Anzahl	8	10	99	2	0	5	2	1	110	4382
	Zeilenprozent	0,2%	0,2%	2,1%	0,0%	0,0%	0,1%	0,0%	0,0%	2,4%	94,9%

Besuchte Schulform in der 6. Jahrgangsstufe

den Gymnasiastinnen und Gymnasiasten verlassen 5,1 Prozent ihre Schulform beim Übergang in die siebte Jahrgangsstufe – zu etwa gleichen Teilen in Richtung integrierte Gesamtschule beziehungsweise Realschule. Von Haupt- und Realschulen wechseln 2,8 Prozent der Schülerinnen und Schüler an ein Gymnasium und 1,6 Prozent an eine integrierte Gesamtschule. Weitere 4,0 Prozent entscheiden sich dafür, ab der siebten Jahrgangsstufe ein sechsstufiges Gymnasium zu besuchen.

Zusammenfassend lässt sich festhalten, dass Kinder, die sich nach der Grundschule für eine (integrierte oder kooperative) Gesamtschule entschieden haben, diese Entscheidung nachträglich so gut wie nie revidieren. Während Wechsel auf eine kooperative Gesamtschule extrem selten sind, entscheiden sich zahlreiche Schülerinnen und Schüler an Haupt- und Realschulen und insbesondere an Gymnasien, während der Beobachtungsstufe auf eine integrierte Gesamtschule zu wechseln. Das Gymnasium ist die einzige Schulform, die in größerem Umfang Schülerinnen und Schüler verliert, und zwar zum Ende der fünften und sechsten Jahrgangsstufe jeweils etwa fünf Prozent. Aufstiege auf das Gymnasium finden praktisch nur am Ende der Beobachtungsstufe von Haupt- und Realschulen statt.

7.2   Muster der Schulformwechsel

Unter Schulformwechselmustern soll die Kombination der in den unterschiedlichen Klassenstufen besuchten Schulformen verstanden werden. In der fünften und sechsten Jahrgangsstufe können jeweils vier und in der siebten Jahrgangsstufe zehn Schulformen unterschieden werden, so dass 160 Schulformwechselmuster (4x4x10) unterschieden werden können. Da zusätzlich auch die Schullaufbahnempfehlung der Grundschullehrkräfte berücksichtigt werden soll, sind sogar 320 Kombinationen möglich. In den vorliegenden Daten kommen allerdings nur 70 dieser Muster vor. Diese wurden je nach Art der Entscheidung in sechs Gruppen eingeteilt, wobei ein Muster auch mehreren Gruppen zugeordnet werden kann. In den folgenden sechs Tabellen sind jeweils die Übergangsempfehlung der Grundschullehrer, die tatsächlich besuchte Schulform in der fünften, sechsten und siebten Jahrgangsstufe und die Häufigkeit des jeweiligen Musters (absolut und in Prozent des Gesamtdatensatzes) angegeben. Außerdem wurde jedem Muster eine Ordnungsnummer zugewiesen.

7.2.1 Entscheidungsfreie Schullaufbahnen

Lediglich vier Muster weisen keinerlei Schulformwechsel auf (vgl. Tab. 7.07). 4.378 Kinder (40,1 %) besuchen von der fünften bis zur siebten Klassen durchgängig das Gymnasium. Ebenfalls durchgängig von der fünften bis zur siebten Klasse besuchen 3.059 (28,0 %) Schülerinnen und Schüler eine integrierte Gesamtschule.

Tabelle 7.07:　Schulformwechselmuster: Entscheidungsfreie Schullaufbahnen

#	Übergangs-empfehlung	Schulform in der 5. Klasse	Schulform in der 6. Klasse	Schulform in der 7. Klasse	Häufigkeit	Anteil in Prozent
1	GYM/GS	GYM	GYM	GYM	3671	33,6%
2	HS/RS/GS	GYM	GYM	GYM	707	6,5%
3	HS/RS/GS	IGS	IGS	IGS	2757	25,3%
4	GYM/GS	IGS	IGS	IGS	302	2,8%

Insgesamt weisen also 7.437 Schülerinnen und Schüler (68,1 %) eine im vorliegenden Zeitrahmen „entscheidungsfreie" Schullaufbahn auf. In den späteren Analysen muss allerdings beachtet werden, dass – analytisch betrachtet – auch in diesen Fällen eine Entscheidung vorliegt, nämlich die (in den meisten Fällen unbewusste) Entscheidung gegen einen Schulformwechsel. Gleichzeitig bedeutet dies, dass die übrigen 3.476 Kinder (31,9 %) – beziehungsweise deren Familien – bis zum Beginn der siebten Jahrgangsstufe entweder eine bewusste Entscheidung für einen Schulformwechsel getroffen haben oder an einen Punkt gelangt sind, an dem sie (ähnlich wie zum Ende der Grundschulzeit) zwangsläufig eine Entscheidung für eine bestimmte Schulform treffen mussten.

7.2.2 Die Bildungsgangentscheidung an kooperativen Gesamtschulen

296 Schülerinnen und Schüler (2,7 %) besuchen von der fünften bis zur siebten Jahrgangsstufe durchgängig eine kooperative Gesamtschule (vgl. Tab. 7.08). Eine Entscheidung muss an dieser Schulform zwangsläufig am Ende der Beobachtungsstufe getroffen werden, wenn die Kinder auf drei unterschiedliche Zweige verteilt werden. Ein weiterer Schüler ist von dieser Entscheidung betroffen, nachdem er in der fünften Klasse zunächst ein Gymnasium besucht hat und in der sechsten Klasse auf eine kooperative Gesamtschule gewechselt ist.

Tabelle 7.08: Schulformwechselmuster: Die Bildungsgangentscheidung an kooperativen
Gesamtschulen

#	Übergangs-empfehlung	Schulform in der 5. Klasse		Schulform in der 6. Klasse		Schulform in der 7. Klasse	Häufigkeit	Anteil in Prozent
5	HS/RS/GS	KGS		KGS	⇒	KGS (RS)	127	1,2%
6	HS/RS/GS	KGS		KGS	⇒	KGS (?)	58	0,5%
7	HS/RS/GS	KGS		KGS	⇒	KGS (HS)	38	0,3%
8	HS/RS/GS	KGS		KGS	⇒	KGS (GYM)	33	0,3%
9	GYM/GS	KGS		KGS	⇒	KGS (GYM)	25	0,2%
10	GYM/GS	KGS		KGS	⇒	KGS (?)	8	0,1%
11	GYM/GS	KGS		KGS	⇒	KGS (RS)	5	0,0%
12	GYM/GS	KGS		KGS	⇒	KGS (HS)	2	0,0%
13*	GYM/GS	GYM	⇒	KGS	⇒	KGS (RS)	1	0,0%

* Das Muster 13 findet sich auch in Tabelle 6.10.

7.2.3 Die Bildungsgangentscheidung an Haupt- und Realschulen

In Hamburg werden Haupt- und Realschüler in der Beobachtungsstufe gemein-sam unterrichtet. Erst beim Übergang in die siebte Jahrgangsstufe erfolgt an den meisten Schulen die Aufteilung in einen Hauptschulzweig und einen Realschul-zweig. Einige Haupt- und Realschulen werden allerdings auch nach der sechsten Klasse integriert geführt. Zusätzlich besteht für einige der Schülerinnen und Schüler die Möglichkeit, nach der Beobachtungsstufe auf ein sechsstufiges Gymnasium zu wechseln (vgl. Kap. 4.3).

2.541 Schülerinnen und Schüler (23,3 %) besuchen während der Beobach-tungsstufe durchgehend eine Haupt- und Realschule. Von ihnen wechseln in der siebten Klasse 37,4 Prozent auf eine Hauptschule, 41,8 Prozent auf eine Real-schule und 4,2 Prozent auf ein sechsstufiges Gymnasium. 16,6 Prozent besuchen auch nach der Beobachtungsstufe eine integrierte Haupt- und Realschule (vgl. Tab. 7.09). 50 dieser Kinder sind nach der Grundschule trotz Gymnasialempfeh-lung auf eine Haupt- und Realschule übergegangen. Von ihnen wechseln in der siebten Jahrgangsstufe 6,0 Prozent auf eine Hauptschule, 84,0 Prozent auf eine Realschule und 4,0 Prozent auf ein sechsstufiges Gymnasium.

127 Schülerinnen und Schüler (1,2 %), die am Ende der sechsten Jahr-gangsstufe vor einer regulären Bildungsgangsentscheidung an einer Haupt- und Realschule standen, haben bereits beim Übergang von der fünften in die sechste Klasse die Schulform gewechselt. 115 von ihnen haben zuvor ein Gymnasium besucht, und die restlichen 12 eine Gesamtschule (IGS: 11, KGS: 1). Von den Schülerinnen und Schülern, die nach der Grundschule zunächst auf ein Gymna-

sium gewechselt sind, besuchen in der siebten Jahrgangsstufe 20,0 Prozent eine Hauptschule, 64,3 Prozent eine Realschule und 3,5 Prozent ein sechsstufiges Gymnasium.

Tabelle 7.09:   Schulformwechselmuster: Die Bildungsgangentscheidung an Haupt- und Realschulen

#	Übergangs-empfehlung	Schulform in der 5. Klasse		Schulform in der 6. Klasse		Schulform in der 7. Klasse	Häufigkeit	Anteil in Prozent
14	HS/RS/GS	HRS		HRS	⇒	HS	948	8,7%
15	HS/RS/GS	HRS		HRS	⇒	IHR	419	3,8%
16	HS/RS/GS	HRS		HRS	⇒	RS	1019	9,3%
17	HS/RS/GS	HRS		HRS	⇒	6-GYM	105	1,0%
18	GYM/GS	HRS		HRS	⇒	HS	3	0,0%
19	GYM/GS	HRS		HRS	⇒	IHR	3	0,0%
20	GYM/GS	HRS		HRS	⇒	RS	42	0,4%
21	GYM/GS	HRS		HRS	⇒	6-GYM	2	0,0%
22*	HS/RS/GS	GYM	⇒	HRS	⇒	HS	18	0,2%
23*	HS/RS/GS	GYM	⇒	HRS	⇒	IHR	9	0,1%
24*	HS/RS/GS	GYM	⇒	HRS	⇒	RS	53	0,5%
25*	HS/RS/GS	GYM	⇒	HRS	⇒	6-GYM	2	0,0%
26*	GYM/GS	GYM	⇒	HRS	⇒	HS	5	0,0%
27*	GYM/GS	GYM	⇒	HRS	⇒	IHR	5	0,0%
28*	GYM/GS	GYM	⇒	HRS	⇒	RS	21	0,2%
29*	GYM/GS	GYM	⇒	HRS	⇒	6-GYM	2	0,0%
30**	HS/RS/GS	IGS	⇒	HRS	⇒	HS	8	0,1%
31**	HS/RS/GS	IGS	⇒	HRS	⇒	IHR	2	0,0%
32**	HS/RS/GS	IGS	⇒	HRS	⇒	6-GYM	1	0,0%
33**	HS/RS/GS	KGS	⇒	HRS	⇒	HS	1	0,0%

* Die Muster 22, 23, 24, 25, 26, 27, 28 und 29 finden sich auch in Tabelle 6.10.
** Die Muster 30, 31, 32 und 33 finden sich auch in Tabelle 6.12.

7.2.4   Die Entscheidung für den Abgang vom Gymnasium

Von den 4.828 Kindern, die sich nach der Grundschule für ein Gymnasium entschieden haben, verlässt fast jedes zehnte (450) diese Schulform bis zum Beginn der siebten Jahrgansstufe wieder (vgl. Tab. 7.10). Bereits nach einem Jahr wechseln 115 Gymnasiastinnen und Gymnasiasten auf eine Haupt- und Realschule und 97 auf eine integrierte Gesamtschule. Zum Ende der Beobachtungsstufe entscheiden sich 110 Kinder dafür, ihre Schullaufbahn an einer integrierten Gesamtschule fortzusetzen, während 119 Schülerinnen und Schüler auf eine aus den Haupt- und Realschulen hervorgegangene Schulform wechseln. 83,2 Prozent von ihnen entscheiden sich dabei für eine Realschule, und nur 1,7 Prozent für ein sechsstufiges Gymnasium. 9 Gymnasiastinnen und Gymnasiasten wechseln auf eine kooperative Gesamtschule, wobei diese Schulformwechsel mit einer Ausnahme zum Ende der Beobachtungsstufe stattfinden.

Tabelle 7.10: Schulformwechselmuster: Die Entscheidung für den Abgang vom Gymnasium

#	Übergangs-empfehlung	Schulform in der 5. Klasse		Schulform in der 6. Klasse		Schulform in der 7. Klasse	Häufigkeit	Prozent
34	HS/RS/GS	GYM		GYM	⇒	RS	54	0,5%
35	GYM/GS	GYM		GYM	⇒	RS	45	0,4%
36	HS/RS/GS	GYM		GYM	⇒	IHR	5	0,0%
37	GYM/GS	GYM		GYM	⇒	IHR	5	0,0%
38	HS/RS/GS	GYM		GYM	⇒	HS	6	0,1%
39	GYM/GS	GYM		GYM	⇒	HS	2	0,0%
40	HS/RS/GS	GYM		GYM	⇒	6-GYM	1	0,0%
41	GYM/GS	GYM		GYM	⇒	6-GYM	1	0,0%
24*	HS/RS/GS	GYM	⇒	HRS	⇒	RS	53	0,5%
28*	GYM/GS	GYM	⇒	HRS	⇒	RS	21	0,2%
23*	HS/RS/GS	GYM	⇒	HRS	⇒	IHR	9	0,1%
27*	GYM/GS	GYM	⇒	HRS	⇒	IHR	5	0,0%
22*	HS/RS/GS	GYM	⇒	HRS	⇒	HS	18	0,2%
26*	GYM/GS	GYM	⇒	HRS	⇒	HS	5	0,0%
25*	HS/RS/GS	GYM	⇒	HRS	⇒	6-GYM	2	0,0%
29*	GYM/GS	GYM	⇒	HRS	⇒	6-GYM	2	0,0%
42	HS/RS/GS	GYM		GYM	⇒	IGS	64	0,6%
43	GYM/GS	GYM		GYM	⇒	IGS	46	0,4%
44	HS/RS/GS	GYM	⇒	IGS		IGS	78	0,7%
45	GYM/GS	GYM	⇒	IGS		IGS	19	0,2%
46	GYM/GS	GYM		GYM	⇒	KGS (GYM)	2	0,0%
47	HS/RS/GS	GYM		GYM	⇒	KGS (RS)	2	0,0%
48	GYM/GS	GYM		GYM	⇒	KGS (RS)	3	0,0%
49	GYM/GS	GYM		GYM	⇒	KGS (?)	1	0,0%
13**	GYM/GS	GYM	⇒	KGS	⇒	KGS (RS)	1	0,0%

* Die Muster 22, 23, 24, 25, 26, 27. 28 und 29 finden sich auch in Tabelle 6.09.

** Das Muster 13 findet sich auch in Tabelle 6.08.

7.2.5 Die Entscheidung für den Aufstieg auf das Gymnasium

80 der 2.689 Kinder (3,0 %), deren Familien sich nach der Grundschule für eine Haupt- und Realschule entschieden haben, wechseln im Laufe der beiden fol-

genden Jahre auf ein Gymnasium (vgl. Tab. 7.11). Von den ursprünglich 3.095 Schülerinnen und Schülern an integrierten Gesamtschulen wechseln insgesamt nur fünf (0,2 %) auf ein Gymnasium.

Tabelle 7.11: Schulformwechselmuster: Die Entscheidung für den Aufstieg auf das Gymnasium

#	Übergangs- empfehlung	Schulform in der 5. Klasse		Schulform in der 6. Klasse		Schulform in der 7. Klasse	Häufigkeit	Anteil in Prozent
50	HS/RS/GS	HRS		HRS	⇒	GYM	72	0,7%
51	GYM/GS	HRS		HRS	⇒	GYM	6	0,1%
52	HS/RS/GS	HRS	⇒	GYM		GYM	2	0,0%
53	HS/RS/GS	IGS		IGS	⇒	GYM	2	0,0%
54	GYM/GS	IGS		IGS	⇒	GYM	1	0,0%
55	GYM/GS	IGS	⇒	GYM		GYM	2	0,0%

7.2.6 Sonstige Schulformwechselmuster

Schließlich weisen 104 Schülerinnen und Schüler ein Schulformwechselmuster auf, das in keine der beschriebenen Gruppen passt (vgl. Tab. 7.12). Das mit Abstand häufigste dieser sonstigen Muster ist der Wechsel von einer Haupt- und Realschule auf eine integrierte Gesamtschule. 45 Schülerinnen und Schüler treffen diese Entscheidung nach der sechsten und 21 bereits nach der fünften Klasse. Deutlich seltener ist mit 28 Fällen der umgekehrte Weg von einer integrierten Gesamtschule auf eine Haupt- und Realschule beziehungsweise auf eine Schulform, die nach der Beobachtungsstufe aus dieser hervorgegangen ist. Wechsel von beziehungsweise zu der kooperativen Form der Gesamtschule finden kaum statt.

7.3 Der Zusammenhang zwischen unterschiedlichen Hintergrundvariablen und der besuchten Schulform zu den verschiedenen Zeitpunkten

Nachdem in den vorangegangenen Abschnitten die Verteilung der Schülerinnen und Schüler auf die verschiedenen Schulformen und die unterschiedlichen Muster von Schulformwechseln beschrieben wurden, soll in diesem Kapitel der Zusammenhang zwischen der Chance, eine bestimmte Schulform zu besuchen, und unterschiedlichen Hintergrundvariablen auf bivariater Ebene untersucht werden.

Da die kooperative Gesamtschule in Hamburg nur eine sehr geringe Rolle spielt, bleiben Schülerinnen und Schüler, die zwischen der fünften und siebten Klasse irgendwann eine kooperative Gesamtschule besucht haben, in allen weiteren Analysen unberücksichtigt. Damit verringert sich die Stichprobe um 315 Schülerinnen und Schüler auf 10.598 (vgl. Kap. 6.2.2).

Tabelle 7.12:   Sonstige Schulformwechselmuster

#	Übergangs-empfehlung	Schulform in der 5. Klasse		Schulform in der 6. Klasse		Schulform in der 7. Klasse	Häufigkeit	Anteil in Prozent
56	HS/RS/GS	HRS		HRS	⇒	IGS	43	0,4%
57	GYM/GS	HRS		HRS	⇒	IGS	2	0,0%
58	HS/RS/GS	HRS	⇒	IGS		IGS	21	0,2%
59	HS/RS/GS	HRS		HRS	⇒	KGS (RS)	1	0,0%
60	HS/RS/GS	HRS		HRS	⇒	KGS (GYM)	1	0,0%
61	HS/RS/GS	IGS		IGS	⇒	6-GYM	1	0,0%
62	HS/RS/GS	IGS		IGS	⇒	RS	6	0,1%
63	HS/RS/GS	IGS		IGS	⇒	IHR	3	0,0%
64	HS/RS/GS	IGS		IGS	⇒	HS	7	0,1%
65	HS/RS/GS	IGS		IGS	⇒	KGS (RS)	1	0,0%
66	HS/RS/GS	IGS		IGS	⇒	KGS (GYM)	1	0,0%
67	GYM/GS	IGS		IGS	⇒	KGS (GYM)	1	0,0%
30*	HS/RS/GS	IGS	⇒	HRS	⇒	HS	8	0,1%
31*	HS/RS/GS	IGS	⇒	HRS	⇒	IHR	2	0,0%
32*	HS/RS/GS	IGS	⇒	HRS	⇒	6-GYM	1	0,0%
68	HS/RS/GS	KGS		KGS	⇒	6-GYM	1	0,0%
33*	HS/RS/GS	KGS	⇒	HRS	⇒	HS	1	0,0%
69	HS/RS/GS	KGS		KGS	⇒	IGS	2	0,0%
70	HS/RS/GS	KGS	⇒	IGS		IGS	1	0,0%

* Die Muster 30, 31, 32 und 33 finden sich auch in Tabelle 6.09.

7.3.1   Schulische Kompetenzen

Das wichtigste Kriterium für die Zuweisung von Schülerinnen und Schüler auf unterschiedliche Schulformen der Sekundarstufe sind die schulischen Leistungen der Kinder (Pietsch, 2007). Aus diesem Grund wird zunächst der Zusammenhang zwischen der besuchten Schulform und den Ergebnissen der in KESS eingesetzten Leistungstests betrachtet. Abbildung 7.01 zeigt differenziert für die unterschiedlichen Schulformen in der siebten Jahrgangsstufe die mittleren Kompetenzen für die einzelnen Domänen. Gymnasiastinnen und Gymnasiasten

Abbildung 7.01:   Testleistungen nach besuchter Schulform in der siebten Jahrgangsstufe

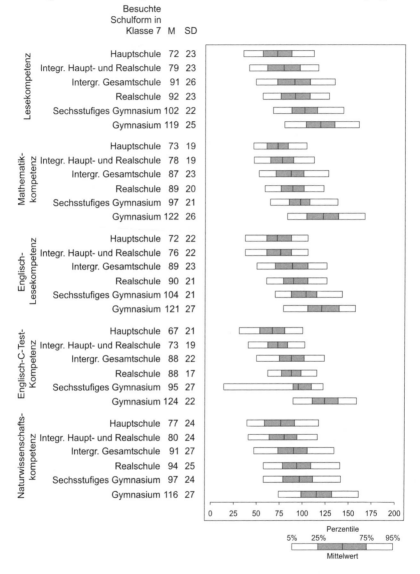

erbringen erwartungskonform deutlich höhere Leistungen als die Schülerinnen und Schüler an den übrigen Schulformen, wobei die achtstufige Form klar vor der sechsstufigen liegt. Realschulen und integrierte Gesamtschulen unterscheiden sich praktisch nicht in den mittleren Kompetenzen ihrer Schülerinnen und Schüler, und auch die Leistungsstreuung ist an Gesamtschulen nur geringfügig höher als an Realschulen. Die mittleren Kompetenzen der Kinder, die in der siebten Jahrgangsstufe eine integrierte Haupt- und Realschule besuchen, sind etwas größer als in reinen Hauptschulklassen.

Abbildung 7.02: Besuchte Schulform in der siebten Jahrgangsstufe nach kombinierter Lese- und Mathematikkompetenz

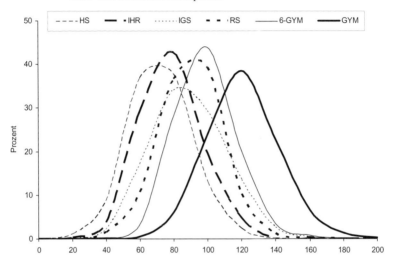

Auch wenn sich die einzelnen Schulformen in der mittleren Schulleistung ihrer Schülerinnen und Schüler zum Teil recht deutlich unterscheiden, zeigen sich dennoch erhebliche Überschneidungen in den erreichten Kompetenzen. Dies verdeutlicht Abbildung 7.02 für die kombinierte Lese- und Mathematikkompetenz[26]. Insbesondere Kinder im mittleren Leistungsbereich (80 bis 120 Punkte) sind von der Hauptschule bis zum Gymnasium an allen Schulformen anzutreffen. Auch im unteren Leistungsbereich (weniger als 60 Punkte) sind – abgesehen von den Gymnasien – alle Schulformen vertreten. Nur Kinder mit sehr hohen Kompetenzen (mehr als 140 Punkte) besuchen fast immer ein achtstufiges Gymnasium.

---

26 Die kombinierte Lese- und Mathematikkompetenz wird im Folgenden als Indikator für die schulischen Kompetenzen genutzt (vgl. Kap. 6.2.1).

7.3.2 Die Grundschulempfehlung

Eine Frage, die in der aktuellen Diskussion immer wieder auftaucht, ist die nach der prognostischen Qualität der Schullaufbahnempfehlung der Grundschullehrkräfte (vgl. Kap. 1.2 und Kap. 3.2). Da es in Hamburg nur zwei mögliche Grundschulempfehlungen gibt, bietet es sich an, die beiden Schülergruppen hinsichtlich der tatsächlich besuchten Schulform in der Sekundarstufe miteinander zu vergleichen.

In den Tabellen 7.13 und 7.14 ist für die beiden Gruppen dargestellt, welche Schulform die Kinder in der fünften, sechsten und siebten Jahrgangsstufe besucht haben. Schülerinnen und Schüler mit einer Empfehlung für Haupt- und Realschulen besuchen in der fünften Klasse zu etwa gleichen Teilen eine Haupt- und Realschule beziehungsweise eine integrierte Gesamtschule. Etwas mehr als 15 Prozent dieser Kinder wechseln trotz fehlender Empfehlung auf ein Gymnasium. Von den gymnasialempfohlenen Kindern entscheiden sich über 90 Prozent für diese Schulform und etwas mehr als sieben Prozent für eine integrierte Gesamtschule. Nur 58 Kinder (1,4 %) mit Gymnasialempfehlung besuchen in der fünften Klasse eine Haupt- und Realschule.

In beiden Gruppen nimmt der Anteil der Schülerinnen und Schüler, die ein Gymnasium besuchen, im Zeitverlauf ab, und der Anteil, der eine integrierte Gesamtschule besucht, zu. Bei den Kindern mit Gymnasialempfehlung nimmt der Anteil, der eine Haupt- und Realschule (bzw. eine der vier entsprechenden Schulformen in der siebten Jahrgangsstufe) besucht, im Zeitverlauf zu. In der anderen Gruppe kommt es in der sechsten Jahrgangsstufe zunächst zu einem Anstieg, in der siebten Jahrgangsstufe aber wieder zu einem leichten Rückgang des Anteils an Haupt- und Realschulen (bzw. einer der vier entsprechenden Schulformen in der siebten Jahrgangsstufe).

Kinder mit einer Empfehlung für das Gymnasium revidieren ihre nach der Grundschule getroffene Schulformentscheidung in etwa vier Prozent der Fälle. In der Gruppe der Schülerinnen und Schüler mit einer Empfehlung für die Haupt- und Realschule liegt dieser Wert bei sieben Prozent. Auch wenn man Abgänge vom Gymnasium, Aufstiege auf das Gymnasium und Wechsel zwischen anderen Schulformen getrennt untersucht, liegt der Anteil der Betroffenen bei den Kindern mit Haupt- und Realschulempfehlung jeweils über dem Wert für die gymnasialempfohlenen Schülerinnen und Schüler.

Tabelle 7.13: Kinder mit einer Empfehlung für Haupt- und Realschulen: Besuchte Schulform im Zeitverlauf

	HS	IHR	RS	6-GYM	IGS	GYM
Besuchte Schulform in der 5. Jahrgangsstufe						
Anzahl	2629				2787	997
Zeilenprozent	41,0%				43,5%	15,5%
Besuchte Schulform in der 6. Jahrgangsstufe						
Anzahl	2699				2875	839
Zeilenprozent	42,1%				44,8%	13,1%
Besuchte Schulform in der 7. Jahrgangsstufe						
Anzahl	987	438	1132	110	2963	783
Zeilenprozent	15,4%	6,8%	17,7%	1,7%	46,2%	12,2%

Tabelle 7.14: Kinder mit einer Empfehlung für das Gymnasium: Besuchte Schulform im Zeitverlauf

	HS	IHR	RS	6-GYM	IGS	GYM
Besuchte Schulform in der 5. Jahrgangsstufe						
Anzahl	58				305	3822
Zeilenprozent	1,4%				7,3%	91,3%
Besuchte Schulform in der 6. Jahrgangsstufe						
Anzahl	91				322	3772
Zeilenprozent	2,2%				7,7%	90,1%
Besuchte Schulform in der 7. Jahrgangsstufe						
Anzahl	10	13	108	5	369	3680
Zeilenprozent	0,2%	0,3%	2,6%	0,1%	8,8%	87,9%

Betrachtet man die Zusammensetzung der Schülerschaft an den unterschiedlichen Schulformen hinsichtlich der Grundschulempfehlung der Kinder (vgl. Tab. 7.15), stellt sich heraus, dass der Anteil der Kinder mit Gymnasialempfehlung an allen drei Schulformen im Zeitverlauf zunimmt.[27]

---

27 Dieses auf den ersten Blick überraschende Resultat lässt sich durch das Will-Rogers-Phänomen erklären. Wenn beispielsweise an einer Schule in einem Klassenraum nur Schülerinnen und Schüler und im Lehrerzimmer nur die Lehrkräfte sind, steigt das Durchschnittsalter in beiden Räumen an, wenn die jüngste Lehrkraft vom Lehrerzimmer in den Klassenraum wechselt (Dubben & Beck-Bornholdt, 2006). Auf diesen Fall übertragen bedeutet dies, die „Gymnasialempfehlungsquote" an Gymnasien ist hoch und an

Tabelle 7.15:   Anteil der gymnasialempfohlenen Kinder auf den unterschiedlichen Schul-
                 formen im Zeitverlauf

	HRS*	IGS	GYM
Anteil der gymnasialempfohlenen Kinder in der 5. Jahrgangsstufe	2,2%	9,9%	79,3%
Anteil der gymnasialempfohlenen Kinder in der 6. Jahrgangsstufe	3,3%	10,1%	81,8%
Anteil der gymnasialempfohlenen Kinder in der 7. Jahrgangsstufe	4,9%	11,1%	82,5%

* Für die 7. Jahrgangsstufe wurden HS, IHR, RS und 6-GYM zusammengefasst.

Aus diesen Zahlen lässt sich allerdings noch nicht die prognostische Qualität der
Grundschulempfehlungen ablesen. Dafür muss die Frage geklärt werden, ob
Kinder, die von ihrer Grundschule eine Empfehlung für ein Gymnasium erhalten
haben, eine höhere Chance haben, auf dieser Schulform erfolgreich zu sein, als
Kinder, denen eine entsprechende Empfehlung fehlt. Tabelle 7.16 zeigt für
Schülerinnen und Schüler, die nach der Grundschule auf ein Gymnasium gewechselt sind, in Abhängigkeit von der Schulformempfehlung, welcher Anteil in
der sechsten beziehungsweise in der siebten Jahrgangsstufe noch ein Gymnasium besucht.

Tabelle 7.16:   Verbleib auf dem Gymnasium nach Schullaufbahnempfehlung

	Gymnasialbesuch in der...	
	6. Jahrgangsstufe	7. Jahrgangsstufe
Kinder, die in der 5. Jahrgangsstufe ohne entsprechende Empfehlung auf ein Gymnasium gewechselt sind	84,0%	70,9%
Kinder, die in der 5. Jahrgangsstufe mit entsprechender Empfehlung auf ein Gymnasium gewechselt sind	98,6%	96,0%

Während nur vier Prozent der Kinder, die nach der vierten Klasse mit einer entsprechenden Empfehlung auf ein Gymnasium gewechselt sind, bis zum Beginn
der siebten Jahrgangsstufe diese Schulform wieder verlassen, beträgt dieser Anteil bei den Kinder ohne passende Empfehlung 29,1 Prozent. Somit erweist sich

den beiden anderen Schulformen gering. Die „Gymnasialempfehlungsquote" der Schulformwechsler liegt dazwischen.

die Grundschulempfehlung zwar einerseits als sehr guter Indikator für den Erfolg am Gymnasium, andererseits gelingt es mehr als zwei Drittel der Kinder, die diese Schulform ohne entsprechende Empfehlung besuchen, sich zumindest bis in die siebte Jahrgangsstufe auf dem Gymnasium zu halten.

7.3.3 Das Geschlecht

Wie Abbildung 7.03 zu entnehmen ist, liegt der Jungenanteil an Hauptschulen, integrierten Haupt- und Realschulen und integrierten Gesamtschulen über dem Anteil in der Gesamtpopulation von 49,4 Prozent. An den sechsstufigen und den achtstufigen Gymnasien sind im Gegensatz dazu die Mädchen überrepräsentiert, während an Realschulen Jungen und Mädchen ziemlich genau in dem Verhältnis anzutreffen sind, das dem der Gesamtpopulation entspricht.

Abbildung 7.03: Anteil von Mädchen und Jungen in Prozent an den einzelnen Schulformen in der siebten Jahrgangsstufe

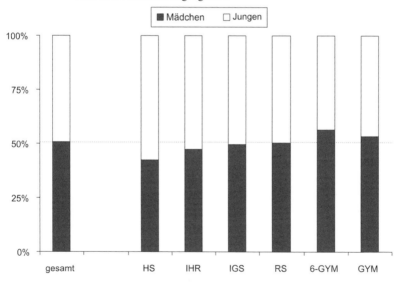

Dass Mädchen häufiger als Jungen höhere Schulformen besuchen, ist nur bedingt auf Unterschiede in den schulischen Kompetenzen zurückzuführen. Zwar weisen Mädchen im Durchschnitt eine höhere Lesekompetenz auf als Jungen; bei der Mathematikkompetenz ist es dafür umgekehrt (vgl. Abb. 7.04).

In Tabelle 7.17 sind die Ergebnisse von logistischen Regressionen mit der Schullaufbahnempfehlung beziehungsweise der besuchten Schulform als abhängige Variable und dem Schülergeschlecht als unabhängige Variable dargestellt. Als Referenzgruppe wurde bei der abhängigen Variable das Gymnasium gewählt, da nur diese Schulform durchgängig von der Grundschulempfehlung bis in die siebte Jahrgangsstufe vorhanden ist.

Abbildung 7.04: Testleistungen nach Geschlecht in der siebten Jahrgangsstufe

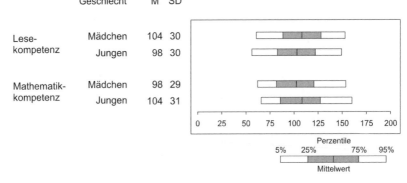

Zunächst wurde das Modell ohne Kontrolle von Kovariaten gerechnet und anschließend jeweils getrennt unter Kontrolle von Lesekompetenz beziehungsweise Mathematikkompetenz. Häufig ist es sinnvoll, in Analysen die unterschiedlichen Kompetenzen zusammenzufassen und so beispielsweise einen kombinierten Wert für die Lese- und Mathematikkompetenz der Kinder zu benutzen (vgl. Kap. 6.2.1). Da die Geschlechtsunterschiede im Lesen und in Mathematik aber entgegengesetzt wirken, bietet es sich in diesem Fall an, die beiden Domänen auch getrennt zu analysieren.

Ohne Kontrolle der schulischen Kompetenzen zeigt sich, dass Jungen theoriekonform geringere Chancen haben, ein Gymnasium zu besuchen, als Mädchen. Nur für Realschulen und sechsstufige Gymnasien in der siebten Jahrgangsstufe zeigen sich keine signifikanten Unterschiede. Ein ganz anderes Bild ergibt sich, sobald die Lesekompetenz der Kinder in dem Modell kontrolliert wird: Abgesehen von dem Vergleich zwischen Gymnasium und Hauptschule in der siebten Jahrgangsstufe zeigen sich keine signifikanten Geschlechtsunterschiede in den Zugangschancen zu den unterschiedlichen Schulformen mehr. Den Vorteil, den Mädchen beim Zugang zu höheren Schulformen besitzen, lässt sich also größtenteils durch deren höhere Lesekompetenz erklären. Kontrolliert man in dem Modell allerdings die Mathematikkompetenz statt der Lesekompetenz, ergibt sich ein vollkommen anderes Bild. Die *odds ratios* der Jungen liegen danach deutlich über denen für das Modell ohne Kontrolle von Kovariaten. Gemessen an ihren Kompetenzen im Fach Mathematik sind Jungen beim Zugang zu höheren Schulformen also deutlich benachteiligt.

Tabelle 7.17: Relative Chancen der Schullaufbahnempfehlung bzw. der besuchten Schulform in Abhängigkeit vom Geschlecht der Schülerinnen und Schüler (Verhältnisse der Bildungschancen [*odds ratios*])

		Referenzkategorie: Gymnasium bzw. Übergangsempfehlung fürs Gymnasium									
	Übergangs-empfehlung	5. Klasse		6. Klasse		7. Klasse					
	HS/RS/GS	HRS	IGS	HRS	IGS	HS	IHR	IGS	RS	6GYM
Ohne Kontrolle von Kovariaten										
Mädchen		Referenzgruppe (odds ratio = 1)								
Jungen	1,2	1,2	1,1	1,3	1,2	1,5	1,3	1,2	n.s.	n.s.
Kontrolle der Lesekompetenz										
Mädchen		Referenzgruppe (odds ratio = 1)								
Jungen	n.s.	n.s.	n.s.	n.s.	n.s.	1,2	n.s.	n.s.	n.s.	n.s.
Kontrolle der Mathematikkompetenz										
Mädchen		Referenzgruppe (odds ratio = 1)								
Jungen	2,2	2,1	1,8	2,3	1,9	3,4	2,6	2,0	1,9	n.s.

Alle berichteten Werte sind signifikant (p < 0,05).

7.3.4 Der Migrationshintergrund

Auch hinsichtlich ihres Migrationshintergrunds sind die Hamburger Schülerinnen und Schüler ungleichmäßig auf die unterschiedlichen Schulformen verteilt (vgl. Abb. 7.05). Nur an Gymnasien liegt der Anteil der Kinder ohne Migrationshintergrund mit 73,6 Prozent über dem Anteil in der Gesamtpopulation von 68,2 Prozent. Insbesondere Schülerinnen und Schüler, deren Eltern beide im Ausland geboren wurden, sind an dieser Schulform deutlich unterrepräsentiert. Während die Zusammensetzung der Schülerschaft an integrierten Gesamtschulen und an Realschulen ungefähr der in der Gesamtpopulation entspricht, weisen Hauptschulen und integrierte Haupt- und Realschulen einen deutlich überdurchschnittlichen Anteil von Kindern mit Migrationshintergrund auf. An diesen Schulformen wurde bei fast der Hälfte der Schülerinnen und Schüler mindestens ein Elternteil im Ausland geboren. Noch extremer sind diese Werte allerdings an den sechsstufigen Gymnasien: Nur etwa ein Viertel der Kinder an dieser Schulform hat keinen Migrationshintergrund, während bei knapp zwei Dritteln beide Elternteile im Ausland geboren wurden.

Abbildung 7.05:   Anteil von Kindern nach Migrationshintergrund in Prozent an den einzelnen Schulformen in der siebten Jahrgangsstufe

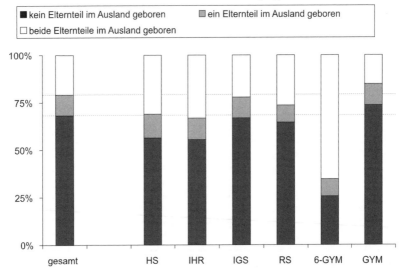

Abbildung 7.06:   Testleistungen nach Migrationshintergrund in der siebten Jahrgangsstufe

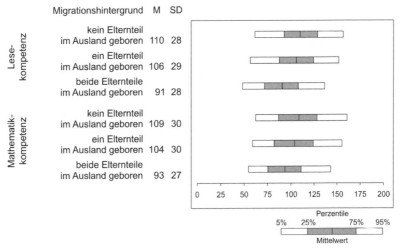

In Abbildung 7.06 sind die Kompetenzen der Schülerinnen und Schüler in den
Bereichen Lesen und Mathematik in Abhängigkeit von deren Migrationshin-

tergrund dargestellt. Dabei schneiden insbesondere Kinder, deren Eltern beide im Ausland geboren wurden, in beiden Domänen deutlich schlechter ab als ihre Mitschülerinnen und Mitschüler.

Tabelle 7.18: Relative Chancen der Schullaufbahnempfehlung bzw. der besuchten Schulform in Abhängigkeit vom Migrationshintergrund der Schülerinnen und Schüler (Verhältnisse der Bildungschancen [*odds ratios*])

	Übergangs- empfehlung HS/RS/GS	5. Klasse		6. Klasse		7. Klasse				
		HRS	IGS	HRS	IGS	HS	IHR	IGS	RS	6GYM
Ohne Kontrolle von Kovariaten										
kein Elternteil im Ausland geboren	Referenzgruppe (odds ratio = 1)									
ein Elternteil im Ausland geboren	1,9	1,8	1,4	1,8	1,5	2,3	2,1	1,6	1,4	3,0
beide Elternteile im Ausland geboren	3,0	2,4	1,6	2,5	1,7	2,9	2,8	1,8	2,1	9,0
Kontrolle der Lese- und Mathematikkompetenz										
kein Elternteil im Ausland geboren	Referenzgruppe (odds ratio = 1)									
ein Elternteil im Ausland geboren	1,3	n.s.	n.s.	n.s.	n.s.	n.s.	n.s.	n.s.	n.s.	2,5
beide Elternteile im Ausland geboren	1,5	n.s.	0,7	n.s.	0,8	n.s.	n.s.	0,8	n.s.	6,0

Referenzkategorie: Gymnasium bzw. Übergangsempfehlung fürs Gymnasium

Alle berichteten Werte sind signifikant (p < 0,05).

Wie Tabelle 7.18 zu entnehmen ist, lässt sich ein Großteil der migrationsbedingten Ungleichheiten beim Zugang zu den einzelnen Schulformen durch die kombinierte Lese- und Mathematikkompetenz erklären. In dem aus Tabelle 7.17 bekannten Modell ergeben sich ohne Kontrolle der schulischen Kompetenzen zum Teil deutliche Nachteile für Kinder mit Migrationshintergrund. Kontrolliert man jedoch Lese- und Mathematikkompetenz, verringert sich dieser Zusammenhang deutlich und ist in den meisten Fällen nicht mehr signifikant. Für die integrierten Gesamtschulen lässt sich sogar feststellen, dass Kinder, deren Eltern beide im Ausland geboren wurden, unter Berücksichtigung der schulischen Kompetenzen eine höhere Chance haben, statt dieser Schulform ein Gymnasium zu besuchen, als Kinder ohne Migrationshintergrund. Lediglich bei den sechsstufigen Gymnasien ist die Chance für Kinder mit Migrationshintergrund, diese Schulform statt eines achtstufigen Gymnasiums zu besuchen, auch unter Kontrolle der schulischen Kompetenzen deutlich größer als bei Kindern ohne Migrationshintergrund.

Abbildung 7.07: Anteil von Kindern aus unterschiedlichen EGP-Klassen in Prozent an den einzelnen Schulformen in der siebten Jahrgangsstufe

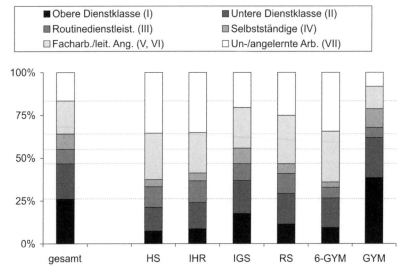

7.3.5 Der sozioökonomische Status

Wie Abbildung 7.07 zu entnehmen ist, verteilen sich die Hamburger Schülerinnen und Schüler auch nach ihrer sozialen Herkunft ungleichmäßig über die unterschiedlichen Schulformen. Kinder, deren Eltern der oberen Dienstklasse angehören, sind an allen Schulformen außer dem (achtstufigen) Gymnasium zum Teil deutlich unterrepräsentiert. So stammen an Hauptschulen nur 7,4 Prozent aus dieser Gruppe, während es an (achtstufigen) Gymnasien 38,5 Prozent sind. Auch der Anteil von Kindern aus der unteren Dienstklasse und von Selbstständigen liegt nur an (achtstufigen) Gymnasien über dem Wert für die Gesamtpopulation. Umgekehrt sieht es bei Kindern aus, deren Eltern der Gruppe der Facharbeiter und leitenden Angestellten beziehungsweise der un- und angelernten Arbeiter angehören. In der Gesamtpopulation beträgt deren Anteil 35,9 Prozent, an Gymnasien nur 21,1 Prozent und an integrierten Gesamtschulen 44,2 Prozent. An allen anderen Schulformen gehören mehr als die Hälfte der Schülerinnen und Schülern einer dieser beiden Gruppen an. Am höchsten ist der Anteil an den sechsstufigen Gymnasien (64,1 %) und an den Hauptschulen (62,5 %). Entsprechend liegen die Testleistungen bei Angehörigen der beiden Dienstklassen und der Klasse der Selbstständigen über denen aus Haushalten, die den Routinedienstleistern oder den Arbeitern angehören (vgl. Abb. 7.08).

Abbildung 7.08:   Testleistungen nach EGP-Klasse in der siebten Jahrgangsstufe

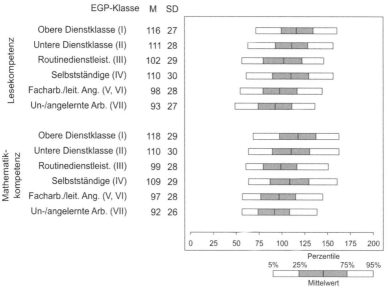

Der oberen Hälfte der Tabelle 7.19 sind die Zugangschancen der Schülerinnen und Schülern aus den unterschiedlichen EGP-Klassen zu den einzelnen Schulformen ohne Kontrolle von Kovariaten zu entnehmen (vgl. Tab. 7.17 und Tab. 7.18). Schon bei der Übergangsempfehlung der Grundschullehrkräfte zeigt sich, dass Kinder aus unteren sozialen Lagen eine deutlich geringere Chance für eine Gymnasialempfehlung haben als ihre Mitschülerinnen und Mitschüler aus höheren sozialen Lagen. In den Klassenstufen fünf und sechs zeigt sich dieses soziale Gefälle besonders bei Haupt- und Realschulen, aber auch bei integrierten Gesamtschulen. Vergleicht man die *odds ratios* für die fünfte mit denen für die sechste Klasse, stellt sich heraus, dass alle Werte größer werden. Dies ist ein erster Hinweis darauf, dass sich die soziale Schieflage im Bildungssystem durch nachträgliche Bildungsgangentscheidungen noch erhöht. Beim Übergang von

Tabelle 7.19:　Relative Chancen der Schullaufbahnempfehlung bzw. der besuchten Schulform in Abhängigkeit von der EGP-Klasse der Schülerinnen und Schüler (Verhältnisse der Bildungschancen [*odds ratios*])

Referenzkategorie: Gymnasium bzw. Übergangsempfehlung fürs Gymnasium									
Übergangs-empfehlung	5. Klasse		6. Klasse		7. Klasse				
HS/RS/GS	HRS	IGS	HRS	IGS	HS	IHR	IGS	RS	6GYM
Ohne Kontrolle von Kovariaten									
Obere Dienstklasse (I)	Referenzgruppe (odds ratio = 1)								
Untere Dienstklasse (II)	1,9	2,4	1,7	2,5	1,8	2,5	3,1	1,8	2,3	3,1
Routinedienst-leistungen (III)	3,7	5,2	2,9	5,6	3,1	6,4	7,7	3,2	4,8	5,0
Selbstständige (IV)	3,7	5,3	2,8	5,5	2,9	7,6	8,4	2,9	3,3	5,8
Facharbeiter und leitende Angestellte (V, VI)	5,5	8,2	3,9	8,9	4,1	10,9	10,7	4,1	7,1	9,6
Un- und an-gelernte Arbeiter (VII)	8,6	14,9	5,7	16,5	6,2	22,0	26,3	6,5	11,2	14,6
Kontrolle der Lese- und Mathematikkompetenz									
Obere Dienstklasse (I)	Referenzgruppe (odds ratio = 1)								
Untere Dienstklasse (II)	1,6	1,9	1,4	2,0	1,5	2,0	2,5	1,5	2,0	2,8
Routinedienst-leistungen (III)	2,1	2,7	1,7	3,0	1,9	2,9	3,9	1,9	3,0	3,7
Selbstständige (IV)	2,1	2,8	1,7	2,9	1,8	3,4	4,2	1,8	2,1	4,4
Facharbeiter und leitende Angestellte (V, VI)	2,7	3,8	2,0	4,3	2,2	4,2	4,6	2,2	3,9	6,4
Un- und an-gelernte Arbeiter (VII)	3,5	6,1	2,7	7,0	3,0	7,6	10,2	3,1	5,7	9,3

Alle berichteten Werte sind signifikant ($p < 0,05$).

der sechsten in die siebte Jahrgangsstufe ändern sich die Zugangschancen an integrierten Gesamtschulen kaum. An Hauptschulen und integrierten Haupt- und

Realschulen sind die *odds ratios* zum Teil deutlich größer als bei den Haupt- und Realschulen in der sechsten Klasse. Entsprechend liegen diese Werte an Realschulen unter den Vergleichswerten aus der sechsten Jahrgangsstufe. Die Zugangschancen zu den sechsstufigen Gymnasien entsprechen am ehesten denen der Haupt- und Realschulen in der Beobachtungsstufe.

Kontrolliert man die Lese- und die Mathematikkompetenz der Kinder (untere Hälfte der Tab. 7.19), verringern sich zwar alle Werte, bleiben jedoch ausnahmslos signifikant. Kinder aus den unteren sozialen Lagen haben also auch bei vergleichbaren schulischen Kompetenzen deutlich geringere Chancen ein Gymnasium zu besuchen als Kinder aus den oberen sozialen Lagen. So zeigt sich beispielsweise beim Vergleich des achtstufigen mit dem sechsstufigen Gymnasium, dass Schülerinnen und Schüler, deren Eltern der Gruppe der un- und angelernten Arbeiter angehören, im Vergleich zu Kindern aus der oberen Dienstklasse eine mehr als neunmal geringere Chance haben, statt eines sechsstufigen ein achtstufiges Gymnasium zu besuchen.

7.4 Die Bildungsgangentscheidung am Ende der sechsten Jahrgangsstufe an Haupt- und Realschulen

Am Ende der Beobachtungsstufe stehen die Familien von Schülerinnen und Schülern an Haupt- und Realschulen zwangsläufig vor einer Bildungsgangentscheidung. Die Kinder können in der siebten Klasse eine Hauptschule, eine Realschule oder ein sechsstufiges Gymnasium besuchen (vgl. Kap. 4.3). Anders als beim Übergang von der Grundschule in die Sekundarstufe ist der Elternwille bei dieser Bildungsgangwahl allerdings sehr stark durch die institutionellen Vorgaben beschränkt. Ausgehend von den Schulnoten im Halbjahreszeugnis der sechsten Klasse wird von der Schule bei entsprechenden Leistungen der Kinder eine Empfehlung für die Realschule beziehungsweise das sechsstufige Gymnasium ausgesprochen. Wird für eine Schülerin beziehungsweise einen Schüler keine dieser beiden Empfehlungen ausgesprochen, entspricht dies einer Empfehlung für die Hauptschule. Eltern dürfen ihr Kind nach dieser Empfehlung zwar an einer niedrigeren Schulform anmelden, aber nicht an einer höheren. Haupt- und Realschulen, die auch nach der Beobachtungsstufe integriert geführt werden, dürfen die Schülerinnen und Schüler unabhängig von ihrer Schullaufbahnempfehlung besuchen. Die beschriebenen Zugangsbeschränkungen gelten allerdings nur für die Schulformen, die eine reguläre Weiterführung der Haupt- und Realschule nach der Beobachtungsstufe darstellen. Unabhängig von der Schullaufbahnempfehlung ist ein Wechsel auf eine integrierte Gesamtschule und auf ein achtstufiges Gymnasium möglich.

Im Rahmen von KESS 7 wurde diese Schullaufbahnempfehlung nicht explizit erhoben, allerdings liegen die Noten in den Fächern Deutsch, Mathematik und Englisch vor, so dass sich die wahrscheinliche Empfehlung berechnen lässt (vgl. Kap. 6.2.1). Danach erhalten knapp 20 Prozent der Kinder eine Empfehlung für das sechsstufige Gymnasium, und etwas mehr als 40 Prozent eine Realschulempfehlung (vgl. Tab. 7.20). Auch wenn die tatsächliche Schullaufbahnempfehlung in Einzelfällen von diesen Werten abweichen kann, wird diese neu erzeugte Variable im Folgenden als Indikator für die Schullaufbahnempfehlung der Lehrkräfte verwendet.

Tabelle 7.20:   Wahrscheinliche Schulformempfehlungen der Lehrkräfte an Haupt- und Realschulen für die siebte Jahrgangsstufe auf der Basis der Halbjahresnoten in Deutsch, Mathematik und Englisch

	Häufigkeit	Prozent
Hauptschule	1122	40,2%
Realschule	1195	42,8%
Sechsstufiges Gymnasium	473	17,0%
Gesamt	2790	100,0%

7.4.1   Die Bedeutung der Einzelschule für die Notenvergabe

Weil die Schulformempfehlung einen so verbindlichen Charakter hat und fast ausschließlich von den Schulnoten in der sechsten Jahrgangsstufe abhängt, soll die Notenvergabe an Hamburger Haupt- und Realschulen zunächst etwas genauer untersucht werden. Es ist bekannt, dass Schulnoten auch unter Kontrolle der schulischen Kompetenzen einen Zusammenhang mit Hintergrundmerkmalen der Schülerinnen und Schüler aufweisen (vgl. Kap. 1.2). Lehmann et al. (1999) haben darüber hinaus schon für LAU 7 darauf hingewiesen, dass es an Schulen mit niedrigeren mittleren Schulleistungen leichter ist, gute Noten (und damit eine bessere Schullaufbahnempfehlung) zu erhalten, als an Schulen mit höheren mittleren Schulleistungen.

> An einer Schule reicht für eine Zuweisung zum Realschulzweig offenbar eine Fachleistung aus, die fast eine Standardabweichung *unterhalb* der durchschnittlichen Fachleistung von Hamburger Hauptschulklassen (…) liegt, während das erforderliche Fachleistungsniveau an sechs anderen Schulen eine Standardabweichung oder mehr *über* dem Durchschnitt für Haupt-

schulklassen befindet. Somit hängt der mutmaßlich zu erreichende Bildungsabschluss der betroffenen Schülerinnen und Schüler wesentlich davon ab, *welche* Haupt- und Realschule sie besuchen.

(…) An Schulen, in denen bis zum Ende der Klassenstufe 6 ein niedrigerer Lernstand erreicht wird, ist es leichter, den Zugang zum Realschulzweig zu erlangen. (Lehmann et al., 1999, S. 149f, Hervorhebungen im Original)

In der Abbildung 7.09 ist eine Pfadanalyse mit der Deutschnote als abhängige Variable dargestellt. Unabhängige Variablen sind die individuelle Lesekompetenz, die mittlere Lesekompetenz in der Schule des Kindes, das Geschlecht, der Migrationshintergrund und der soziale Status (ISEI).

Den engsten Zusammenhang mit der Note im Fach Deutsch weist von diesen Variablen die individuelle Lesekompetenz der Schülerinnen und Schüler auf. Doch auch die drei Hintergrundmerkmale – insbesondere das Geschlecht der Kinder – stehen in einem signifikanten Zusammenhang mit der Deutschnote. Dabei fällt insbesondere auf, dass unter Kontrolle der übrigen Variablen Kinder mit Migrationshintergrund bessere Deutschnoten erhalten als Kinder ohne Migrationshintergrund. Ein signifikanter Zusammenhang zwischen der mittleren Lesekompetenz in der Schule und der Deutschnote lässt sich allerdings nicht feststellen. Insgesamt erklärt das Modell 27 Prozent der Variabilität in der Deutschnote.

Das entsprechende Pfadmodell für Mathematiknote und Mathematikkompetenz ist in Abbildung 7.10 dargestellt. Auch hier besteht der engste Zusammenhang zwischen der individuellen Kompetenz und der Note. Anders als in dem vorherigen Modell folgt an zweiter Stelle allerdings die mittlere Mathematikkompetenz in der Schule. Die Kinder erhalten bei vergleichbaren individuellen Kompetenzen umso schlechtere Mathematiknoten, je höher der Leistungsstand innerhalb ihrer Schule ist. Auch die drei Hintergrundvariablen weisen einen signifikanten Zusammenhang mit der Mathematiknote auf, wobei das Geschlecht wiederum den höchsten Pfadkoeffizienten aufweist und Kinder mit Migrationshintergrund bessere Mathematiknoten erhalten. Das Modell erklärt 32 Prozent der Variabilität der Mathematiknote.

In Abbildung 7.11 ist schließlich der Zusammenhang der individuellen Lese- und Mathematikkompetenz, des Geschlechts, des Migrationshintergrundes, des sozialen Status der Familie und der mittleren Lese- und Mathematikkompetenz pro Schule mit der Schulformempfehlung der Lehrkräfte in der sechsten Klasse dargestellt. Mit diesem Modell lassen sich 36 Prozent der Variabilität der Schulformempfehlung erklären, und die fünf unabhängigen Variablen stehen alle in einem signifikanten Zusammenhang mit der Schullaufbahnempfehlung.

Abbildung 7.09: Pfadmodell zur Erklärung der Deutschnote in den sechsten Klassen an Haupt- und Realschulen

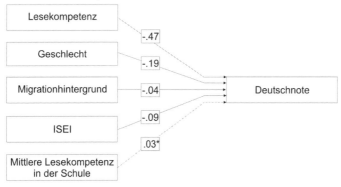

CFI = 1.000, TLI = 1.000, RMSEA =.000
R^2 Deutschnote = .27
* nicht signifikant (p >.05)

Abbildung 7.10: Pfadmodell zur Erklärung der Mathematiknote in den sechsten Klassen an Haupt- und Realschulen

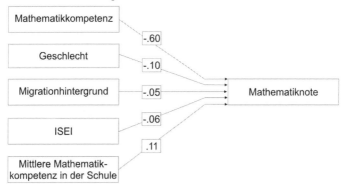

CFI = 1.000, TLI = 1.000, RMSEA =.000
R^2 Mathematiknote = .32

Den mit Abstand höchsten Pfadkoeffizienten weist die kombinierte Lese- und Mathematikkompetenz der Schülerinnen und Schüler auf. Es folgen die drei Hintergrundvariablen und die mittlere kombinierte Lese- und Mathematikkompetenz in der Schule.

Abbildung 7.11: Pfadmodell zur Erklärung der Schullaufbahnempfehlung am Ende der Beobachtungsstufe an Haupt- und Realschulen

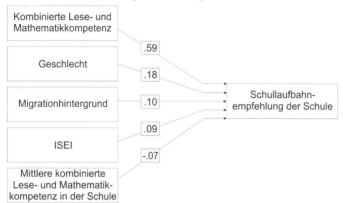

CFI = 1.000, TLI = 1.000, RMSEA =.000
R^2 Schullaufbahnempfehlung = .36

Als Zwischenergebnis lässt sich also festhalten, dass sich die Benachteilung von Schülerinnen und Schülern aus bildungsfernen Elternhäusern an diesem Punkt der Schullaufbahn aus den primären Herkunftseffekten, den Schullaufbahnempfehlungen der Grundschullehrkräfte, den sekundären Herkunftseffekten bei der Auswahl einer weiterführenden Schule nach der vierten Klasse und den Schullaufbahnempfehlungen am Ende der Beobachtungsstufe zusammensetzt. Es bleibt zu klären, ob die Hintergrundmerkmale der Kinder auch bei der eigentlichen Auswahl einer bestimmten Schulform am Ende der Beobachtungsstufe an Haupt- und Realschulen eine Rolle spielen. Dabei muss allerdings bedacht werden, dass der Handlungsspielraum der Schülerfamilien stark eingeschränkt ist, da es kaum möglich ist, auf eine höhere als die empfohlene Schulform zu wechseln.

7.4.2 Die integrierten Haupt- und Realschulen

Einige Haupt- und Realschulen werden in Hamburg auch nach der Beobachtungsstufe integriert geführt (vgl. Kap. 4.3). Da diese Schulen allen Schülerinnen und Schülern – unabhängig von ihrer Schulformempfehlung für die siebte Jahrgangsstufe – offen stehen, wäre es möglich, dass Schülerinnen und Schüler mit einer Hauptschulempfehlung gezielt auf integrierte Haupt- und Realschulen wechseln, weil sie sich dort eine größere Chance auf einen Realschulabschluss erhoffen.

　　Von den 438 Schülerinnen und Schülern, die in der siebten Klasse eine integrierte Haupt- und Realschule besuchen,[28] haben 374 (85,4 %) die jeweilige Schule schon in der sechsten Jahrgangsstufe besucht. Bei ihnen hat also kein gezielter Wechsel auf diese Schulform stattgefunden. Die übrigen 64 Kinder (14,6 %) haben entsprechend in der sechsten Klasse eine Haupt- und Realschule besucht, die nach der Beobachtungsstufe in einen Haupt- und einen Realschulzweig aufgeteilt wird.

　　In Tabelle 7.21 sind die Schulformempfehlungen der Lehrkräfte für die siebte Jahrgangsstufe angegeben, und zwar getrennt für Schülerinnen und Schüler, die nach der Beobachtungsstufe auf eine integrierte Haupt- und Realschule gewechselt sind, solche, die schon in der sechsten Klasse eine dieser Schulen besucht haben und als Vergleichsgruppe ehemalige Haupt- und Realschüler, die in der siebten Jahrgangsstufe keine integrierte Haupt- und Realschule besuchen.

Tabelle 7.21: Schullaufbahnempfehlungen am Ende der Beobachtungsstufe und Besuch einer integrierten Haupt- und Realschule in der siebten Jahrgangsstufe

| | Schullaufbahnempfehlung der Schule | | | | | |
| | HS | | RS | | 6-GYM | |
	Häufigkeit	Prozent	Häufigkeit	Prozent	Häufigkeit	Prozent
IHR (Wechsel)	28	43,8%	30	46,9%	6	9,4%
IHR (kein Wechsel)	160	42,8%	160	42,8%	54	14,4%
HS / RS / 6-GYM	934	39,7%	1005	42,7%	413	17,6%

　　Von den Schülerinnen und Schülern, die bereits während der Beobachtungsstufe eine Haupt- und Realschule besucht haben, die auch danach integriert geführt wird, erhalten jeweils 42,8 Prozent eine Hauptschul- beziehungsweise eine Realschulempfehlung. Bei den Kindern, die erst in der siebten Klasse auf eine dieser Schulen wechseln, ist der Anteil der Realschulempfohlenen (46,9 %) geringfügig größer als der Anteil der Hauptschulempfohlenen (43,8 %). Es ist also nicht so, dass Schülerinnen und Schüler mit einer Hauptschulempfehlung bevorzugt auf eine integrierte Haupt- und Realschule wechseln.

　　Auch hinsichtlich ihrer mittleren Lese- und Mathematikkompetenz unterscheiden sich die beiden Gruppen nicht wesentlich voneinander (vgl. Tab. 7.22).

28　Insgesamt besuchen in der siebten Klasse 451 Kinder eine integrierte Haupt- und Realschule (vgl. Tab. 7.03). 10 von ihnen haben zuvor allerdings ein Gymnasium und drei eine integrierte Gesamtschule besucht, so dass sie in diesem Kapitel unberücksichtigt bleiben.

Dass die mittleren Kompetenzen beider Gruppen etwas unterhalb der Kompetenzen der übrigen ehemaligen Haupt- und Realschüler liegen, deckt sich mit dem Befund, dass integrierte Haupt- und Realschulen hinsichtlich ihrer mittleren Leistungen näher bei den Hauptschulen als bei den Realschulen liegen (vgl. Abb. 7.01).

Tabelle 7.22:   Lese- und Mathematikkompetenz nach Besuch einer integrierten Haupt- und Realschule in der siebten Jahrgangsstufe

	Lesekompetenz	Mathematikkompetenz
IHR (Wechsel)	81	76
IHR (kein Wechsel)	78	77
HS / RS / 6-GYM	84	82

Die Möglichkeit, gezielt auf eine integrierte Haupt- und Realschule zu wechseln, muss in den folgenden Analysen somit nicht berücksichtigt werden, da sich nicht feststellen lässt, dass bevorzugt Kinder mit ungünstigen Schullaufbahnempfehlungen diese Schulform wählen.

7.4.3   Schülerinnen und Schüler ohne Empfehlung für die Realschule

Von den Kindern, die keine Empfehlung für die Realschule erhalten haben, wechseln 90,8 Prozent auf eine Hauptschule beziehungsweise eine integrierte Haupt- und Realschule (vgl. Tab. 7.23). Immerhin 53 Schülerinnen und Schüler (4,7 %) besuchen trotz fehlender Empfehlung eine Realschule. Wechsel auf das sechsstufige Gymnasium gibt es in dieser Gruppe nicht. Allerdings entscheiden sich 2,3 Prozent der Kinder für eine integrierte Gesamtschule und 2,1 Prozent für ein achtstufiges Gymnasium.[29]

Es soll nun geprüft werden, welche Variablen einen signifikanten Zusammenhang mit der Entscheidung aufweisen, statt einer Hauptschule eine Realschule zu besuchen. Dazu wurde mit den 884 Kindern, die in der siebten Klasse eine Hauptschule oder eine Realschule besuchen, eine Pfadanalyse durchgeführt. Die abhängige Variable nimmt den Wert 0 an, wenn die betreffende Schülerin beziehungsweise der betreffende Schüler eine Hauptschule besucht, und den Wert 1, wenn eine Entscheidung für eine Realschule erfolgt ist. Als unabhängige Variablen wurden zunächst die kombinierte Lese- und Mathematikkompetenz der Kinder, die Durchschnittsnote aus den Fächern Deutsch, Mathematik, Eng-

---

29   Entscheidungen für diese beiden Schulformen werden in Kapitel 7.6 näher beschrieben.

lisch und Naturwissenschaften, das Geschlecht, der Migrationshintergrund und der ISEI eingesetzt. In einem explorativen Verfahren wurden dann schrittweise die Variablen, die keinen signifikanten Zusammenhang mit der abhängigen Variable aufweisen, aus dem Modell entfernt. Das finale Modell in Abbildung 7.12 erklärt nur 6 Prozent der Variabilität der Bildungsgangentscheidung. Neben der kombinierten Lese- und Mathematikkompetenz weist auch der Migrationshintergrund der Schülerinnen und Schüler einen signifikanten Zusammenhang mit der Wahl zwischen Haupt- und Realschule auf: Kinder mit Migrationshintergrund entscheiden sich eher für eine Hauptschule.

Tabelle 7.23:   Besuchte Schulform in der siebten Jahrgangsstufe für Schülerinnen und Schüler ohne Realschulempfehlung

	Häufigkeit	Prozent
Empfohlene Schulformen		
Hauptschule	831	74,1%
Integrierte Haupt- und Realschule	188	16,8%
Nicht-Empfohlene Schulformen		
Realschule	53	4,7%
Sechsstufiges Gymnasium	0	0,0%
Sonstige Schulformen		
Integrierte Gesamtschule	26	2,3%
Gymnasium	24	2,1%
Gesamt	1122	100,0%

Abbildung 7.12:   Pfadmodell zur Erklärung der Entscheidung zwischen Haupt- und Realschule, bei Schülerinnen und Schülern ohne Empfehlung für die Realschule

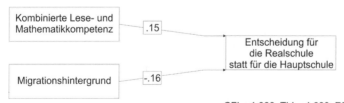

CFI = 1.000, TLI = 1.000, RMSEA =.000
R^2 Entscheidung für die Realschule statt für die Hauptschule = .06

7.4.4 Schülerinnen und Schüler mit Empfehlung für die Realschule aber ohne Empfehlung für das sechsstufige Gymnasium

Von den Schülerinnen und Schülern, die zwischen Haupt- und Realschule (bzw. einer integrierten Haupt- und Realschule) wählen dürfen, entscheiden sich 96,3 Prozent für eine der empfohlenen Schulformen. Nur 2 Kinder (0,2 %) besuchen in der siebten Klasse ein sechsstufiges Gymnasium. 2,4 Prozent wechseln auf ein achtstufiges Gymnasium und 1,1 Prozent auf eine integrierte Gesamtschule (vgl. Tab. 7.24).

Tabelle 7.24: Besuchte Schulform in der siebten Jahrgangsstufe für Schülerinnen und Schüler mit Realschulempfehlung aber ohne Empfehlung für das sechsstufige Gymnasium

	Häufigkeit	Prozent
Empfohlene Schulformen		
Hauptschule	141	11,8%
Integrierte Haupt- und Realschule	190	15,9%
Realschule	820	68,6%
Nicht-Empfohlene Schulformen		
Sechsstufiges Gymnasium	2	0,2%
Sonstige Schulformen		
Integrierte Gesamtschule	13	1,1%
Gymnasium	29	2,4%
Gesamt	1195	100,0%

Berücksichtigt man nur die Schulformen Hauptschule und Realschule, wählen 85,3 Prozent eine Realschule und nur 14,7 Prozent eine Hauptschule. Der größte Teil der Schülerinnen und Schüler macht also von der Möglichkeit Gebrauch, eine Realschule zu besuchen. Um zu klären, welche Variablen mit der Entscheidung zwischen Haupt- und Realschule in Zusammenhang stehen, wurde wiederum eine explorative Pfadanalyse durchgeführt (vgl. Kap. 7.4.3). Die abhängige Variable nimmt den Wert 0 an, wenn eine Hauptschule gewählt wurde und den Wert 1, wenn eine Realschule gewählt wurde. Aus dem finalen Modell in Abbildung 7.13 geht hervor, dass die Hintergrundvariablen Geschlecht, Migrationshintergrund und ISEI keinen signifikanten Zusammenhang mit der Entscheidung zwischen Haupt- und Realschule aufweisen. Die kombinierte Lese- und Mathematikkompetenz und insbesondere die Durchschnittsnote erklären zusammen 27 Prozent der Variabilität der Bildungsgangentscheidung.

Abbildung 7.13:   Pfadmodell zur Erklärung der Entscheidung zwischen Haupt- und Realschule, bei Schülerinnen und Schülern mit Empfehlung für die Realschule aber ohne Empfehlung für das sechsstufige Gymnasium

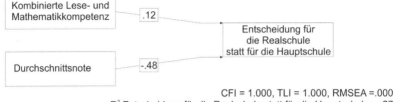

CFI = 1.000, TLI = 1.000, RMSEA =.000
R^2 Entscheidung für die Realschule statt für die Hauptschule = .27

Mit den vorliegenden Daten lässt sich nicht klären, ob der enge Zusammenhang zwischen der Durchschnittsnote und der abhängigen Variable zumindest zum Teil durch Abweichungen zwischen der für die vorliegenden Analysen geschätzten und der tatsächlichen Schullaufbahnempfehlung begründet werden kann. Möglicherweise haben einige der Kinder, die in der siebten Klasse eine Hauptschule besuchen, keine Empfehlung für eine Realschule erhalten.

7.4.5   Schülerinnen und Schüler mit Empfehlung für das sechsstufige Gymnasium

Von den Schülerinnen und Schülern, die zwischen den Schulformen Hauptschule, Realschule, integrierte Haupt- und Realschule und sechsstufiges Gymnasium wählen dürfen, entscheiden sich 93,4 Prozent für eine der empfohlenen Schulformen. 5,3 Prozent wechseln auf ein achtstufiges Gymnasium und 1,3 Prozent auf eine integrierte Gesamtschule (vgl. Tab. 7.25).

Lässt man die sonstigen Schulformen und die integrierten Haupt- und Realschulen unberücksichtigt, entscheiden sich 68,6 Prozent der Kinder für eine Realschule, 28,8 Prozent für ein sechsstufiges Gymnasium und 2,6 Prozent für eine Hauptschule. Weniger als ein Drittel der Schülerinnen und Schüler nutzt somit die Möglichkeit, ein sechsstufiges Gymnasium zu besuchen. Um zu klären, welche Variablen mit der Entscheidung zwischen Realschule und sechsstufigem Gymnasium in Zusammenhang stehen, wurde wiederum eine explorative Pfadanalyse durchgeführt (vgl. Kap. 7.4.3). Die abhängige Variable nimmt den Wert 0 an, wenn eine Realschule gewählt wurde und den Wert 1, wenn ein sechsstufiges Gymnasium gewählt wurde. Wie Abbildung 7.14 zeigt, weisen sowohl die Durchschnittsnote als auch der Migrationshintergrund der Kinder einen signifikanten Zusammenhang mit der Bildungsgangentscheidung auf. Insgesamt erklärt das Modell 28 Prozent der Variabilität der Entscheidung zwischen Realschule und sechsstufigem Gymnasium. Das Vorzeichen des Pfadkoeffizienten des Migrationshintergrundes zeigt, dass die Wahl eines sechsstufigen Gymnasiums für Schülerinnen und Schüler mit Migrationshintergrund wahrscheinlicher ist als für Kinder, deren Eltern beide in Deutschland geboren wurden. Dieser Befund deckt sich mit den in Kapitel 7.3 beschriebenen Zusammensetzungen der einzelnen Schulformen.

Tabelle 7.25:   Besuchte Schulform in der siebten Jahrgangsstufe für Schülerinnen und Schüler mit Empfehlung für das sechsstufige Gymnasium

	Häufigkeit	Prozent
Empfohlene Schulformen		
Hauptschule	10	2,1%
Integrierte Haupt- und Realschule	60	12,7%
Realschule	262	55,4%
Sechsstufiges Gymnasium	110	23,3%
Sonstige Schulformen		
Integrierte Gesamtschule	6	1,3%
Gymnasium	25	5,3%
Gesamt	473	100,0%

Abbildung 7.14:   Pfadmodell zur Erklärung der Entscheidung zwischen Realschule und sechsstufigem Gymnasium, bei Schülerinnen und Schülern mit Empfehlung für das sechsstufige Gymnasium

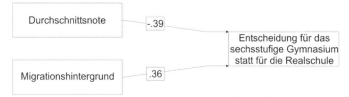

CFI = 1.000, TLI = 1.000, RMSEA =.000
R^2 Entscheidung für das sechsstufige Gymnasium statt für die Realschule = .28

Zusammenfassend lässt sich festhalten, dass Schülerfamilien am Ende der Beobachtungsstufe kaum Entscheidungsfreiheit hinsichtlich der weiteren Schullaufbahn ihrer Kinder haben. Der Besuch einer höheren als der empfohlenen Schulform ist kaum möglich. Gleichzeitig wählen nur relativ wenige Eltern eine niedrigere Schulform als empfohlen wurde. Eine Ausnahme stellt das sechsstufige Gymnasium dar, das nur von jeder dritten Schülerin beziehungsweise jedem dritten Schüler besucht wird, die beziehungsweise der eine Empfehlung für diese Schulform erhalten hat.

Eine Erhöhung vorhandener sozialer Disparitäten findet somit an dieser Stelle nur durch primäre Herkunftseffekte und die Notenvergabe während der Beobachtungsstufe (vgl. Kap. 7.4.1) statt. Sekundäre Herkunftseffekte spielen hingegeben praktisch keine Rolle.

7.5 Die Entscheidung für den Abgang vom Gymnasium

Von den 4.828 Schülerinnen und Schülern, die nach der Grundschule auf ein Gymnasium wechseln, verlassen 213 nach der fünften und 237 nach der sechsten Klasse diese Schulform wieder. Neun dieser Kinder wechseln zu einem der beiden Zeitpunkte auf eine kooperative Gesamtschule und werden daher aus den folgenden Analysen ausgeschlossen (vgl. Kap. 6.2.2).

Tabelle 7.26: Abgänge vom Gymnasium nach den Jahrgangsstufen fünf und sechs

	Abgang vom Gymnasium nach Klasse 5		Abgang vom Gymnasium nach Klasse 6	
	Häufigkeiten	Prozent	Häufigkeiten	Prozent
Hauptschule			8	0,2%
Integrierte Haupt- und Realschule	115	2,4%	10	0,2%
Realschule			99	2,1%
Sechsstufiges Gymnasium			2	0,0%
Integrierte Geamtschule	97	2,0%	110	2,4%
Gesamt	212	4,4%	229	5,0%

In Tabelle 7.26 ist dargestellt, auf welche Schulformen die Schülerinnen und Schüler zu den beiden Zeitpunkten wechseln. Nach der fünften Klasse besuchen 115 ehemalige Gymnasiastinnen und Gymnasiasten eine Haupt- und Realschule und 97 eine integrierte Gesamtschule. Zum Ende der Beobachtungsstufe wechseln 110 auf eine integrierte Gesamtschule und 99 auf eine Realschule. Für die Schulformen integrierte Haupt- und Realschule, Hauptschule und sechsstufiges Gymnasium entscheiden sich insgesamt nur 20 Kinder.

7.5.1 Aufnehmende Schulformen für Gymnasialabgänger im Vergleich

Bevor die Entscheidung, das Gymnasium vorzeitig zu verlassen, genauer analysiert wird, muss geklärt werden, was genau als „Abgang vom Gymnasium" verstanden werden soll. Betrachtet man das Gymnasium als exklusive Schulform, stellt jeder Wechsel notwendigerweise einen Abstieg dar. Sieht man allerdings die Schulabschlüsse, die an einer bestimmten Schulform erreicht werden können, als Kriterium dafür an, ob ein Schulformwechsel auch ein Abstieg ist, muss berücksichtigt werden, dass an sechsstufigen Gymnasien und an integrierten Gesamtschulen ebenfalls das Abitur gemacht werden kann. Dabei muss allerdings auch bedacht werden, dass im Rahmen der Analysen zur Entkoppelung von Schulart und Schulabschluss gezeigt werden konnte, dass es nicht unerheblich ist, auf welcher Schulform ein bestimmter Abschluss erreicht wurde (vgl. Kap. 1.3).

Da durch theoretische Überlegungen nicht zu klären ist, ob Wechsel zu Realschulen beziehungsweise integrierten Gesamtschulen zusammen als Abstiege vom Gymnasium beschrieben werden können, sollen die beiden Schülergruppen hinsichtlich unterschiedlicher Hintergrundmerkmale verglichen werden, um zu klären, ob die beiden Gruppen sich substanziell voneinander unterscheiden. Über die Kinder, die sich für das sechsstufige Gymnasium entscheiden, lassen sich hier auf Grund der sehr geringen Fallzahlen keine belastbaren Aussagen machen.

Tabelle 7.27 zeigt diesen Gruppenvergleich. Der Gruppe „Übergang" gehören die 207 Schülerinnen und Schüler an, die nach der fünften oder nach der sechsten Klasse auf eine integrierte Gesamtschule wechseln. Der Gruppe „Abstieg" gehören die 232 Kinder an, die nach der fünften Jahrgangsstufe auf eine Haupt- und Realschule[30] beziehungsweise nach der Beobachtungsstufe auf eine Hauptschule, Realschule oder integrierte Haupt- und Realschule wechseln. Die beiden Kinder, die nach der sechsten Klasse direkt auf ein sechsstufiges Gymnasium wechseln, werden aus den folgenden Analysen ausgeschlossen. Die 4.378 Gymnasiastinnen und Gymnasiasten, die auf ihrer Schulform bleiben, werden als Vergleichsgruppe berücksichtigt („Verbleib").

Wie der Tabelle zu entnehmen ist, weisen die Übergänger im Vergleich mit den Absteigern in den Bereichen Lesen, Mathematik und Naturwissenschaften praktisch identische Leistungen auf. Etwas größer sind die Unterschiede im Bereich Englisch (sowohl Lesetest als auch C-Test), und zwar zu Gunsten der

---

30 Vier dieser Kinder entscheiden sich ein Jahr später zwar für ein sechsstufiges Gymnasium, zunächst findet jedoch eindeutig ein Abstieg statt.

Tabelle 7.27: Ausgewählte Hintergrundmerkmale der Gruppen „Abstieg", „Übergang" und „Verbleib"

	"Abstieg"	"Übergang"	"Verbleib"
Schulische Kompetenzen			
Lesekompetenz	97	98	120
Mathematikkompetenz	95	96	123
Naturwissenschaftskompetenz	94	94	116
Englisch-Lesekompetenz	92	97	121
Englisch-C-Testkompetenz	95	100	125
Schulnoten*			
Deutschnote	3,9	3,9	2,7
Mathematiknote	4,2	4,2	2,9
Naturwissenschaftsnote	3,7	3,8	2,7
Englischnote	4,2	4,2	2,8
Durchschnittsnote nicht ausreichend	11,7%	21,8%	0,0%
EGP-Klassen			
Obere Dienstklasse (I)	12,3%	20,2%	38,8%
Untere Dienstklasse (II)	19,7%	23,6%	23,5%
Routinedienstleistung (III)	12,3%	12,4%	6,1%
Selbstständige (IV)	5,7%	10,1%	10,9%
Facharbeiter und leitende Angestellte (V, VI)	26,2%	21,3%	13,0%
Un- und anglernte Arbeiter, Landarbeiter (VII)	23,8%	12,4%	7,7%
ISEI			
Bezugsperson im Haushalt	41,0	47,2	55,4
Migrationshintergrund			
kein Elternteil im Ausland geboren	63,4%	58,9%	73,6%
ein Elternteil im Ausland geboren	8,9%	16,8%	11,2%
beide Elternteile im Ausland geboren	27,6%	24,2%	15,2%
Geschlecht			
Mädchen	39,7%	48,5%	53,5%
Jungen	60,3%	51,5%	46,5%
Übergangsempfehlung			
Gymnasium / Gesamtschule	36,6%	31,4%	83,9%

* Für Analysen der Schulnoten wurden nur Schülerinnen und Schüler berücksichtigt, die in der sechsten Klasse ein Gymnasium besucht haben.

Übergänger. Allerdings liegt die mittlere Kompetenz der beiden Gruppen in allen Kompetenzbereichen fast eine Standardabweichung unterhalb der Werte für die Gruppe „Verbleib".

Für den Vergleich der Schulnoten wurden nur die Schülerinnen und Schüler berücksichtigt, die in der sechsten Jahrgangsstufe ein Gymnasium besucht haben, da nur für diese Jahrgangsstufe Angaben über die Noten vorliegen. Die Kinder in den Gruppen „Abstieg" und „Übergang" unterscheiden sich hinsichtlich ihrer Durchschnittsnoten in den vier vorliegenden Fächern praktisch nicht voneinander. Umso deutlicher fällt der Vergleich mit der Gruppe „Verbleib" aus. Bei den Gymnasiastinnen und Gymnasiasten, die ihre Schulform nicht verlassen, liegen die mittleren Schulnoten in allen Hauptfächern mehr als eine ganze Note über den Werten der Kinder, die das Gymnasium verlassen. Der Anteil von Schülerinnen und Schüler, deren Durchschnittsnote in der sechsten Jahrgangsstufe nicht ausreichend ist, und die somit zwangsweise das Gymnasium verlassen müssen, ist in der Gruppe „Übergang" mit 21,8 Prozent merklich größer als in der Gruppe „Abstieg" mit 11,7 Prozent.

Erhebliche Unterschiede zwischen diesen beiden Gruppen zeigen sich auch bei der sozialen Herkunft ihrer Familie. Während in der Gruppe „Übergang" 43,8 Prozent den Dienstklassen (I und II) und 33,7 Prozent den Arbeitern (V, VI und VII) angehören, sind es in der Gruppe „Abstieg" 32,0 Prozent (I und II) beziehungsweise 50,0 Prozent (V, VI und VII). Auch an dem Mittelwert des ISEI der Bezugsperson im Haushalt kann man erkennen, dass Übergänger aus bildungsnäheren Haushalten stammen als Abgänger. Die entsprechenden Werte für die Gruppe „Verbleib" liegen allerdings noch einmal deutlich höher.

Hinsichtlich des Migrationshintergrunds sind Familien, in denen ein Elternteil im Ausland geboren wurde, in der Gruppe „Übergang" im Vergleich zu beiden anderen Gruppen überrepräsentiert. Der Anteil der Familien, in denen beide Elternteile im Ausland geboren wurden, ist bei den „Übergängern" etwas niedriger als bei den „Absteigern", liegt aber in beiden Gruppen deutlich über dem Wert für die Gruppe „Verbleib".

Verglichen mit den Schülerinnen und Schülern, die das Gymnasium nicht verlassen, ist der Jungenanteil bei den „Übergängern" und insbesondere bei den „Absteigern" deutlich höher. Schließlich ist der Anteil der Kinder mit Gymnasialempfehlung in der Gruppe „Übergang" etwas geringer als in der Gruppe „Abstieg".

Zusammenfassend lässt sich sagen, dass Kinder, die das Gymnasium vorzeitig verlassen, deutlich geringere schulische Kompetenzen und Schulnoten aufweisen als ihre Mitschülerinnen und Mitschüler, die auf dem Gymnasium verblieben. Die Kinder, die auf eine integrierte Gesamtschule wechseln, unterscheiden sich in diesem Punkt kaum von denen, die auf eine andere Schulform übergehen. Die Familien von Gymnasialabgängern zeichnen sich – im Vergleich mit Fami-

lien von Kindern ohne Bruch in der Gymnasiallaufbahn – durch einen niedrigeren sozialen Status und einen häufigeren Migrationshintergrund aus. In diesen
Punkten lassen sich allerdings zum Teil auch erhebliche Unterschiede zwischen
„Übergängern" und „Absteigern" feststellen. Eine Pfadanalyse (ohne Abbildung) zeigt, dass die Hintergrundmerkmale Geschlecht und ISEI zusammen
knapp vier Prozent der Variabilität der Entscheidung zwischen integrierten Gesamtschulen und Schulformen, an denen kein Abitur erreicht werden kann, erklären. Die Variablen kombinierte Lese- und Mathematikkompetenz und Migrationshintergrund zeigen keinen signifikanten Zusammenhang mit der abhängigen Variable.

Auch wenn es Unterschiede zwischen den Gruppen „Übergang" und „Abstieg" gibt, erscheint es auf Grund des geringen Ausmaßes dieser Differenzen
gerechtfertigt, im Folgenden allgemein von „Abgängen vom Gymnasium" zu
sprechen, wenn Kinder von dieser Schulform auf eine andere wechseln.

7.5.2 Abgänge nach der fünften Jahrgangsstufe

Da für das Ende der fünften Jahrgangsstufe weder Schulnoten noch Leistungstests vorliegen, erweist es sich als schwierig, für diese Bildungsgangentscheidung verlässliche Werte zu den schulischen Leistungen der Kinder zu erhalten.
Daher werden in diesem Kapitel die in der vierten Klasse erhobenen kognitiven
Fähigkeiten als Indikator für die Kompetenzen der Kinder genutzt, da diese über
die Zeit hinweg relativ konstant sind und hoch mit schulischen Kompetenzen
korrelieren. Zusätzlich werden auch die Lese- und Mathematikkompetenz aus
KESS 4 eingesetzt, wobei bedacht werden muss, dass diese Daten ein Jahr vor
der Entscheidung für den Abgang vom Gymnasium erhoben wurden.

In den Tabellen 7.28, 7.29 und 7.30 sind die Ergebnisse aus logistischen
Regressionen zum Zusammenhang zwischen der Entscheidung, das Gymnasium
nach der fünften Klasse zu verlassen, und unterschiedlichen Hintergrundvariablen dargestellt. Die Referenzkategorie der abhängigen Variable ist der Verbleib
auf dem Gymnasium in Klassenstufe sechs. Zunächst wird ein Modell ohne
Kontrolle von Kovariaten berechnet, als zweites werden die kognitiven Fähigkeiten (KESS 4) kontrolliert und schließlich zusätzlich zu den kognitiven Fähigkeiten die Lese- und die Mathematikkompetenz (KESS 4).

Wie Tabelle 7.28 zu entnehmen ist, weist die Entscheidung für den Abgang
vom Gymnasium nach Klasse 5 einen engen Zusammenhang mit der sozialen
Herkunft der Schülerfamilien auf. Im Vergleich zu Kindern, deren Eltern der
oberen Dienstklasse angehören, haben Kinder von Facharbeitern und leitenden
Angestellten eine sechseinhalbmal so hohe Chance, das Gymnasium vorzeitig zu
verlassen. Bei un- und angelernten Arbeitern beträgt dieser Wert sogar 8,5.

Auch unter Kontrolle von kognitiven Fähigkeiten und schulischen Kompetenzen bleiben alle Werte signifikant.

Tabelle 7.28: Relative Chancen [odds ratios] für die Entscheidung, das Gymnasium nach der fünften Jahrgangstufe zu verlassen, nach sozialer Lage (EGP) der Schülerfamilien

	Modell I[1]	Modell II[2]	Modell III[3]
EGP-Klassen			
Obere Dienstklasse (I)	Referenzgruppe (odds ratio = 1)		
Untere Dienstklasse (II)	2,2 **	2,1 *	1,9 *
Routinedienstleistung (III)	5,0 **	4,2 **	3,3 **
Selbstständige (IV)	3,8 **	3,2 **	2,5 **
Facharbeiter und leitende Angestellte (V, VI)	6,5 **	5,3 **	3,8 **
Un- und angelernte Arbeiter, Landarbeiter (VII)	8,5 **	6,2 **	4,0 **

** $p < 0{,}01$; * $p < 0{,}05$

[1] Modell I: Ohne Kontrolle von Kovariaten
[2] Modell II: Kontrolle der kognitiven Fähigkeiten (KESS 4)
[3] Modell III: Kontrolle der kognitiven Fähigkeiten und der Lese- und Mathematikkompetenz (KESS 4)

Tabelle 7.29: Relative Chancen [odds ratios] für die Entscheidung, das Gymnasium nach der fünften Jahrgangstufe zu verlassen, nach Migrationshintergrund der Schülerfamilien

	Modell I[1]	Modell II[2]	Modell III[3]
Migrationshintergrund			
Kein Elternteil im Ausland geboren	Referenzgruppe (odds ratio = 1)		
Ein Elternteil im Ausland geboren	2,0 **	1,6 *	n.s.
Beide Elternteile im Ausland geboren	2,5 **	1,7 **	n.s.

** $p < 0{,}01$; * $p < 0{,}05$

[1] Modell I: Ohne Kontrolle von Kovariaten
[2] Modell II: Kontrolle der kognitiven Fähigkeiten (KESS 4)
[3] Modell III: Kontrolle der kognitiven Fähigkeiten und der Lese- und Mathematikkompetenz (KESS 4)

Im Vergleich zu Schülerinnen und Schülern ohne Migrationshintergrund haben Gymnasiastinnen und Gymnasiasten mit Migrationshintergrund eine fast doppelt so hohe (ein Elternteil im Ausland geboren) beziehungsweise zweieinhalbmal so hohe (beide Elternteile im Ausland geboren) Chance, das Gymnasium bereits nach einem Jahr wieder zu verlassen (vgl. Tab. 7.29). Kontrolliert man sowohl die kognitiven Fähigkeiten als auch die Lese- und Mathematikkompetenz, die

die Kinder in der Grundschule erreicht haben, lässt sich kein signifikanter Zusammenhang zwischen Migrationshintergrund und der Entscheidung, das Gymnasium zu verlassen, feststellen.

Jungen haben im Vergleich zu Mädchen eine mehr als eineinhalbmal so hohe Chance, nach dem ersten Jahr vom Gymnasium abzugehen (vgl. Tab. 7.30). Durch die Kontrolle von kognitiven Fähigkeiten beziehungsweise kognitiven Fähigkeiten und Lesekompetenz verringert sich dieser Wert zwar geringfügig, bleibt aber signifikant. Kontrolliert man zusätzlich zu den kognitiven Fähigkeiten die Mathematikkompetenz der Kinder, haben Jungen im Vergleich mit den Mädchen sogar eine 2,3-mal so hohe Chance, das Gymnasium vorzeitig zu verlassen.

Tabelle 7.30: Relative Chancen [*odds ratios*] für die Entscheidung, das Gymnasium nach der fünften Jahrgangsstufe zu verlassen, nach Geschlecht der Schülerinnen und Schüler

	Modell I[1]	Modell II[2]	Modell III[3]	Modell IV[4]
Geschlecht				
Mädchen	Referenzgruppe (odds ratio = 1)			
Jungen	1,7 **	1,6 **	1,5 *	2,3 **

** p < 0,01; * p < 0,05

[1] Modell I: Ohne Kontrolle von Kovariaten
[2] Modell II: Kontrolle der kognitiven Fähigkeiten (KESS 4)
[3] Modell III: Kontrolle der kognitiven Fähigkeiten und der Lesekompetenz (KESS 4)
[4] Modell IV: Kontrolle der kognitiven Fähigkeiten und der Mathematikkompetenz (KESS 4)

Abbildung 7.15 zeigt ein Pfadmodell, in dem die Entscheidung für den Abgang vom Gymnasium im Anschluss an die fünfte Jahrgangsstufe in Abhängigkeit von unterschiedlichen Hintergrundmerkmalen dargestellt ist. Der Migrationshintergrund weist unter Berücksichtigung der übrigen Hintergrundvariablen keinen signifikanten Zusammenhang mit der Abgangsentscheidung auf und wurde daher nicht mitmodelliert. Insgesamt erklärt das Modell 31 Prozent der Variabilität der Abgangsentscheidung. Der engste Zusammenhang besteht zwischen den schulischen Kompetenzen am Ende der Grundschulzeit und der abhängigen Variable. Es folgen die soziale Herkunft der Schülerinnen und Schüler (ISEI), die kognitiven Fähigkeiten in Klasse 4 und das Geschlecht der Kinder.

Abbildung 7.15: Pfadmodell zur Erklärung der Entscheidung, das Gymnasium nach der fünften Jahrgangsstufe zu verlassen

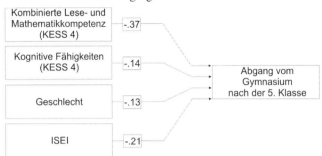

CFI = 1.000, TLI = 1.000, RMSEA =.000
R^2 Abgang vom Gymnasium nach der 5. Klasse = .31

Die Entscheidung für einen Schulformwechsel in den fünften Klassen an Hamburger Gymnasien erhöht also die sozialen Disparitäten im Bildungssystem. Zwar lässt sich auf Grund der nicht vorhandenen Informationen zu den schulischen Leistungen während des ersten Jahres am Gymnasium nicht genau feststellen, inwieweit es sich hierbei um primäre oder sekundäre Herkunftseffekte handelt, es ist aber wahrscheinlich, dass auch unter Kontrolle von Kompetenzen oder Schulnoten in der fünften Klasse sekundäre Herkunftseffekte feststellbar bleiben.

7.5.3 Die Umschulung am Ende der Beobachtungsstufe

Gymnasiastinnen und Gymnasiasten, die im Halbjahreszeugnis der sechsten Klasse eine nichtausreichende Durchschnittsnote erhalten, müssen das Gymnasium zwangweise verlassen (vgl. Kap. 4.1). Da bei diesen Kindern nicht die Familien die Entscheidung für das Verlassen des Gymnasiums fällen, müssen diese sogenannten Umschulungen auch gesondert analysiert werden. Unter dem Aspekt der sozialen Disparitäten muss geklärt werden, welche Hintergrundvariablen mit einer nichtausreichenden Durchschnittsnote in Zusammenhang stehen.

Tabelle 7.31 zeigt zunächst für alle Schülerinnen und Schüler, die in der sechsten Jahrgangsstufe ein Gymnasium besucht haben, in Abhängigkeit von der Durchschnittsnote in den Fächern Deutsch, Mathematik, Englisch und Naturwissenschaft im Halbjahreszeugnis der sechsten Klasse, welche Schulform sie in der siebten Jahrgangsstufe besuchen. Gymnasiastinnen und Gymnasiasten, die in der Beobachtungsstufe mangelhafte Durchschnittsleistungen aufweisen, haben in Hamburg tatsächlich kaum eine Chance auf dem Gymnasium zu bleiben. Nur eine Schülerin beziehungsweise ein Schüler besucht in der siebten Klasse trotz mangelhafter Leistungen im vorangegangenen Schuljahr weiterhin ein (achtstu-figes) Gymnasium. Von den 101 Schülerinnen und Schülern, die sehr gute Durchschnittsleistungen erbringen, verlässt niemand das Gymnasium. Vier Kin-der, die als Durchschnittsnote eine zwei haben, und 20 mit einer befriedigenden Durchschnittsleistung verlassen das Gymnasium nach der Beobachtungsstufe freiwillig. Die meisten freiwilligen Abgänger weisen allerdings nur eine ausrei-chende Durchschnittsnote auf.

Tabelle 7.31:   Besuchte Schulform in der siebten Jahrgangsstufe nach Durchschnittsnote in der sechsten Jahrgangsstufe an Gymnasien

| | | Besuchte Schulform in der 7. Jahrgangsstufe | | | | | | |
		HS	IHR	RS	6-GYM	IGS	GYM	Gesamt
	Sehr gut (1)							
	Anzahl	0	0	0	0	0	101	101
	Zeilenprozent	0,0%	0,0%	0,0%	0,0%	0,0%	100,0%	100,0%
	Gut (2)							
	Anzahl	0	1	0	0	3	1152	1156
	Zeilenprozent	0,0%	0,1%	0,0%	0,0%	0,3%	99,7%	100,0%
Durchschnittsnote	*Befriedigend (3)*							
	Anzahl	1	0	7	2	10	2192	2212
	Zeilenprozent	0,0%	0,0%	0,3%	0,1%	0,5%	99,1%	100,0%
	Ausreichend (4)							
	Anzahl	6	7	81	0	72	932	1098
	Zeilenprozent	0,5%	0,6%	7,4%	0,0%	6,6%	84,9%	100,0%
	Mangelhaft (5)							
	Anzahl	1	2	11	0	25	1	40
	Zeilenprozent	2,5%	5,0%	27,5%	0,0%	62,5%	2,5%	100,0%

Schülerinnen und Schüler aus den unteren sozialen Lagen, Kinder mit Migrati-onshintergrund und Jungen sind zwar in der Gruppe der Gymnasiastinnen und Gymnasiasten, die eine nichtausreichende Durchschnittsnote erhalten haben, deutlich überrepräsentiert (vgl. Tab. 7.32), als entscheidende Variable für die Umschulung erweist sich allerdings die kombinierte Lese- und Mathematik-kompetenz.

Tabelle 7.32: Umschulung am Ende der Beobachtungsstufe nach ausgewählten Hintergrundmerkmalen

	Umschulung vom Gymnasium		Keine Umschulung vom Gymnasium	
	Häufigkeit	Prozent	Häufigkeit	Prozent
EGP-Klassen				
Obere Dienstklasse (I)	4	10,3%	1468	32,1%
Untere Dienstklasse (II)	7	17,9%	1027	22,5%
Routinedienstleistung (III)	8	20,5%	567	12,4%
Selbstständige (IV)	6	15,4%	602	23,2%
Facharbeiter und leitende Angestellte (V, VI)	3	7,7%	562	12,3%
Un- und anglernte Arbeiter, Landarbeiter (VII)	11	28,2%	342	7,5%
Migrationshintergrund				
Kein Elternteil im Ausland geboren	9	23,1%	3129	68,5%
Ein Elternteil im Ausland geboren	15	38,5%	713	15,6%
Beide Elternteile im Ausland geboren	15	38,5%	726	15,9%
Geschlecht				
Mädchen	18	46,2%	2434	53,3%
Jungen	21	53,8%	2134	46,7%

Abbildung 7.16: Pfadmodell zur Erklärung der Umschulung vom Gymnasium

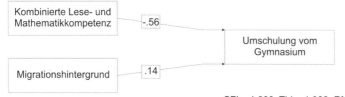

CFI = 1.000, TLI = 1.000, RMSEA =.000
R^2 Umschulung vom Gymnasium = .37

In einer Pfadanalyse zeigt von den drei Hintergrundvariablen soziale Herkunft, Migrationshintergrund und Geschlecht unter Kontrolle der schulischen Kompetenzen nur der Migrationshintergrund einen signifikanten Zusammenhang mit der dichotomen Variable „Umschulung vom Gymnasium". Ein Pfadmodell mit dieser Variable und der kombinierten Lese- und Mathematikkompetenz erklärt 37 Prozent der Variabilität der abhängigen Variable (vgl. Abb. 7.16).

Dass nur diese beiden Variablen einen signifikanten Zusammenhang mit der Variable „Umschulung vom Gymnasium" aufweisen, liegt möglicherweise zum Teil in der geringen Anzahl von umgeschulten Kindern begründet. Für die Notenvergabe insgesamt lässt sich nämlich zeigen, dass neben den entsprechenden Kompetenzen und dem Migrationshintergrund auch das Geschlecht der Schülerinnen und Schüler und der soziale Status der Familie einen signifikanten Zusammenhang mit den Schulnoten aufweisen (vgl. Abb. 7.17 und Abb. 7.18).

Abbildung 7.17:   Pfadmodell zur Erklärung der Deutschnote an Gymnasien

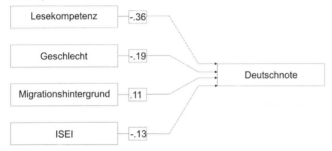

CFI = 1.000, TLI = 1.000, RMSEA =.000
R^2 Deutschnote = .23

Abbildung 7.18:   Pfadmodell zur Erklärung der Mathematiknote an Gymnasien

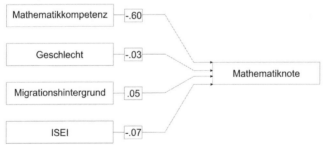

CFI = 1.000, TLI = 1.000, RMSEA =.000
R^2 Mathematiknote = .39

Auch durch die Umschulungen am Ende der Beobachtungsstufe verstärken sich folglich migrationsbedingte Disparitäten und wahrscheinlich auch Disparitäten nach sozialer Herkunft und Geschlecht.

7.5.4 Abgänge nach der sechsten Jahrgangsstufe

190 Schülerinnen und Schüler verlassen zum Ende der Beobachtungsstufe das Gymnasium freiwillig (vgl. Tab. 7.31). Wie Tabelle 7.33 zeigt, besteht auch zwischen dieser Entscheidung und der sozialen Herkunft ein Zusammenhang. Verglichen mit Kindern aus der oberen Dienstklasse ist die Chance für einen freiwilligen Abgang bei Kindern von un- und angelernten Arbeitern ohne Kontrolle weiterer Variablen fast viermal so hoch und bei Facharbeitern und leitenden Angestellten sowie bei Routinedienstleistern fast dreimal so hoch. Auch unter Kontrolle der Lese- und Mathematikkompetenz sind die Chancen in diesen drei Gruppen im Vergleich mit der oberen Dienstklasse mindestens doppelt so groß.

Tabelle 7.33: Relative Chancen [*odds ratios*] für die Entscheidung, das Gymnasium nach der sechsten Jahrgangsstufe zu verlassen, nach sozialer Lage (EGP) der Schülerfamilien

	Ohne Kontrolle von Kovariaten	Kontrolle der Lese- und Mathematik- kompetenz
EGP-Klassen		
Obere Dienstklasse (I)	Referenzgruppe (odds ratio = 1)	
Untere Dienstklasse (II)	n.s.	n.s.
Routinedienstleistung (III)	2,7 **	2,0 **
Selbstständige (IV)	2,0 *	n.s.
Facharbeiter und leitende Angestellte (V, VI)	2,9 **	2,0 **
Un- und anglernte Arbeiter, Landarbeiter (VII)	3,9 **	2,6 **

** $p < 0,01$; * $p < 0,05$

Der Zusammenhang zwischen Abgangsentscheidung und dem Migrationshintergrund der Familien ist deutlich geringer und unter Kontrolle der Kompetenzen im Lesen und in Mathematik nicht signifikant (vgl. Tab. 7.34). Bei vergleichbaren Leistungen entscheiden sich Kinder mit Migrationshintergrund also nicht häufiger für einen Schulformwechsel als Kinder ohne Migrationshintergrund.

Hinsichtlich des Geschlechts der ehemaligen Gymnasiastinnen und Gymnasiasten lässt sich ohne Kontrolle von Kovariaten und auch unter Kontrolle der Lesekompetenz kein Zusammenhang mit der Entscheidung, das Gymnasium nach der sechsten Klassen freiwillig zu verlassen, feststellen. Kontrolliert man allerdings die Mathematikkompetenz der Kinder, ist die Abstiegschance der Jungen fast doppelt so hoch wie die der Mädchen (vgl. Tab. 7.35).

Tabelle 7.34: Relative Chancen [*odds ratios*] für die Entscheidung, das Gymnasium nach der sechsten Jahrgangstufe zu verlassen, nach Migrationshintergrund der Schülerfamilien

	Ohne Kontrolle von Kovariaten	Kontrolle der Lese- und Mathematik-kompetenz
Migrationshintergrund		
Kein Elternteil im Ausland geboren	Referenzgruppe (odds ratio = 1)	
Ein Elternteil im Ausland geboren	1,5 *	n.s.
Beide Elternteile im Ausland geboren	1,7 **	n.s.

** p < 0,01; * p < 0,05

Tabelle 7.35: Relative Chancen [*odds ratios*] für die Entscheidung, das Gymnasium nach der sechsten Jahrgangstufe zu verlassen, nach Geschlecht der Schülerinnen und Schüler

	Ohne Kontrolle von Kovariaten	Kontrolle der Lesekompetenz	Kontrolle der Mathematik-kompetenz
Geschlecht			
Mädchen	Referenzgruppe (odds ratio = 1)		
Jungen	n.s.	n.s.	1,8 **

** p < 0,01; * p < 0,05

Wie bereits aus Tabelle 7.31 ersichtlich wurde, steht die Durchschnittsnote im Halbjahreszeugnis der sechsten Klasse in einem engen Zusammenhang mit der Entscheidung, das Gymnasium vorzeitig zu verlassen. In dem Pfadmodell zur Erklärung der Abgangsentscheidung (vgl. Abb. 7.19) wurde daher die Durchschnittsnote als Mediator aufgenommen. Die Hintergrundvariablen kombinierte Lese- und Mathematikkompetenz, Migrationshintergrund und ISEI weisen sowohl einen direkten Zusammenhang mit der abhängigen Variable auf als auch einen indirekten Zusammenhang über den Mediator Durchschnittsnote. Zwischen dem Geschlecht der Schülerinnen und Schüler und der Abgangsentscheidung besteht nur ein indirekter Effekt. Insgesamt erklärt das Modell 33 Prozent der Variabilität der Durchschnittsnote und 60 Prozent der Variabilität der Entscheidung für den vorzeitigen Abgang vom Gymnasium, wobei der Zusammenhang zwischen Durchschnittsnote und Abgangsentscheidung besonders groß ist.

Abbildung 7.19:   Pfadmodell zur Erklärung der Entscheidung, das Gymnasium nach der sechsten Jahrgangsstufe zu verlassen

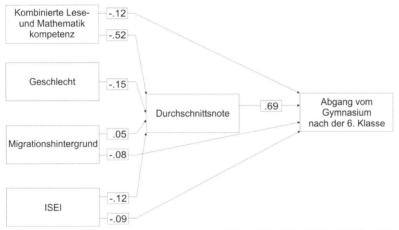

CFI = 1.000, TLI = 1.000, RMSEA =.000
R^2 Abgang vom Gymnasium nach der 6. Klasse = .60
R^2 Durchschnittsnote = .33

Die Rolle des Migrationshintergrundes ist zwar eher gering, es fällt aber auf, dass der Pfadkoeffizient zwischen dieser Variable und der Durchschnittsnote positiv ist (d.h. Kinder mit Migrationshintergrund erhalten unter Berücksichtigung der übrigen Pfade schlechtere Noten), während der direkte Pfad zwischen Migrationshintergrund und Abgangsentscheidung einen negativen Koeffizienten aufweist (d.h. Kinder mit Migrationshintergrund entscheiden sich unter Berücksichtigung der übrigen Pfade seltener für einen freiwilligen Abgang vom Gymnasium).

7.5.5   Das Rational-Choice-Modell

Die Entscheidung die Gymnasiallaufbahn vorzeitig zu beenden, steht also selbst unter Kontrolle der schulischen Leistungen in einem Zusammenhang mit der sozialen Herkunft der Schülerfamilie (vgl. Abb. 7.15 und Abb. 7.19). Der in Kapitel 2 vorgestellten RC-Theorie zufolge wird diese Entscheidung dann getroffen, wenn das Investitionsrisiko einer Gymnasiallaufbahn größer wird als die Bildungsmotivation. Die Bildungsmotivation setzt sich dabei zusammen aus dem Nutzen, den das Abitur verspricht, und den Kosten, die der ohne Abitur drohende Statusverlust mit sich bringt. Das Investitionsrisiko ist der Quotient aus den Bildungskosten und der Erfolgswahrscheinlichkeit am Gymnasium. Die subjektive Einschätzung dieser vier Faktoren steht wiederum in einem Zusammenhang mit der sozialen Herkunft der Familien.

Bevor das RC-Modell aus Kapitel 2.3.1 überprüft wird, soll zunächst geklärt werden, ob die vier Variablen aus diesem Modell – jeweils einzeln betrachtet – einen Zusammenhang mit der Entscheidung, das Gymnasium zu verlassen, aufweisen. Dazu wurden zunächst bivariate Pfadanalysen mit der Entscheidung, das Gymnasium nach der fünften oder nach der sechsten Klasse freiwillig zu verlassen, als abhängige Variable gerechnet (vgl. Tab. 7.36).

Tabelle 7.36:   Der Zusammenhang zwischen den vier Variablen aus dem Rational-Choice-Modell und der Entscheidung, das Gymnasium während der Beobachtungsstufe zu verlassen (bivariate Pfadanalysen)

	Pfadkoeffizienz[1]	R^2
Bildungsertrag U^2	-0,29	0,08
Statusverlust SV^3	-0,24	0,06
Kosten C^4	-0,29	0,09
Erfolgswahrscheinlichkeit p^5	-0,49	0,24

[1] Alle Koeffizenten sind signifikant (p < 0,05).

[2] „Welchen Schulabschluss wünschen Sie sich für Ihr Kind?"

[3] Höchster Bildungsabschluss der Eltern: Abitur ja/nein

[4] Jährliches Haushalts-Brutto-Einkommen

[5] „Für wie wahrscheinlich halten Sie es, dass Ihr Kind aufgrund seiner bisherigen schulischen Entwicklung problemlos das Abitur erreichen kann?"

Jede der vier Variablen weist einzeln betrachtet einen signifikanten Zusammenhang mit der Abgangsentscheidung auf. Bildungsertrag, Statusverlust und Kosten erklären dabei jeweils zwischen 6 und 9 Prozent der Variabilität der abhängigen Variable. Als deutlich besserer Indikator für die Entscheidung, das Gymnasium vorzeitig zu verlassen, erweist sich die antizipierte Erfolgswahrscheinlichkeit auf dieser Schulform. Knapp ein Viertel der Variabilität der Bildungsgangentscheidung lässt sich durch diese Variable erklären.

In Abbildung 7.20 ist ein Pfadmodell dargestellt, in dem die vier Variablen aus dem RC-Modell die Abgangsentscheidung gemeinsam erklären. Dieses Modell erklärt 30 Prozent der Variabilität der abhängigen Variable, wobei die Erfolgswahrscheinlichkeit den engsten Zusammenhang aufweist.

Abbildung 7.20:   Pfadmodell zur Erklärung der Entscheidung, das Gymnasium während
                  der Beobachtungsstufe zu verlassen

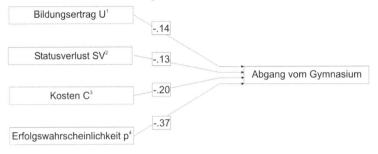

CFI = 1.000, TLI = 1.000, RMSEA =.000
R^2 Abgang vom Gymnasium = .30

[1] „Welchen Schulabschluss wünschen Sie sich für Ihr Kind?"
[2] Höchster Bildungsabschluss der Eltern: Abitur ja/nein.
[3] Jährliches Haushalts-Brutto-Einkommen.
[4] „Für wie wahrscheinlich halten Sie es, dass Ihr Kind aufgrund seiner bisherigen schulischen
Entwicklung problemlos das Abitur erreichen kann?"

Getrennt für Abgänge nach der fünften beziehungsweise nach der sechsten Jahrgangsstufe wurde der Zusammenhang mit der sozialen Herkunft der Kinder bereits gezeigt (vgl. Kap. 7.5.2 und Kap. 7.5.4). Ohne Kontrolle von Kovariaten
weist entsprechend auch die Abgangsentscheidung zu einem beliebigen Zeitpunkt während der Beobachtungsstufe diesen Zusammenhang auf (vgl. Modell I
in Tab. 7.37). Im Vergleich mit der oberen Dienstklasse ist die Chance auf einen
vorzeitigen Abgang vom Gymnasium in den übrigen EGP-Klassen zwischen
1,8mal (Untere Dienstklasse) und 6,0mal (Un- und angelernte Arbeiter, Landarbeiter) so groß. Die Güte dieses Modells ist allerdings sehr gering, wie das Mc-
Fadden-R^2 von 0,05 zeigt.

Kontrolliert man die primären Herkunftseffekte (kombinierte Lese- und
Mathematikkompetenz) liegen die *odds ratios* zwischen 1,7 und 3,6 (Modell II).
Diese Werte können als sekundäre Herkunftseffekte interpretiert werden. Eine
größere Erklärungskraft für die sozialen Disparitäten besitzen die vier Variablen
aus dem RC-Modell (Modell III). Beim Vergleich der oberen Dienstklasse mit
der unteren Dienstklasse beziehungsweise den Selbständigen lassen sich keine
signifikanten *odds ratios* mehr feststellen. In den übrigen drei EGP-Klassen sind
die Chancen auf einen vorzeitigen Abgang vom Gymnasium unter Kontrolle der
Variablen aus dem RC-Modell im Vergleich zu der oberen Dienstklasse weniger
als doppelt so groß wie in dem Modell ohne Kovariaten.

Sowohl die Lese- und Mathematikkompetenz als auch die RC-Variablen werden in Modell IV kontrolliert. Insbesondere der Vergleich der Modelle II und IV macht deutlich, dass die vier Indikatorvariablen aus dem RC-Modell geeignet sind, um sekundäre Herkunftseffekte bei der Absticgsentscheidung vom Gymnasium zu erklären. Werden sowohl die primären Herkunftseffekte als auch die RC-Variablen berücksichtigt, lassen sich praktisch keine sozialen Disparitäten feststellen, und auch die Modellgüte erweist sich als zufriedenstellend (McFadden-R^2 = 0,31).

Tabelle 7.37: Relative Chancen [*odds ratios*] für die Entscheidung, das Gymnasium während der Beobachtungsstufe zu verlassen, nach sozialer Lage (EGP) der Schülerfamilien

	Modell I	Modell II	Modell III	Modell IV
EGP-Klassen				
Obere Dienstklasse (I)	Referenzgruppe (odds ratio = 1)			
Untere Dienstklasse (II)	1,8 **	1,7 *	n.s.	n.s.
Routinedienstleistung (III)	3,7 **	2,7 **	1,6 *	n.s.
Selbständige (IV)	2,7 **	2,0 **	n.s.	n.s.
Facharbeiter und leitende Angestellte (V, VI)	4,4 **	2,9 **	1,8 **	1,6 *
Un- und anglernte Arbeiter, Landarbeiter (VII)	6,0 **	3,6 **	1,8 **	n.s.
McFadden-R^2	0,05	0,21	0,23	0,31

** $p < 0,01$; * $p < 0,05$; n.s. = nicht signifikant

Modell I: Ohne Kontrolle von Kovariaten; Modell II: Kontrolle der Lese- und Mathematikkompetenz; Modell III: Kontrolle der Variablen aus dem Rational-Choice-Modell[1]; Modell IV: Kontrolle der Lese- und Mathematikkompetenz und der Variablen aus dem Rational-Choice-Modell[1]

[1] Bildungsertrag U („Welchen Schulabschluss wünschen Sie sich für Ihr Kind?"), Statusverlust SV (Höchster Bildungsabschluss der Eltern: Abitur ja/nein), Kosten C (Jährliches Haushalts-Brutto-Einkommen) und Erfolgswahrscheinlichkeit p („Für wie wahrscheinlich halten Sie es, dass Ihr Kind aufgrund seiner bisherigen schulischen Entwicklung problemlos das Abitur erreichen kann?")

Die Annahme des RC-Modells, dass sich unterschiedliche Bildungsentscheidungen in den verschiedenen sozialen Lagen durch unterschiedliche Bildungsmotivation und unterschiedliche Einschätzungen des Investitionsrisikos erklären lassen, kann mit den vorliegenden Daten bestätigt werden. Berücksichtigt man, wie Familien Erfolgsaussichten, Gewinne und Verluste einer höheren Schullaufbahn einschätzen, lassen sich kaum noch Unterschiede zwischen den einzelnen EGP-Klassen feststellen.

7.6 Sonstige Bildungsgangentscheidungen

Abschließend sollen noch zwei weitere Arten von Bildungsgangentscheidungen näher betrachtet werden, die in der Beobachtungsstufe an Hamburger Schulen auf Grund ihrer Häufigkeit eine nennenswerte Rolle spielen: zum einen der Aufstieg von einer Haupt- und Realschule auf ein Gymnasium am Ende der sechsten Klasse und zum anderen der Wechsel von einer Haupt- und Realschule auf eine integrierte Gesamtschule am Ende der Beobachtungsstufe. Beide Entscheidungen wurden bereits in Kapitel 7.4 angesprochen (vgl. Tab. 7.23, Tab. 7.24 und Tab. 7.25).

7.6.1 Der Aufstieg auf das Gymnasium

Aufstiege auf das Gymnasium sind deutlich seltener als Abstiege (vgl. Kap. 7.1) und finden während der Beobachtungsstufe an Hamburger Schulen praktisch nur am Ende der sechsten Jahrgangsstufe von Haupt- und Realschulen statt (vgl. Tab. 7.11). Nur zwei Kinder wechseln am Ende der fünften Klasse von einer Haupt- und Realschule auf ein Gymnasium. Aus diesem Grund werden in den folgenden Analysen nur die 78 Kinder berücksichtig, die am Ende der Beobachtungsstufe von einer Haupt- und Realschule auf ein Gymnasium aufsteigen. In Tabelle 7.38 sind die Ergebnisse von bivariaten Pfadanalysen mit ausgewählten Hintergrundmerkmalen der Kinder als unabhängige und der Aufstiegsentscheidung als abhängige Variable dargestellt.

Wie in Kapitel 7.4 ausführlich beschrieben, erhalten die Schülerinnen und Schüler an Haupt- und Realschulen am Ende der Beobachtungsstufe ausgehend von ihren Schulnoten eine Empfehlung für die Hauptschule, die Realschule oder das sechsstufige Gymnasium. Diese Schullaufbahnempfehlung weist zwar einen signifikanten Zusammenhang mit der abhängigen Variable auf, allerdings erklärt das Modell nur 2 Prozent der Variabilität der Aufstiegsentscheidung. Die gleiche Erklärungskraft besitzt die kombinierte Lese- und Mathematikkompetenz der Schülerinnen und Schüler. Geschlecht und ISEI weisen keinen signifikanten Zusammenhang mit der Entscheidung für den Wechsel auf ein Gymnasium auf. Dafür erklärt der Migrationshintergrund der Kinder immerhin vier Prozent der Variabilität der Aufstiegsentscheidung. Von den vier Variablen des RC-Modells weist nur die Erfolgswahrscheinlichkeit einen signifikanten Zusammenhang mit der abhängigen Variable auf, wobei die erklärte Varianz nur 1 Prozent beträgt.

Tabelle 7.38:   Der Zusammenhang zwischen ausgewählten Hintergrundmerkmalen der
                Schülerinnen und Schüler und der Entscheidung am Ende der Beobach-
                tungsstufe von einer Haupt- und Realschule auf ein Gymnasium zu wech-
                seln (bivariate Pfadanalysen)

	Pfadkoeffizienz	R^2
Schullaufbahnempfehlung für die siebte Jahrgangsstufe	0,14 *	0,02
Kombinierte Lese- und Mathematikkompetenz	0,15 *	0,02
Geschlecht	n.s.	n.s.
Migrationshintergrund	-0,20 *	0,04
ISEI	n.s.	n.s.
Bildungsertrag U	n.s.	n.s.
Statusverlust SV	n.s.	n.s.
Kosten C	n.s.	n.s.
Erfolgwahrscheinlichkeit p	0,10 *	0,01

* $p < 0{,}05$

Abbildung 7.21:   Pfadmodell zur Erklärung der Entscheidung für den Aufstieg von einer
                  Haupt- und Realschule auf ein Gymnasium am Ende der Beobach-
                  tungsstufe

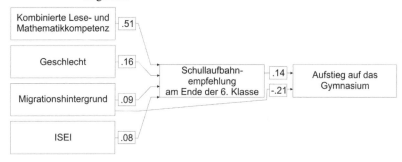

CFI = 1.000, TLI = 1.000, RMSEA =.000
R^2 Aufstieg auf das Gymnasium = .06
R^2 Schullaufbahnempfehlung am Ende der 6. Klasse = .30

Auch ein Pfadmodell mit der Schullaufbahnempfehlung für die siebte Jahrgangsstufe als Mediator erklärt gerade einmal sechs Prozent der Variabilität der
Aufstiegsentscheidung (vgl. Abb. 7.21). Neben dem Mediator weist nur der
Migrationshintergrund einen signifikanten direkten Zusammenhang mit der abhängigen Variable auf, das heißt Schülerinnen und Schüler mit Migrationshintergrund wechseln unter Berücksichtigung der übrigen Variablen seltener auf ein

Gymnasium als Kinder ohne Migrationshintergrund. Allerdings erhalten Kinder mit Migrationshintergrund unter Konstanthaltung der übrigen Variablen eine höhere Schullaufbahnempfehlung (vgl. Abb. 7.09, Abb. 7.10 und Abb. 7.11), die sich wiederum positiv auf die Aufstiegsentscheidung auswirkt.

Die Ursache für den relativ engen Zusammenhang zwischen Migrationshintergrund und Aufstiegsentscheidung ist höchstwahrscheinlich das sechsstufige Gymnasium. Da sich Familien von Haupt- und Realschülerinnen und -schülern mit einer Aspiration für eine Gymnasiallaufbahn ihres Kindes insbesondere dann für ein sechsstufiges statt für ein achtstufiges Gymnasium entscheiden, wenn mindestens ein Elternteil im Ausland geboren wurde, wird die Entscheidung für ein achtstufiges Gymnasium folglich insbesondere von Familien ohne Migrationshintergrund getroffen.

Insgesamt muss aber betont werden, dass bei einer erklärten Varianz von 6 Prozent keine der berücksichtigten Variablen wirklich geeignet ist, die Variabilität der Aufstiegsentscheidung zu erklären.

7.6.2 Der Wechsel von Haupt- und Realschulen auf integrierte Gesamtschulen

45 der Kinder, die während der Beobachtungsstufe eine Haupt- und Realschule besucht haben, wechseln am Ende der sechsten Jahrgangsstufe auf eine integrierte Gesamtschule (vgl. Tab. 7.12). Das einzige Hintergrundmerkmal, das einen signifikanten Zusammenhang mit dieser Bildungsgangentscheidung aufweist, ist die Leistungsrückmeldung der Haupt- und Realschule in Form der Schullaufbahnempfehlung für die siebte Jahrgangsstufe. Der entsprechende Zusammenhang ist negativ, was bedeutet, dass eine ungünstigere Empfehlung einen Wechsel auf eine integrierte Gesamtschule wahrscheinlicher macht.

Nachdem die verschiedenen Bildungsgangentscheidungen in den ersten beiden Jahren an Hamburger Sekundarschulen in diesem Kapitel ausführlich analysiert wurden, sollen die empirischen Ergebnisse im nächsten Kapitel zusammengefasst und vor dem Hintergrund des aktuellen Forschungsstandes und des theoretischen Modells diskutiert werden.

8 Zusammenfassung und Diskussion

*Wo es um Bildung geht, darf es nicht
Stände geben.*

Konfuzius[31]

Der Ausgangspunkt dieser Arbeit war das Ziel, zu klären, ob nachträgliche Bildungsgangentscheidungen in der Sekundarstufe einen Zusammenhang mit der sozialen Herkunft von Schülerfamilien aufweisen und somit soziale Disparitäten im Bildungssystem verstärken, oder ob durch Korrekturen des ursprünglichen Grundschulübergangs eine leistungsgerechtere Verteilung auf die Schulformen erfolgt. Für die beiden ersten Jahre an weiterführenden Schulen in Hamburg lautet die Antwort auf diese Frage eindeutig, dass soziale Disparitäten durch Bildungsgangentscheidungen in der Sekundarstufe verstärkt werden. Es hat sich darüber hinaus gezeigt, dass diese sekundären Herkunftseffekte sich mit Hilfe der für den Grundschulübergang etablierten Rational-Choice-Theorie erklären lassen.

8.1 Beantwortung der Forschungsfragen

Die in Kapitel 4 formulierten Forschungsfragen, die in Kapitel 6 ausführlich bearbeitet wurden, sollen an dieser Stelle noch einmal zusammenfassend beantwortet werden.

Wie viele Schülerinnen und Schüler besuchen zu den verschiedenen Zeitpunkten (fünfte, sechste und siebte Klassenstufe) die unterschiedlichen Schulformen? Welche Schulformen verzeichnen im Laufe der Zeit einen Rückgang der Schülerzahlen? Welche Schulformen gewinnen Schülerinnen und Schüler hinzu?

Das Gymnasium ist in der Beobachtungsstufe in Hamburg die mit Abstand meistbesuchte Schulform. Mehr als 44 Prozent der Kinder entscheiden sich nach der Grundschule für eine Gymnasiallaufbahn. Integrierte Gesamtschulen werden von 28 Prozent der Fünftklässlerinnen und Fünftklässler besucht, und für eine Haupt- und Realschule entscheidet sich nur knapp ein Viertel der Schülerfamili-

---

31   zitiert nach http://www.zitat-archiv.com/konfuzius/autor/index.html

en. Kooperative Gesamtschulen werden in Hamburg von weniger als 3 Prozent der Kinder besucht und werden in dieser Arbeit daher in den vertiefenden Analysen nicht weiter berücksichtigt. In den ersten beiden Jahren der Sekundarstufe verzeichnen Gymnasien einen massiven Rückgang der Schülerzahlen, während integrierte Gesamtschulen sowie Haupt- und Realschulen Schülerinnen und Schüler dazu gewinnen können.

Mit welcher Grundschulempfehlung wechseln die Schülerinnen und Schüler auf welche Schulform (Übergang von der vierten in die fünfte Jahrgangsstufe)? Von welcher Schulform wechseln die Schülerinnen und Schüler auf welche Schulform (Übergang von der fünften in die sechste Jahrgangsstufe)? Von welcher Schulform wechseln die Schülerinnen und Schüler in welche Schulform beziehungsweise wie verteilen sich ehemalige Haupt- und Realschülerinnen und -schüler beziehungsweise Kinder an kooperativen Gesamtschulen auf die Schulformen der siebten Klasse (Übergang von der sechsten in die siebte Jahrgangsstufe)?

90 Prozent der Schülerinnen und Schüler an integrierten Gesamtschulen und 98 Prozent an Haupt- und Realschulen haben von der Grundschule eine Empfehlung für eine Haupt- und Realschule erhalten. Hingegen weisen nur 79 Prozent der Gymnasiastinnen und Gymnasiasten eine Gymnasialempfehlung auf. Am Ende der fünften Jahrgangsstufe finden in erster Linie Abgänge vom Gymnasium statt. Aufnehmende Schulformen sind zu etwa gleichen Teilen Haupt- und Realschulen beziehungsweise integrierte Gesamtschulen. Beim Übergang in die siebte Jahrgangsstufe stehen an Haupt- und Realschulen sowie an kooperativen Gesamtschulen zwangsläufig Schullaufbahnentscheidungen an. Von den ehemaligen Haupt- und Realschülerinnen und -schülern wählen etwa gleich viele eine Hauptschule wie eine Realschule. Nur vier Prozent entscheiden sich für einen Wechsel auf ein sechsstufiges Gymnasium. An kooperativen Gesamtschulen setzt fast die Hälfte der Schülerschaft ihre Schullaufbahn im Realschulzweig fort. Deutlich weniger Kinder besuchen einen Gymnasialzweig und noch weniger einen Hauptschulzweig. Von diesen regulären Bildungsentscheidungen abgesehen, bedeuten Schulformwechsel wie schon beim Übergang in die sechste Klasse in erster Linie Abgänge vom Gymnasium auf Realschulen beziehungsweise integrierte Gesamtschulen. Zusätzlich entscheiden sich einige ehemalige Haupt- und Realschüler dafür, auf eine integrierte Gesamtschule beziehungsweise auf ein Gymnasium zu wechseln. Vergleicht man Abstiege vom und Aufstiege aufs Gymnasium ergibt sich ein Verhältnis von etwa 5:1.

Welche Schulformwechselmuster lassen sich in den vorliegenden Daten identifizieren? Wie häufig kommen die einzelnen Muster vor? Lassen sich Typen von Schulformwechselmustern identifizieren?

Etwas mehr als zwei Drittel der Kinder besuchen während der betrachteten Zeitspanne durchgängig ein Gymnasium beziehungsweise eine integrierte Gesamtschule. Alle anderen Schülerinnen und Schüler wechseln mindestens einmal die Schulform,[32] wobei sich folgende Typen von Schulformwechselmustern identifizieren lassen:

- die Bildungsgangentscheidung an kooperativen Gesamtschulen (297 Fälle);
- die Bildungsgangentscheidung an Haupt- und Realschulen (2668 Fälle);
- die Entscheidung für den Abgang vom Gymnasium (450 Fälle);
- die Entscheidung für den Aufstieg auf das Gymnasium (85 Fälle);
- sonstige Schulformwechselmuster (104 Fälle).

Wie unterscheiden sich die mittleren Kompetenzen in den verschiedenen Domänen zwischen den unterschiedlichen Schulformen in der siebten Jahrgangsstufe? Wie groß sind die Überschneidungen zwischen den unterschiedlichen Schulformen hinsichtlich der schulischen Kompetenzen der jeweiligen Schülerinnen und Schüler?

Zwar unterscheiden sich die mittleren schulischen Kompetenzen in der siebten Jahrgangsstufe zwischen den einzelnen Schulformen, allerdings lassen sich auch nicht unerhebliche Überschneidungen feststellen: Die leistungsstärksten Hauptschülerinnen und Hauptschüler zeigen eine höhere Kompetenz als die schwächsten Gymnasiastinnen und Gymnasiasten.

Welche Schulformen besuchen die Schülerinnen und Schüler in den ersten drei Jahren der Sekundarstufe in Abhängigkeit von der Grundschulempfehlung? Wie entwickelt sich der Anteil der gymnasialempfohlenen Kinder auf den unterschiedlichen Schulformen? Wie groß ist die Verbleibewahrscheinlichkeit auf dem Gymnasium in Abhängigkeit von der Grundschulempfehlung?

Die meisten Kinder mit einer Gymnasialempfehlung besuchen in den ersten Jahren der Sekundarstufe ein Gymnasium (ca. 90 %) beziehungsweise eine integrierte Gesamtschule (knapp 10 %), wobei der Anteil von Gymnasiastinnen und Gymnasiasten im Zeitverlauf abnimmt und der Anteil an Gesamtschülerinnen und Gesamtschülern ansteigt. Von den Schülerinnen und Schülern mit einer

---

32 Dazu werden auch die Schülerinnen und Schüler an Haupt- und Realschulen bzw. an kooperativen Gesamtschulen gezählt, die am Ende der Beobachtungsstufe zwangsläufig vor einer Bildungsgangentscheidung stehen.

Empfehlung für eine Haupt- und Realschule besuchen jeweils etwas mehr als 40 Prozent eine integrierte Gesamtschule beziehungsweise eine Haupt- und Realschule und die übrigen Kinder ein Gymnasium. Auch hier verlieren die Gymnasien Schülerinnen und Schüler, und die integrierten Gesamtschulen gewinnen hinzu. Nur vier Prozent der Kinder mit Gymnasialempfehlung aber 29,1 Prozent ohne entsprechende Grundschulempfehlung verlassen das Gymnasium bis zum Beginn der siebten Jahrgangsstufe. Somit stellt eine fehlende Gymnasialempfehlung der Grundschule zwar einen guten Indikator für eine spätere Abstiegsentscheidung dar, andererseits gelingt es mehr als 70 Prozent der Schülerinnen und Schüler, die sich ohne entsprechende Empfehlung für ein Gymnasium entschieden haben, bis in die siebte Jahrgangsstufe auf dieser Schulform zu verbleiben.

Auf welchen Schulformen sind Mädchen im Vergleich zu ihrem Anteil in der Grundgesamtheit über- beziehungsweise unterrepräsentiert? Wie unterscheiden sich die mittleren Lese- beziehungsweise Mathematikkompetenzen von Mädchen und Jungen? Wie unterscheiden sich die Zugangschancen von Mädchen und Jungen zu den unterschiedlichen Schulformen im Zeitverlauf ohne und mit Kontrolle der schulischen Kompetenzen?

Mädchen sind an (sechs- und achtstufigen) Gymnasien überrepräsentiert und Jungen an Hauptschulen und integrierten Haupt- und Realschulen. Die unterschiedlichen Zugangschancen lassen sich durch die höhere mittlere Lesekompetenz der Mädchen erklären. Kontrolliert man allerdings die Mathematikkompetenz, bei der Jungen im Durchschnitt höhere Werte aufweisen, verstärken sich die geschlechtsbedingten Disparitäten.

Auf welchen Schulformen sind Kinder mit Migrationshintergrund im Vergleich zu ihrem Anteil in der Grundgesamtheit über- beziehungsweise unterrepräsentiert? Wie unterscheiden sich die mittleren Lese- beziehungsweise Mathematikkompetenzen von Kindern mit und ohne Migrationshintergrund? Wie unterscheiden sich die Zugangschancen von Kindern mit und ohne Migrationshintergrund zu den unterschiedlichen Schulformen im Zeitverlauf ohne und mit Kontrolle der schulischen Kompetenzen?

Kinder mit Migrationshintergrund sind an allen Schulformen mit Ausnahme des achtstufigen Gymnasiums überrepräsentiert. Während die Verteilung an integrierten Gesamtschulen sowie an Realschulen ungefähr der in der Grundgesamtheit entspricht, weisen Hauptschulen und integrierte Haupt- und Realschulen eine deutlich erhöhte Migrantenquote auf. Einen Sonderfall stellt das sechsstufige Gymnasium dar, wo fast drei Viertel der Kinder einen Migrationshintergrund aufweisen (gegenüber knapp einem Drittel in der Grundgesamtheit). Die migrationsbedingten Disparitäten in den Zugangschancen zu den einzelnen Schulformen lassen sich fast vollständig durch die kombinierte Lese- und Mathematikkompetenz der Kinder erklären. Lediglich die Chancen, statt eines achtstufigen Gymnasiums ein sechsstufiges zu besuchen, sind bei Kindern mit Migrationshintergrund auch unter Kontrolle der schulischen Leistungen deutlich höher als bei Kindern ohne Migrationshintergrund. Bei den Zugangschancen zu integrierten Gesamtschulen zeigt sich unter Kontrolle der Lese- und Mathematikkompetenz sogar, dass Schülerinnen und Schüler mit Migrationshintergrund eine höhere Chance auf einen Gymnasialbesuch haben als ihre Mitschülerinnen und Mitschüler.

Auf welchen Schulformen sind Kinder, deren Familien einer bestimmten EGP-Klasse angehören, im Vergleich zu ihrem Anteil in der Grundgesamtheit über- beziehungsweise unterrepräsentiert? Wie unterscheiden sich die mittleren Lese- beziehungsweise Mathematikkompetenzen in den einzelnen EGP-Klassen? Wie unterscheiden sich die Zugangschancen von Kindern der unterschiedlichen EGP-Klassen zu den unterschiedlichen Schulformen im Zeitverlauf ohne und mit Kontrolle der schulischen Kompetenzen?

Auch hinsichtlich der sozialen Herkunft der Schülerinnen und Schüler erweist sich das achtstufige Gymnasium als die einzige Schulform, an der Kinder aus bildungsnahen Elternhäusern überrepräsentiert und die aus bildungsfernen Elternhäusern unterrepräsentiert sind. Insbesondere an Hauptschulen sowie an integrierten Haupt- und Realschulen aber auch an sechsstufigen Gymnasien sind die oberen sozialen Lagen – verglichen mit ihrem Anteil in der Grundgesamtheit – kaum vertreten. Diese sozialen Disparitäten lassen sich zwar zum Teil durch die höheren schulischen Kompetenzen der Kinder aus privilegierten Elternhäusern (also durch primäre Herkunftseffekte) erklären, allerdings zeigen sich auch unter Kontrolle der Lese- und Mathematikkompetenz noch deutliche Unterschiede in den Zugangschancen zu den einzelnen Schulformen.

Wie hoch sind an Haupt- und Realschulen am Ende der sechsten Jahrgangsstufe die Anteile der empfohlenen Schülerinnen und Schüler für die unterschiedlichen Schulformen (ausgehend von den Schulnoten in der sechsten Klasse)?

Bei der regulären Bildungsgangentscheidung am Ende der Beobachtungsstufe an Haupt- und Realschulen haben die Schülerfamilien kaum Mitspracherecht. Lediglich die Wahl einer niedrigeren als der empfohlenen Schulform ist möglich. Jeweils etwa 40 Prozent der Kinder erhalten eine Empfehlung für die Hauptschule beziehungsweise die Realschule. 17,0 Prozent werden für das sechsstufige Gymnasium empfohlen.

Besteht an Haupt- und Realschulen in der sechsten Jahrgangsstufe ein
Zusammenhang zwischen den Schulnoten und den Hintergrundmerkmalen der
Schüler (Kompetenz, Geschlecht, Migrationshintergrund, soziale Herkunft)
beziehungsweise der Schule (mittlere Kompetenz der Schüler)?

Da die Schulformempfehlung der Lehrkräfte abhängig von den Schulnoten in der sechsten Jahrgangsstufe ist, muss geklärt werden, mit welchen Variablen die Noten einen Zusammenhang aufweisen. Es zeigt sich, dass die Hintergrundmerkmale der Kinder (Geschlecht, Migrationshintergrund und soziale Herkunft) auch unter Kontrolle der schulischen Kompetenzen einen signifikanten Zusammenhang mit den Schulnoten aufweisen. Somit führt auch dieser Übergang zu einer Verstärkung von sozialen Disparitäten. Darüber hinaus lässt sich feststellen, dass es in leistungsschwächeren Schulen leichter ist, eine Empfehlung für eine höhere Schulform zu erhalten, als an leistungsstärkeren Schulen.

Lässt sich eine Tendenz feststellen, dass Schülerinnen und Schüler mit einer
Empfehlung für die Hauptschule bevorzugt auf integrierte Haupt- und
Realschulen wechseln, um ihre Bildungschancen zu erhöhen?

Unabhängig von der Empfehlung der Lehrkräfte dürfen die Schülerinnen und Schüler in der siebten Klasse eine integrierte Haupt- und Realschule besuchen. Die Annahme, dass Kinder mit einer ungünstigen Empfehlung gezielt auf diese Schulen wechseln, um ihre Chancen auf einen Realschulabschluss zu erhöhen, lässt sich nicht bestätigen.

Auf welche Schulformen wechseln die Kinder in der siebten Jahrgangsstufe in
Abhängigkeit von der Schullaufbahnempfehlung der Haupt- und Realschule?
Lassen sich trotz der strengen Vorgaben durch die Schule sekundäre
Herkunftseffekte feststellen?

In der Praxis finden tatsächlich kaum Übergänge auf eine höhere als die empfohlene Schulform statt.[33] Die Entscheidung, trotz einer Empfehlung für die Realschule eine Hauptschule zu besuchen, weist keinen signifikanten Zusammenhang mit sozialen Hintergrundmerkmalen der Schülerinnen und Schüler auf. Lediglich Durchschnittsnote und kombinierte Lese- und Mathematikkompetenz stehen mit dieser Entscheidung in Zusammenhang. Anders sieht es bei der Entscheidung zwischen Realschule und sechsstufigem Gymnasium aus. Neben der Durchschnittsnote kann auch der Migrationshintergrund zur Erklärung dieser

---

33 Da die Lehrerempfehlung in dieser Arbeit ausgehend von den Schulnoten geschätzt werden musste, besteht die Möglichkeit, dass es sich auch in diesen Fällen nicht um Abweichungen nach oben handelt, sondern dass diese Schülerinnen und Schüler in Wirklichkeit eine bessere Empfehlung erhalten haben als angenommen.

Bildungsentscheidung beitragen. Vor allem Kinder mit Migrationshintergrund wechseln nach der Beobachtungsstufe auf ein sechsstufiges Gymnasium. Weitestgehend unabhängig von der Schulformempfehlung entscheiden sich einige Schülerfamilien für den Wechsel auf eine integrierte Gesamtschule (1,6 %) oder ein (achtstufiges) Gymnasium (2,8 %). Insgesamt lassen sich bei dieser Bildungsentscheidung keine sekundären Herkunftseffekte nachweisen.

Unterscheiden sich Schülerinnen und Schüler, die vom Gymnasium auf eine integrierte Gesamtschule wechseln, von denen, die vom Gymnasium auf eine Haupt- und Realschule wechseln? Mit welchen Variablen steht die Entscheidung zwischen integrierter Gesamtschule und Haupt- und Realschule im Zusammenhang?

Wie in allen Studien zu diesem Thema erweist sich auch in dieser Arbeit der Abgang vom Gymnasium als die mit Abstand häufigste Schulformwechselentscheidung. Nach der fünften Klasse wechseln 4,4 Prozent der Gymnasiastinnen und Gymnasiasten auf eine andere Schulform, und nach der sechsten Klasse entscheiden sich 5,0 Prozent für einen Wechsel. Aufnehmende Schulformen sind zu etwa gleichen Teilen (Haupt- und) Realschulen beziehungsweise integrierte Gesamtschulen. Es zeigt sich, dass Familien aus den oberen sozialen Lagen ihre Kinder eher auf eine integrierte Gesamtschule schicken und Familien aus den unteren sozialen Lagen eher auf eine (Haupt- und) Realschule. Insgesamt ist der Zusammenhang zwischen Hintergrundmerkmalen der Schülerfamilien und der Entscheidung zwischen den beiden aufnehmenden Schulformen allerdings eher gering, so dass in den weiteren Analysen allgemein vom „Abgang vom Gymnasium" gesprochen wird.

Welcher Zusammenhang besteht zwischen der Abgangsentscheidung vom Gymnasium nach der fünften Klasse und den Hintergrundmerkmalen der Schülerinnen und Schüler?

Da für die fünfte Klasse weder Schulnoten noch Testergebnisse vorliegen, erweist es sich als problematisch, die schulischen Kompetenzen zu diesem Zeitpunkt zu kontrollieren. Als Indikatoren wurden die kognitiven Fähigkeiten und die kombinierte Lese- und Mathematikkompetenz aus KESS 4 genutzt. Neben diesen beiden Variablen weisen auch die soziale Herkunft und das Geschlecht der Kinder (Jungen verlassen das Gymnasium mit größerer Wahrscheinlichkeit als Mädchen) einen signifikanten Zusammenhang mit der Abgangsentscheidung auf.

Welcher Zusammenhang besteht zwischen den Schulnoten (insbesondere nichtausreichenden Schulnoten) in sechsten Klassen am Gymnasium und den Hintergrundmerkmalen der Schülerinnen und Schüler?

Nach der sechsten Klasse müssen Schülerinnen und Schüler, deren Durchschnittsnote nicht ausreichend ist, das Gymnasium zwangsläufig verlassen (Umschulung). Soziale Disparitäten verstärken sich auch bei dieser Art des Schulformwechsels, da die Schulnoten einen signifikanten Zusammenhang mit dem Geschlecht, dem Migrationshintergrund und der sozialen Herkunft der Kinder aufweisen.

Welcher Zusammenhang besteht zwischen der (freiwilligen) Abgangsentscheidung vom Gymnasium nach der sechsten Klasse und den Hintergrundmerkmalen der Schülerinnen und Schüler?

Für einen freiwilligen Abgang am Ende der Beobachtungsstufe entscheiden sich insbesondere Gymnasiastinnen und Gymnasiasten, die eine nur ausreichende Durchschnittsnote erhalten haben. Darüber hinaus weisen aber auch die kombinierte Lese- und Mathematikkompetenz, die soziale Herkunft und der Migrationshintergrund einen direkten Zusammenhang mit der Abgangsentscheidung auf.

Welcher Zusammenhang besteht zwischen den Variablen des RC-Modells und der Abgangsentscheidung vom Gymnasium (unabhängig vom Zeitpunkt und von der aufnehmenden Schulform)? Lassen sich Unterschiede zwischen den EGP-Klassen hinsichtlich der Abgangswahrscheinlichkeit durch die Variablen des RC-Modells erklären?

Zur Überprüfung des RC-Modells wurden alle freiwilligen Abgänge nach der fünften und nach der sechsten Jahrgangsstufe zusammengefasst. Die Erfolgswahrscheinlichkeit (p) zeigt von den vier Indikatorvariablen den engsten Zusammenhang mit der Abgangsentscheidung, gefolgt von den Kosten (C) und schließlich dem Bildungsertrag (U) und dem Statusverlust (SV). Es konnte gezeigt werden, dass in einer logistischen Regression mit den EGP-Klassen als unabhängiger und dem Gymnasialabgang als abhängiger Variable die Kontrolle der Variablen aus dem RC-Modell zu einer erheblichen Steigerung der Modellgüte und einer deutlichen Verringerung der *odds ratios* führt. Das RC-Modell leistet also einen substanziellen Beitrag zur Erklärung von sekundären Herkunftseffekten (vgl. Kap. 8.2).

Lassen sich bei dieser Bildungsentscheidung, am Ende der sechsten Jahrgangsstufe von einer Haupt- und Realschule auf ein Gymnasium zu wechseln, sekundäre Herkunftseffekte feststellen? Welcher Zusammenhang besteht zwischen der Aufstiegsentscheidung und weiteren Variablen?

Aufstiege auf das Gymnasium finden praktisch ausschließlich von Haupt- und Realschulen statt. In einem Pfadmodell mit der Aufstiegsentscheidung als abhängiger Variable, der Schullaufbahnempfehlung am Ende der sechsten Klasse als Mediator und der kombinierten Lese- und Mathematikkompetenz, dem Schülergeschlecht sowie dem Migrationshintergrund und der sozialen Herkunft der Familie als unabhängigen Variablen, ergibt sich nur für den Migrationshintergrund (Familien mit Migrationshintergrund entscheiden sich seltener für einen Aufstieg) und den Mediator ein direkter Zusammenhang mit der Wechselentscheidung. Zudem erklärt das Modell nur 6 Prozent der Variabilität des Gymnasialaufstiegs.

Welche Variablen weisen einen Zusammenhang mit der Entscheidung auf, am Ende der sechsten Jahrgangsstufe von einer Haupt- und Realschule auf eine integrierte Gesamtschule zu wechseln?

Für den Wechsel von einer Haupt- und Realschule auf eine integrierte Gesamtschule lässt sich lediglich feststellen, dass eine ungünstigere Schullaufbahnempfehlung am Ende der Beobachtungsstufe einen Wechsel wahrscheinlicher macht.

8.2 Die Erklärung von sekundären Herkunftseffekten mit Hilfe der Rational-Choice-Theorie

In dieser Arbeit hat sich deutlich gezeigt, dass nachträgliche Korrekturen der am Ende der Grundschulzeit getroffenen Bildungsgangentscheidungen zu einer Verstärkung von sozialen Disparitäten beim Zugang zu den unterschiedlichen Schulformen führen. Neben der detaillierten Beschreibung der Zusammenhänge zwischen unterschiedlichen Hintergrundmerkmalen und den Bildungsentscheidungen war es das Ziel dieser Arbeit, zu untersuchen, ob sich die sekundären Herkunftseffekte bei Schulformwechselentscheidungen während der Beobachtungsstufe mit Hilfe des RC-Modells erklären lassen, das bereits erfolgreich im Kontext des Grundschulübergangs eingesetzt wurde.

Da es bei den Schullaufbahnentscheidungen an Haupt- und Realschulen am Ende der sechsten Jahrgangsstufe praktisch keine sekundären Herkunftseffekte gibt, weil die Familien kaum Wahlmöglichkeiten besitzen und auch bei der Entscheidung, auf das Gymnasium aufzusteigen, kaum soziale Disparitäten festgestellt werden konnten, wurde hierzu die Bildungsentscheidung genauer betrachtet, bei der substanzielle sekundäre Herkunftseffekte feststellbar sind: die Entscheidung für den freiwilligen Abgang vom Gymnasium.

Ohne Kontrolle von Kovariaten ist die relative Chance, das Gymnasium während der Beobachtungsstufe vorzeitig zu verlassen, für Schülerinnen und Schüler aus der Gruppe der un- und angelernten Arbeiter und Landarbeiter sechsmal größer als für Kinder aus der oberen Dienstklassen, und auch für die Angehörigen der übrigen EGP-Klassen sind die Chancenverhältnisse signifikant ungünstiger als für die obere Dienstklasse. Diese sozialen Disparitäten fallen theoriekonform etwas geringer aus, wenn die Lese- und die Mathematikkompetenz kontrolliert werden, wenn also die sekundären Herkunftseffekte separat betrachtet werden.

Der RC-Theorie zufolge lassen sich diese herkunftsspezifischen Differenzen in den Bildungsentscheidungen durch Unterschiede in der Bildungsmotivation und in der Einschätzung des Investitionsrisikos in Abhängigkeit von der sozialen Lage erklären. Das RC-Modell aus der Ungleichung 2.18' besagt, dass eine Entscheidung für den Abgang vom Gymnasium dann getroffen wird, wenn das Investitionsrisiko (C/p) größer ist als die Bildungsmotivation (U+cSV).[34] Unter der Annahme, dass sich die Bildungsmotivation in den Familien seit dem Ende der Grundschulzeit nicht verändert hat und auch die Kosten (C) des höheren Bildungsgangs nicht anders eingeschätzt werden, lässt sich die Entscheidung für den Abgang vom Gymnasium somit durch eine Abnahme der Erfolgswahrscheinlichkeit (p) erklären. Die Brückenannahme, dass die Wahrscheinlichkeit, dass der erwartete Nutzen des Abgangs höher eingeschätzt wird als der des Verbleibs, in den unteren sozialen Lagen größer ist als in den oberen sozialen Lagen, ergibt sich aus der Überlegung, dass bildungsfernere Elternhäusern bei nur ausreichenden Leistungen ihrer Kinder eher zu dem Ergebnis gelangen, dass das Erreichen des Abiturs unwahrscheinlich ist, als bildungsnähere Elternhäuser. Hinzu kommt, dass sich die ursprüngliche Bildungsmotivation in den verschiedenen sozialen Lagen unterscheidet, so dass eine geringfügige Veränderung der Einschätzung der Erfolgswahrscheinlichkeit vor allem in den bildungsferneren Elternhäusern dazu führen wird, dass das Investitionsrisiko größer wird als die Bildungsmotivation.

Empirisch konnte in dieser Arbeit gezeigt werden, dass die Variablen aus dem RC-Modell geeignet sind, soziale Disparitäten in der Entscheidung, das Gymnasium vorzeitig zu verlassen, zu erklären. Berücksichtigt man, wie Familien Kosten und Nutzen einer höheren Schullaufbahn einschätzen, lassen sich un-

---

34 Diese Ungleichung ergibt sich durch Umformung aus der Grundannahme des RC-Modells, dass der Abgang dann erfolgt wenn gilt: $EU(A_A) > EU(A_V)$.

ter gleichzeitiger Kontrolle der primären Herkunftseffekte keine Unterschiede zwischen den einzelnen EGP-Klassen hinsichtlich der Abgangsentscheidung vom Gymnasium finden.

8.3 Diskussion der Ergebnisse

Diese Arbeit zeigt einmal mehr das Ausmaß der sozialen Disparitäten im deutschen Bildungssystem. Die dreifache Benachteiligung von Kindern aus bildungsfernen Elternhäusern, die im Rahmen von IGLU für den Übergang von der Grundschule in die Sekundarstufe beschrieben wurde (Arnold et al., 2007; Pietsch & Stubbe, 2007), lässt sich auch in der Beobachtungsstufe an Hamburger Schulen feststellen:

(1)   Schülerinnen und Schüler aus privilegierten Familien weisen deutlich höhere schulische Kompetenzen auf als ihre Mitschülerinnen und Mitschüler (primäre Herkunftseffekte). Von der frühkindlichen Förderung bis hin zum Unterstützungsverhalten an der weiterführenden Schule können bildungsnahe Elternhäuser ihren Kindern eine anregungsreichere Lernumgebung bieten. Gleichzeitig gelingt es den Schulen nicht zufriedenstellend, diesen sozialen Ungleichheiten kompensierend zu begegnen.

(2)   Die Leistungsbeurteilungen von Lehrkräften – in Form von Schulnoten oder Schullaufbahnempfehlungen – weisen auch unter Kontrolle der primären Herkunftseffekte einen Zusammenhang mit der sozialen Herkunft der Kinder (sowie mit dem Migrationshintergrund und dem Geschlecht) auf. Zudem zeigt sich auch in dieser Arbeit, dass Leistungsbeurteilungen verschiedener Schulen nicht ohne weiteres miteinander verglichen werden können.

(3)   Auch unter Kontrolle der primären Herkunftseffekte und der Leistungsbeurteilungen durch die Lehrkräfte lässt sich ein Zusammenhang zwischen der sozialen Herkunft von Schülerfamilien und den von diesen getroffenen Bildungsgangentscheidungen feststellen (sekundäre Herkunftseffekte).

Aus diesen Befunden lassen sich Konsequenzen für pädagogische Praxis ableiten:

Insbesondere im Elementar- und Primarbereich sollte versucht werden, den unterschiedlichen Vorkenntnissen, mit denen Kinder ihre Bildungslaufbahn beginnen, kompensierend zu begegnen, um so herkunftsspezifische Disparitäten zu verringern. Dazu ist es notwendig, individuell auf die Förderbedürfnisse der einzelnen Schülerinnen und Schüler einzugehen. Aber auch in den höheren Jahrgangsstufen sollten Lehrerinnen und Lehrer bedenken, dass sich die häuslichen Unterstützungsmöglichkeiten bei den Kindern zum Teil erheblich unterscheiden.

Neben einer gezielten Förderung der Kinder im Kindergarten und in der Schule sollte auch versucht werden, bildungsfernere Elternhäuser für die Bedeutung der häuslichen Lernumgebung zu sensibilisieren und diese verstärkt in schulische Belange zu integrieren. So wird beispielsweise in Schottland und England seit längerer Zeit erfolgreich die Lesesozialisation im Elternhaus mit unterschiedlichen Initiativen und Programmen gefördert (National Literacy Trust, 2007).

Leistungsbeurteilungen, die genutzt werden, um Schülerinnen und Schüler aus unterschiedlichen Klassen zu vergleichen, sollten nach klar definierten Standards erfolgen. Bei Rückmeldungen zu der erreichten Leistung im Klassenverband sollte entsprechend deutlich werden, dass diese keinen Vergleich mit Kindern aus anderen Schulen erlauben. Es hat sich erneut gezeigt, dass Schulnoten aus unterschiedlichen Schulen nur bedingt miteinander vergleichbar sind. Trotzdem werden sie nicht nur von Schülerfamilien zur Einschätzung der Erfolgswahrscheinlichkeiten auf verschiedenen Schulformen genutzt, sondern dienen sogar als institutionelles Steuerungsinstrument bei Bildungsübergängen.

Anforderungen und Möglichkeit der unterschiedlichen Bildungsgänge müssen insbesondere für bildungsfernere Schülerfamilien transparenter gestaltet werden. So können Eltern, die selbst kein Gymnasium besucht haben, die Erfolgschancen ihrer Kinder auf dieser Schulform schlechter einschätzen als Eltern mit eigener Gymnasialerfahrung, was die sekundären Herkunftseffekte verstärkt.

Als bildungspolitische Konsequenz zeigt die Arbeit, dass die horizontale Durchlässigkeit zwischen unterschiedlichen Bildungsgängen keineswegs dazu beiträgt, soziale Disparitäten zu verringern, sondern diese sogar noch verstärkt. Die frühe Aufteilung von Kindern auf verschiedene Schulformen – und damit in differentielle Lern- und Entwicklungsmilieus (vgl. Baumert et al., 2006) – leistet einen substanziellen Beitrag zur Reproduktion von sozialer Ungleichheit in der deutschen Gesellschaft.

Insgesamt lassen sich die wichtigsten Befunde aus anderen Studien zu Schulformwechseln in der Sekundarstufe bestätigen:

Schülerinnen und Schüler aus den oberen sozialen Lagen verlassen das Gymnasium nur dann vorzeitig, wenn ihre Leistungen einen erfolgreichen Abschluss unmöglich erscheinen lassen. Hingegen entscheiden sich Familien der unteren sozialen Lagen zum Teil auch dann für den Abgang vom Gymnasium, wenn die schulischen Leistungen erfolgversprechend sind (vgl. Bofinger, 1990; Dahrendorf, 1967; Gerstein, 1972).

Das Verhältnis von Abstiegen vom Gymnasium zu Aufstiegen auf das Gymnasium ist mit 5:1 zwar deutlich ausgeglichener als in anderen Studien (vgl. Bellenberg, 1999; Bellenberg & Klemm, 2000; Kemnade, 1989). Dabei muss jedoch bedacht werden, dass in dieser Arbeit nur die ersten beiden Jahre der Sekundarstufe betrachtet wurden. Es ist davon auszugehen, dass sich dieses Verhältnis im Zeitverlauf zu Ungunsten der Aufsteiger verschiebt (vgl. Rösner, 1997).

Die Grundschulempfehlung erweist sich zwar insofern als guter Indikator für den Erfolg am Gymnasium, als kaum Schülerinnen und Schüler mit entsprechender Empfehlung diese Schulform während der ersten beiden Jahre verlassen. Andererseits gelingt es vielen Kindern, sich auch ohne Gymnasialempfehlung – zumindest bis in die siebte Jahrgangsstufe – an dieser Schulform zu halten (vgl. Roeder & Schmitz, 1995; Schümer, 1985). Über die langfristige prognostische Qualität der Grundschulempfehlung kann zu diesem Zeitpunkt noch keine Aussage gemacht werden.

Zum Zeitpunkt der Durchführung von KESS 7 zeichnete sich das Hamburger Sekundarschulwesen durch eine Vielzahl unterschiedlicher Bildungsgänge aus (vgl. Kap. 4). Ab dem Schuljahr 2009/10 soll sich dies jedoch grundlegend ändern (Behörde für Bildung und Sport, 2007). Neben dem achtstufigen Gymnasium in der Form, wie es heute existiert, soll es nur noch eine weitere Schulform – die Stadtteilschule – geben, in der (integrierte) Haupt- und Realschulen, integrierte und kooperative Gesamtschulen sowie die sechsstufigen Gymnasien und die Aufbaugymnasien zusammengefasst werden. Sowohl an Gymnasien als auch an Stadtteilschulen kann das Abitur erreicht werden. Die Eltern dürfen weiterhin nach der Grundschule eine der beiden Schulformen wählen, allerdings entscheiden die Schulen nach der sechsten Jahrgangsstufe über einen möglichen Schulformwechsel.

Ob diese Schulstrukturreform zu einer Verringerung von sekundären Herkunftseffekten führt, bleibt abzuwarten. Konsequenter wäre es, die Schülerinnen und Schüler im Anschluss an eine sechsjährige Grundschule nach objektiven und für alle Beteiligten nachvollziehbaren Kriterien auf die beiden Schulformen zu verteilen. Hinsichtlich der vertikalen Durchlässigkeit dieser neuen Schulstruktur bleibt abzuwarten, ob die gleichnamigen Abschlüsse (insbesondere das Abitur) – je nachdem, ob sie an einem Gymnasium oder an einer Stadtteilschule erworben wurden – auch auf dem Arbeitsmarkt als gleichwertig angesehen werden, was aufgrund der bestehenden Studien zu diesem Thema bezweifelt werden muss (vgl. Schuchart, 2007).

8.4   Forschungsdesiderate

Das offensichtlichste Forschungsdesiderat aus dieser Arbeit ist die Weiterverfolgung der Bildungsgangentscheidungen in den weiteren KESS-Zyklen. Dabei wird insbesondere den veränderten Rahmenbedingungen durch die Einführung der Stadtteilschulen Rechnung zu tragen sein. Bestimmte Forschungsdesiderate – insbesondere die genauere Betrachtung des sechsstufigen Gymnasiums – erübrigen sich dafür als Folge dieser umfassenden Schulstrukturreform.

Hinsichtlich des RC-Modells sollte geprüft werden, ob die vorgeschlagenen Ergänzungen (*risk aversion* und *future time perspective*) die Erklärungskraft des Modells erhöhen.

Besondere Aufmerksamkeit sollte in den kommenden Jahren auch die vertikale Durchlässigkeit des Bildungssystems erhalten. So würden soziale Disparitäten bei frühen Bildungsentscheidungen tatsächlich an Bedeutung verlieren, wenn sämtliche Bildungsabschlüsse unabhängig von der gewählten Schullaufbahn erreicht werden können und gleichnamige Abschlüsse auf dem Arbeitsmarkt auch tatsächlich als gleichwertig angesehen werden, unabhängig davon auf welcher Schulform sie erworben wurden.

9 Verzeichnisse

9.1 Literaturverzeichnis

Ajzen, I. (1991). The theory of planned behavior. *Organizational Behavior and Human Decision Processes, 50*, 179–211.

Alexander, J. C. & Giesen, B. (1987). From reduction to linkage: The long view of the micro-macro debate. In J. C. Alexander, B. Giesen, R. Münch & N. J. Smelser (Hrsg.), *The micro-macro link* (S. 1–42). Berkeley: University of California Press.

Alexander, J. C., Giesen, B., Münch, R. & Smelser, N. J. (Hrsg.). (1987). *The micro-macro link*. Berkeley: University of California Press.

Alexander, K. L., Entwisle, D. R. & Horsey, C. S. (1997). From first grade forward: Early foundations of high school dropout. *Sociology of Education, 70*, 87–107.

Alexander, K. L., Entwisle, D. R. & Kabbani, N. S. (2001). The dropout process in life course perspective: Early risk factors at home and school. *Teachers College Record, 103* (5), 760–822.

Arnold, K.-H., Bos, W., Richert, P. & Stubbe, T. C. (2007). Schullaufbahnpräferenzen am Ende der vierten Klassenstufe. In W. Bos, S. Hornberg, K.-H. Arnold, G. Faust, L. Fried, E.-M. Lankes, K. Schwippert & R. Valtin (Hrsg.), *IGLU 2006. Lesekompetenzen von Grundschulkindern in Deutschland im internationalen Vergleich* (S. 271–297). Münster: Waxmann.

Astone, N. M. & McLanahan, S. S. (1991). Family structure, parental practices and high school completion. *American Sociology Review, 56*, 309–320.

Axelrod, R. (1995). *Die Evolution der Kooperation* (3. Aufl.). München: Oldenbourg.

Battin-Pearson, S., Newcomb, M. D., Abbott, R. D., Hill, K. G., Catalano, R. F. & Hawkins, J. D. (2000). Predictors of early high school dropout: A test of five theories. *Journal of Educational Psychology, 92* (3), 568–582.

Baumert, J., Roeder, P. M. & Watermann, R. (2005). Das Gymnasium – Kontinuität im Wandel. In K. S. Cortina, J. Baumert, A. Leschinsky, K. U. Mayer & L. Trommer (Hrsg.), *Das Bildungswesen in der Bundesrepublik Deutschland. Strukturen und Entwicklungen im Überblick* (2. Aufl., S. 487–524). Hamburg: Rowohlt.

Baumert, J. & Schümer, G. (2001). Familiäre Lebensverhältnisse, Bildungsbeteiligung und Kompetenzerwerb. In J. Baumert, E. Klieme, M. Neubrand, M. Prenzel, U. Schiefele, W. Schneider, P. Stanat, K.-J. Tillmann & M. Weiß (Hrsg.), *PISA 2000. Basiskompetenzen von Schülerinnen und Schülern im internationalen Vergleich* (S. 323–407). Opladen: Leske + Budrich.

Baumert, J., Stanat, P. & Watermann, R. (2006). Schulstruktur und die Entstehung differenzieller Lern- und Entwicklungsmilieus. In J. Baumert, P. Stanat & R. Watermann (Hrsg.), *Herkunftsbedingte Disparitäten im Bildungswesen. Vertiefende Analysen im Rahmen von PISA 2000* (S. 95–188). Wiesbaden: VS Verlag für Sozialwissenschaften.

Baumert, J., Trautwein, U. & Artelt, C. (2003). Schulumwelten – institutionelle Bedingungen des Lehrens und Lernens. In J. Baumert, C. Artelt, E. Klieme, M. Neubrand, M. Prenzel, U. Schiefele, W. Schneider, K. J. Tillmann & M. Weiß (Hrsg.),

PISA 2000 – Ein differenzierter Blick auf die Länder der Bundesrepublik Deutschland (S. 261–331). Opladen: Leske + Budrich.

Becker, R. (2000). Klassenlage und Bildungsentscheidungen. Eine empirische Anwendung der Wert-Erwartungstheorie. *Kölner Zeitschrift für Soziologie und Sozialpsychologie, 52* (3), 450–474.

Becker, R. & Hecken, A. E. (2008). Warum werden Arbeiterkinder vom Studium an Universitäten abgelenkt? Eine empirische Überprüfung der „Ablenkungsthese" von Müller und Pollak (2007) und ihrer Erweiterung durch Hillmert und Jacob (2003). *Kölner Zeitschrift für Soziologie und Sozialpsychologie, 60* (1), 3-29.

Becker, R. & Lauterbach, W. (2004). Dauerhafte Bildungsungleichheiten – Ursachen, Mechanismen, Prozesse und Wirkungen. In R. Becker & W. Lauterbach (Hrsg.), *Bildung als Privileg?* (S. 9–40). Wiesbaden: VS Verlag für Sozialwissenschaften.

Behörde für Bildung und Sport. (2003). *Hamburgisches Schulgesetz.* Hamburg: Roco-Druck GmbH.

Behörde für Bildung und Sport. (2006). *Den richtigen Weg wählen. Hamburgs weiterführende Schulen im Überblick. Schuljahr 2007/08.* Hamburg: reset grafische Medien GmbH.

Behörde für Bildung und Sport. (2007). *Stadtteilschule und Gymnasium. Ausblick aus ‚Den richtigen Weg wählen'.* Verfügbar unter: http://fhh.hamburg.de/stadt/Aktuell/behoerden/bildung-sport/aktuelles/stadtteilschule-pdf,property=source.pdf [07.04.2008].

Bellenberg, G. (1999). *Individuelle Schullaufbahnen. Eine empirische Untersuchung über Bildungsverläufe von der Einschulung bis zum Abschluß.* Weinheim: Juventa.

Bellenberg, G. (2005). Wege durch die Schule – Zum Zusammenhang zwischen institutionalisierten Bildungswegen und individuellen Bildungsverläufen im deutschen Schulsystem, *bildungsforschung, 2* (2).

Bellenberg, G. & Klemm, K. (2000). Scheitern im System, Scheitern des Systems? Ein etwas anderer Blick auf Schulqualität. In H.-G. Rolff, W. Bos, K. Klemm, H. Pfeiffer & R. Schulz-Zander (Hrsg.), *Jahrbuch der Schulentwicklung 11* (S. 51–75). Weinheim: Juventa.

Bergeson, T. & Heuschel, M. A. (2006). *Helping students finish school: Why students drop out and how to help them graduate.* Verfügbar unter: http://www.k12.wa.us/research/pubdocs/pdf/dropoutreport2003.pdf [13.08.2007].

Blankenburg, V. (1967). Erfolg und Misserfolg eines Schülerjahrganges in einem Mittelstadtgymnasium – Interviewerhebung. In H. Peisert & R. Dahrendorf (Hrsg.), *Der vorzeitige Abgang vom Gymnasium. Studien und Materialien zum Schulerfolg an den Gymnasien Baden-Württemberg 1953–1963* (S. 97–125). Villingen: Neckar-Verlag.

Block, R. (2006). Grundschulempfehlung, elterliche Bildungsaspiration und Schullaufbahn. Analysen zu Rückstufungen im Schulformbesuch anhand repräsentativer PISA 2000-Daten. *Die Deutsche Schule, 98* (2), 149–161.

Blossfeld, H.-P. (1993). Changes in educational opportunities in the Federal Republic of Germany. A longitudinal study of cohorts born between 1916 and 1965. In Y. Shavit & H.-P. Blossfeld (Hrsg.), *Persistent inequality. Changing educational attainment in thirteen countries* (S. 51–74). Boulder: Westview Press.

Blossfeld, H.-P. & Prein, G. (1998). The relationship between rational choice theory and large-scale data analysis – past developments and future perspectives. In H.-P.

Blossfeld & G. Prein (Hrsg.), *Rational choice theory and large-scale data analysis* (S. 3–27). Boulder: Westview Press.

Bofinger, J. (1990). *Neuere Entwicklungen des Schullaufbahnverhaltens in Bayern. Schulwahl und Schullaufbahn an Gymnasien, Real- und Wirtschaftsschulen von 1974/75 bis 1986/87*. München: Ehrenwirth.

Böhnel, E. (1996). Die Frage der Prognostizierbarkeit von Schulerfolg in der Sekundarstufe I aufgrund der Benotung in der Primarstufe. *Unterrichtswissenschaft, 24*, 343–360.

Bollen, K. A. (1989). *Structural equations with latent variables*. New York: John Wiley & Sons.

Bos, W., Bonsen, M., Gröhlich, C., Guill, K., May, P., Rau, A., Stubbe, T. C., Vieluf, U. & Wocken, H. (2007). *KESS 7. Kompetenzen und Einstellungen von Schülerinnen und Schülern – Jahrgangsstufe 7*. Hamburg: Behörde für Bildung und Sport.

Bos, W., Brose, U., Bundt, S., Gröhlich, C., Hugk, N., Janke, N., May, P., Pietsch, M., Stubbe, T. C. & Voss, A. (2006). Anlage und Durchführung der Studie ‚Kompetenzen und Einstellungen von Schülerinnen und Schülern – Jahrgangsstufe 4 (KESS 4)'. In W. Bos & M. Pietsch (Hrsg.), *KESS 4 – Kompetenzen und Einstellungen von Schülerinnen und Schülern am Ende der Jahrgangsstufe 4 in Hamburger Grundschulen* (S. 9–31). Münster: Waxmann.

Bos, W., Gröhlich, C. & Pietsch, M. (Hrsg.). (2007). *KESS 4 – Lehr- und Lernbedingungen in Hamburger Grundschulen*. Münster: Waxmann.

Bos, W. & Lintorf, K. (2007). Hintergund und Durchführung des Prognoseunterrichts. *Schule NRW, 59* (3), 133–135.

Bos, W. & Pietsch, M. (Hrsg.). (2006). *KESS 4 – Kompetenzen und Einstellungen von Schülerinnen und Schülern am Ende der Jahrgangsstufe 4 in Hamburger Grundschulen*. Münster: Waxmann.

Bos, W., Pietsch, M. & Stubbe, T. C. (2006). Regionale, nationale und internationale Einordnung der Lesekompetenz und weiterer Schulleistungsergebnisse Hamburger Kinder am Ende der Grundschulzeit. In W. Bos & M. Pietsch (Hrsg.), *KESS 4 – Kompetenzen und Einstellungen von Schülerinnen und Schülern am Ende der Jahrgangsstufe 4 in Hamburger Grundschulen* (S. 57–86). Münster: Waxmann.

Bos, W., Schwippert, K. & Stubbe, T. C. (2007). Die Koppelung von sozialer Herkunft und Schülerleistung im internationalen Vergleich. In W. Bos, S. Hornberg, K.-H. Arnold, G. Faust, L. Fried, E.-M. Lankes, K. Schwippert & R. Valtin (Hrsg.), *IGLU 2006. Lesekompetenzen von Grundschulkindern in Deutschland im internationalen Vergleich* (S. 225–247). Münster: Waxmann.

Bos, W., Voss, A., Lankes, E.-M., Schwippert, K., Thiel, O. & Valtin, R. (2004). Schullaufbahnempfehlungen von Lehrkräften für Kinder am Ende der vierten Jahrgangsstufe. In W. Bos, E.-M. Lankes, M. Prenzel, K. Schwippert, R. Valtin & G. Walther (Hrsg.), *IGLU. Einige Länder der Bundesrepublik Deutschland im nationalen und internationalen Vergleich* (S. 191–228). Münster: Waxmann.

Boudon, R. (1974). *Education, opportunity, and social inequality*. New York: John Wiley & Sons.

Bourdieu, P. (1983). Ökonomisches Kapital, kulturelles Kapital, soziales Kapital. In R. Kreckel (Hrsg.), *Soziale Ungleichheiten* (S. 183–198). Göttingen: Schwartz.

Bourdieu, P., Boltanski, L., De Saint Martin, M. & Maldidier, P. (1981). *Titel und Stelle. Über die Reproduktion sozialer Macht.* Frankfurt/Main: Europäische Verlagsanstalt.

Breen, R. & Goldthorpe, J. H. (1997). Explaining educational differentials. Towards a formal rational action theory. *Rationality and Society, 9* (3), 275–305.

Breen, R. & Jonsson, J. O. (2000). Analyzing educational careers: A multinominal transition model. *American Sociological Review, 65,* 754–772.

Bromme, R., Rheinberg, F., Minsel, B., Winteler, A. & Weidenmann, B. (2006). Die Erziehenden und Lehrenden. In A. Krapp & B. Weidenmann (Hrsg.), *Pädagogische Psychologie* (5., vollst. überarb. Aufl., S. 269–355). Weinheim: Beltz.

Brüderl, J. (2004). Die Überprüfung von Rational-Choice-Modellen mit Umfragedaten. In A. Diekmann & T. Voss (Hrsg.), *Rational-Choice-Theorie in den Sozialwissenschaften. Anwendungen und Probleme* (S. 163–180). München: Oldenbourg.

Checchi, D. & Flabbi, L. (2007). Intergenerational mobility and schooling decisions in Germany and Italy: The impact of secondary school tracks, *IZA Discussion Paper No. 2876.*

Coleman, J. S. (1986). Social theory, social research, and a theory of action. *American Journal of Sociology, 91* (6), 1309–1335.

Coleman, J. S. (1987). Microfoundations and macrosocial behavior. In J. C. Alexander, B. Giesen, R. Münch & N. J. Smelser (Hrsg.), *The micro-macro link* (S. 153–173). Berkeley: University of California Press.

Coleman, J. S. (1988). Social capital in the creation of human capital. *American Journal of Sociology, 94,* 95–120.

Coleman, J. S. (1996). Der Verlust sozialen Kapitals und seine Auswirkungen auf die Schule. *Zeitschrift für Pädagogik, Beiheft 34,* 99–105.

D'Amico, R. (1984). Does employment during high school impair academic progress? *Sociology of Education, 57,* 152–164.

Dahrendorf, R. (1967). Ursachen des vorzeitigen Abganges vom Gymnasium – Zusammenfassung und Analyse. In H. Peisert & R. Dahrendorf (Hrsg.), *Der vorzeitige Abgang vom Gymnasium. Studien und Materialien zum Schulerfolg an den Gymnasien Baden-Württemberg 1953-1963* (S. 145–170). Villingen: Neckar-Verlag.

De Volder, M. & Lens, W. (1982). Academic achievement and future time perspective as a cognitive-motivational concept. *Journal of Personality and Social Psychology, 42,* 566–571.

Deci, E. L. & Ryan, R. M. (1985). *Intrinsic motivation and self-determination in human behavior.* New York, NY: Plenum Press.

Dempster, A. P., Laird, N. M. & Rubin, D. B. (1977). Maximum likelihood from incomplete data via the EM algorithm. *Journal of the Royal Statistical Society. Series B (Methodological), 39* (1), 1–38.

Diekmann, A. & Voss, T. (2004). Die Theorie rationalen Handelns. Stand und Perspektiven. In A. Diekmann & T. Voss (Hrsg.), *Rational-Choice-Theorie in den Sozialwissenschaften. Anwendungen und Probleme* (S. 13–29). München: Oldenbourg.

Ditton, H. (2004). Der Beitrag von Schule und Lehrern zur Reproduktion von Bildungsungleichheit. In R. Becker & W. Lauterbach (Hrsg.), *Bildung als Privileg?* (S. 251–279). Wiesbaden: VS Verlag für Sozialwissenschaften.

Ditton, H. (Hrsg.). (2007). *Kompetenzaufbau und Laufbahnen im Schulsystem. Ergebnisse einer Längsschnittuntersuchung an Grundschulen.* Münster: Waxmann.

Ditton, H. & Krüsken, J. (2006). Der Übergang von der Grundschule in die Sekundarstufe I. *Zeitschrift für Erziehungswissenschaft, 9* (3), 348–372.

Drechsel, B. & Artelt, C. (2007). Lesekompetenz. In M. Prenzel, C. Artelt, J. Baumert, W. Blum, M. Hammann, E. Klieme & R. Pekrun (Hrsg.), *PISA 2006. Die Ergebnisse der dritten internationalen Vergleichsstudie* (S. 225–247). Münster: Waxmann.

Dubben, H.-H. & Beck-Bornholdt, H.-P. (2006). *Mit an Wahrscheinlichkeit grenzender Sicherheit. Logisches Denken und Zufall* (3. Aufl.). Reinbek: Rowohlt.

Durkheim, E. (1965). *Die Regeln der soziologischen Methode* (2. Aufl.). Neuwied: Luchterhand.

Eccles, J. S. (2005). Subjective task value and the Eccles et al. model of achievement-related choices. In A. J. Elliot & C. S. Dweck (Hrsg.), *Handbook of competence and motivation* (S. 105–121). New York: The Guilford Press.

Ehmke, T. & Baumert, J. (2007). Soziale Herkunft und Kompetenzerwerb: Vergleiche zwischen PISA 2000, 2003 und 2006. In M. Prenzel, C. Artelt, J. Baumert, W. Blum, M. Hammann, E. Klieme & R. Pekrun (Hrsg.), *PISA 2006. Die Ergebnisse der dritten internationalen Vergleichsstudie* (S. 309–335). Münster: Waxmann.

Ehmke, T., Hohensee, F., Heidemeier, H. & Prenzel, M. (2004). Familiäre Lebensverhältnisse, Bildungsbeteiligung und Kompetenzerwerb. In M. Prenzel, J. Baumert, W. Blum, R. H. Lehmann, D. Leutner, M. Neubrand, R. Pekrun, H.-G. Rolff, J. Rost & U. Schiefele (Hrsg.), *PISA 2003. Der Bildungsstand der Jugendlichen in Deutschland – Ergebnisse des zweiten internationalen Vergleichs* (S. 225–254). Münster: Waxmann.

Erikson, R., Goldthorpe, J. H. & Portocarero, L. (1979). Intergenerational class mobility in three Western European societies: England, France and Sweden. *British Journal of Sociology, 30*, 415–441.

Erikson, R. & Jonsson, J. O. (1996). Explaining class inequality in education: The Swedish test case. In R. Erikson & J. O. Jonsson (Hrsg.), *Can education be equalized? The Swedish case in comparative perspective* (S. 1–63). Boulder: Westview Press.

Esser, H. (1990). „Habits", „Frames" und „Rational Choice". Die Reichweite von Theorien der rationalen Wahl (am Beispiel der Erklärung des Befragtenverhaltens). *Zeitschrift für Soziologie, 19* (4), 231–247.

Esser, H. (1996). Die Definition der Situation. *Kölner Zeitschrift für Soziologie und Sozialpsychologie, 48* (1), 1–34.

Esser, H. (1998). Why are bridge hypotheses necessary? In H.-P. Blossfeld & G. Prein (Hrsg.), *Rational choice theory and large-scale data analysis* (S. 94–111). Boulder: Westview Press.

Esser, H. (1999). *Soziologie. Spezielle Grundlagen. Band 1: Situationslogik und Handeln.* Frankfurt/Main: Campus.

Frey, A., Asseburg, R., Carstensen, C. H., Ehmke, T. & Blum, W. (2007). Mathematische Kompetenz. In M. Prenzel, C. Artelt, J. Baumert, W. Blum, M. Hammann, E. Klieme & R. Pekrun (Hrsg.), *PISA 2006. Die Ergebnisse der dritten internationalen Vergleichsstudie* (S. 249–276). Münster: Waxmann.

Friedrichs, J. & Opp, K.-D. (2002). Rational behaviour in everyday situations. *European Sociological Review, 18* (4), 401-415.

Ganzeboom, H. B. G., De Graaf, P. M. & Treiman, D. J. (1992). A standard international socio-economic index of occupational status. *Social Science Research, 21*, 1–56.

Ganzeboom, H. B. G. & Treiman, D. J. (1996). Internationally comparable measures of occupational status for the 1988 International Standard Classification of Occupations. *Social Science Research, 25,* 201–239.

Geißler, R. (2004). Die Illusion der Chancengleichheit im Bildungssystem – von PISA gestört. *Zeitschrift für Soziologie der Erziehung und Sozialisation, 24* (4), 362–380.

Geißler, R. (2005). Die Metamorphose der Arbeitertochter zum Migrantensohn. Zum Wandel der Chancenstruktur im Bildungssystem nach Schicht, Geschlecht, Ethnie und deren Verknüpfungen. In P. A. Berger & H. Kahlert (Hrsg.), *Institutionalisierte Ungleichheit. Wie das Bildungswesen Chancen blockiert* (S. 71–100). Weinheim: Juventa.

Gerstein, H. (1967). Erfolg und Misserfolg im Hinblick auf strukturelle, leistungsmäßige und soziale Faktoren – Vorbericht einer repräsentativen sozialstatistischen Untersuchung. In H. Peisert & R. Dahrendorf (Hrsg.), *Der vorzeitige Abgang vom Gymnasium. Studien und Materialien zum Schulerfolg an den Gymnasien Baden-Württemberg 1953-1963* (S. 126–144). Villingen: Neckar-Verlag.

Gerstein, H. (1972). *Erfolg und Versagen im Gymnasium. Ein Bericht über die soziale und leistungsmäßige Abhängigkeit des vorzeitigen Abgangs.* Weinheim: Beltz.

Gleason, P. & Dynarski, M. (2002). Do we know whom to serve? Issues in using risk factors to identify dropouts. *Journal of Education for Students Placed at Risk, 7* (1), 25–41.

Goldschmidt, P. & Wang, J. (1999). When can schools affect dropout behavior? A longitudinal multilevel analysis. *American Educational Research Journal, 36* (4), 715–738.

Goldthorpe, J. H. (1996). The quantitative analysis of large-scale data-sets and rational action theory: For a sociological alliance. *European Sociological Review, 12* (2), 109–126.

Gröhlich, C. & Bos, W. (2007). Klassenwiederholungen an Hamburger Grundschulen. In W. Bos, C. Gröhlich & M. Pietsch (Hrsg.), *KESS 4 – Lehr- und Lernbedingungen in Hamburger Grundschulen* (S. 47–70). Münster: Waxmann.

Haller, M. (1999). *Soziologische Theorie im systematisch-kritischen Vergleich.* Opladen: Leske + Budrich.

Hammond, C., Linton, D., Smink, J. & Drew, S. (2007). *Dropout risk factors and exemplary programs. A technical report.* Clemson, SC: National Dropout Prevention Center, Communities In Schools, Inc.

Hansen, R. & Rolff, H.-G. (1990). Abgeschwächte Auslese und verschärfter Wettbewerb – Neuere Entwicklungen in den Sekundarschulen. In H.-G. Rolff, K.-O. Bauer & K. Klemm (Hrsg.), *Jahrbuch der Schulentwicklung 6* (S. 45–97). Weinheim: Juventa.

Harazd, B. (2007). *Die Schulformentscheidung aus Elternsicht. Eine Untersuchung zur Ablehnung der Schulformempfehlung am Ende der Grundschulzeit.* Münster: Waxmann.

Helmke, A. & Weinert, F. E. (1997). Bedingungsfaktoren schulischer Leistungen. In F. E. Weinert (Hrsg.), *Psychologie des Unterrichts und der Schule* (S. 71–176). Göttingen: Hogrefe.

Henden, E. (2006). Is genuine satisficing rational? *Ethical theory and moral practice, 10* (4), 339–352.

Henz, U. (1997a). Der Beitrag von Schulformwechslern zur Offenheit des allgemeinbildenden Schulsystems. *Zeitschrift für Soziologie, 26* (1), 53–69.

Henz, U. (1997b). Der nachgeholte Erwerb allgemeinbildender Schulabschlüsse. Analysen zur quantitativen Entwicklung und sozialen Selektivität. *Kölner Zeitschrift für Soziologie und Sozialpsychologie,* 49 (2), 223–241.

Henz, U. (1997c). Die Messung der intergenerationalen Vererbung von Bildungsungleichheit am Beispiel von Schulformwechseln und nachgeholten Bildungsabschlüssen. In R. Becker (Hrsg.), *Generationen und sozialer Wandel. Generationsdynamik, Generationsbeziehungen und Differenzierung von Generationen* (S. 111–133). Opladen: Leske + Budrich.

Hill, P. B. (2002). *Rational-Choice-Theorie.* Bielefeld: transcript Verlag.

Hillmert, S. & Jacob, M. (2003). Social inequality in higher education. Is vocational training a pathway leading to or away from university? *European Sociological Review, 19* (3), 319–334.

Hillmert, S. & Jacob, M. (2005). Zweite Chance im Schulsystem? Zur sozialen Selektivität bei ‚späteren' Bildungsentscheidungen. In P. A. Berger & H. Kahlert (Hrsg.), *Institutionalisierte Ungleichheit. Wie das Bildungswesen Chancen blockiert* (S. 155–176). Weinheim: Juventa.

Hornberg, S., Bos, W., Buddeberg, I., Potthoff, B. & Stubbe, T. C. (2007). Anlage und Durchführung von IGLU 2006. In W. Bos, S. Hornberg, K.-H. Arnold, G. Faust, L. Fried, E.-M. Lankes, K. Schwippert & R. Valtin (Hrsg.), *IGLU 2006. Lesekompetenzen von Grundschulkindern in Deutschland im internationalen Vergleich* (S. 21–45). Münster: Waxmann.

Hornberg, S., Valtin, R., Potthoff, B., Schwippert, K. & Schulz-Zander, R. (2007). Lesekompetenzen von Mädchen und Jungen im internationalen Vergleich. In W. Bos, S. Hornberg, K.-H. Arnold, G. Faust, L. Fried, E.-M. Lankes, K. Schwippert & R. Valtin (Hrsg.), *IGLU 2006. Lesekompetenzen von Grundschulkindern in Deutschland im internationalen Vergleich* (S. 195–223). Münster: Waxmann.

Ingenkamp, K. (1989a). Sind Zensuren aus verschiedenen Klassen vergleichbar? In K. Ingenkamp (Hrsg.), *Die Fragwürdigkeit der Zensurengebung* (8. Aufl., S. 194–201). Weinheim: Beltz.

Ingenkamp, K. (Hrsg.). (1989b). *Die Fragwürdigkeit der Zensurengebung* (8. Aufl.). Weinheim: Beltz.

Janosz, M., LeBlanc, M., Boulerice, B. & Tremblay, R. E. (1997). Disentangling the weight of school dropout predictors: A test on two longitudinal samples. *Journal of Youth and Adolescence, 26* (6), 733–762.

Jimerson, S., Egeland, B., Sroufe, L. A. & Carlson, B. (2000). A prospective longitudinal study of high school dropouts examining multiple predictors across development. *Journal of School Psychology, 38* (6), 525–549.

Jordan, W. J., Lara, J. & McPartland, J. M. (1996). Exploring the causes of early dropout among race-ethnic and gender groups. *Youth and Society, 28* (1), 62–94.

Kemmler, L. (1976). *Schulerfolg und Schulversagen. Eine Längsschnittuntersuchung vom ersten bis zum fünfzehnten Schulbesuchsjahr.* Göttingen: Hogrefe.

Kemnade, I. (1989). *Schullaufbahnen und Durchlässigkeit in der Sekundarstufe I. Empirische Untersuchung von Schülerkarrieren in der Stadt Bremen.* Frankfurt/Main: Lang.

Kristen, C. (1999). *Bildungsentscheidungen und Bildungsungleichheit – ein Überblick über den Forschungsstand.* Verfügbar unter: http://www.mzes.uni-mannheim.de/ publications/wp/wp-5.pdf [02.03.2007].

Kristen, C. (2005). *School choice and ethnic school segregation.* Münster: Waxmann.

Krohne, J. A. & Meier, U. (2004). Sitzenbleiben, Geschlecht und Migration. In G. Schümer, K. J. Tillmann & M. Weiß (Hrsg.), *Die Institution Schule und die Lebenswelt der Schüler. Vertiefende Analysen der PISA-2000-Daten zum Kontext von Schülerleistungen* (S. 117–147). Wiesbaden: VS Verlag für Sozialwissenschaften.

Lang, H. (1994). *Wissenschaftstheorie für die ethnologische Praxis* (2., vollst. überarb. und erw. Aufl.). Berlin: Reimer.

Lankes, E.-M., Bos, W., Mohr, I., Plaßmeier, N., Schwippert, K., Sibberns, H. & Voss, A. (2003). Anlage und Durchführung der Internationalen Grundschul-Lese-Untersuchung (IGLU) und ihrer Erweiterung um Mathematik und Naturwissenschaften (IGLU-E). In W. Bos, E.-M. Lankes, M. Prenzel, K. Schwippert, G. Walther & R. Valtin (Hrsg.), *Erste Ergebnisse aus IGLU. Schülerleistungen am Ende der vierten Jahrgangsstufe im internationalen Vergleich* (S. 7–28). Münster: Waxmann.

Lehmann, R. H., Gänsfuß, R. & Peek, R. (1999). *Aspekte der Lernausgangslage und Lernentwicklung von Schülerinnen und Schülern an Hamburger Schulen – Klassenstufe 7. Bericht über die Untersuchung im September 1998.* Hamburg: Behörde für Schule, Jugend und Berufsbildung.

Lehmann, R. H., Hunger, S., Ivanov, S. & Gänsfuß, R. (2004). *Aspekte der Lernausgangslage und der Lernentwicklung – Klassenstufe 11. Ergebnisse einer Längsschnittuntersuchung in Hamburg.* Hamburg: Behörde für Bildung und Sport.

Lehmann, R. H., Peek, R. & Gänsfuß, R. (1997). *Aspekte der Lernausgangslage von Schülerinnen und Schülern der fünften Klassen an Hamburger Schulen. Bericht über die Untersuchung im September 1996.* Hamburg: Behörde für Schule, Jugend und Berufsbildung.

Lehmann, R. H., Peek, R., Gänsfuß, R. & Husfeldt, V. (2002). *Aspekte der Lernausgangslage und der Lernentwicklung – Klassenstufe 9. Ergebnisse einer Längsschnittuntersuchung in Hamburg.* Hamburg: Behörde für Bildung und Sport.

Lehmann, R. H., Vieluf, U., Nikolova, R. & Ivanov, S. (2006). *LAU 13. Aspekte der Lernausgangslage und der Lernentwicklung – Klassenstufe 13.* Verfügbar unter: http://www.hamburger-bildungsserver.de/schulentwicklung/lau/ [02.09.2006].

Leshan, L. L. (1952). Time orientation and social class. *Journal of Abnormal and Social Psychology, 47*, 589–592.

Levin, H. M. (1972). *The costs to the nation of inadequate education.* Washington: Government Printing Office.

Lindenberg, S. (1985). An assessment of the new political economy: its potential for the social sciences and for sociology in particular. *Sociological Theory, 3* (1), 99–114.

Lintorf, K. & Bos, W. (2007). Prognoseunterricht. Das neue Übergangsverfahren in NRW. *Forum Schule, 8* (1), 14–15.

Little, R. J. A. & Rubin, D. B. (2002). *Statistical analysis with missing data* (2. Aufl.). New York: John Wiley & Sons.

Long, J. S. (1997). *Regression models for categorical and limited dependent variables.* Thousand Oaks: Sage.

Maaz, K., Hausen, C., McElvany, N. & Baumert, J. (2006). Stichwort: Übergänge im Bildungssystem. Theoretische Konzepte und ihre Anwendung in der empirischen Forschung beim Übergang in die Sekundarstufe. *Zeitschrift für Erziehungswissenschaft, 9* (3), 299–327.

March, J. G. (1994). *A primer on decision making. How decisions happen.* New York: The Free Press.

Mare, R. D. (1980). Social background and school continuation decisions. *Journal of the American Statistical Association, 75,* 295–305.

Martin, M. O., Mullis, I. V. S., Gonzalez, E. J. & Chrostowski, S. J. (2004). *TIMSS 2003 International Science Report. Findings from IEA's Trends in International Mathematics and Science Study at the fourth and eighth grades.* Chestnut Hill, MA: TIMSS & PIRLS International Study Center.

Mensch, K. (2000). Niedrigkostensituationen, Hochkostensituationen und andere Situationstypen: Ihre Auswirkungen auf die Möglichkeit von Rational-Choice-Erklärungen. *Kölner Zeitschrift für Soziologie und Sozialpsychologie, 52,* 246–263.

Merton, R. K. (1995). *Soziologische Theorie und soziale Struktur.* Berlin: Walter de Gruyter.

Meulemann, H. (1985). *Bildung und Lebensplanung. Die Sozialbeziehung zwischen Elternhaus und Schule.* Frankfurt/Main: Campus.

Montes, G. & Lehmann, C. (2004). *Who will drop out from school? Key predictors from the literature.* Verfügbar unter: http://www.childrensinstitute.net/images/T04-001.pdf [27.07.2007].

Moore, D. S. & McCabe, G. P. (2006). *Introduction to the practice of statistics* (5. Aufl.). New York: W. H. Freeman and Company.

Mullis, I. V. S., Martin, M. O., Gonzalez, E. J. & Chrostowski, S. J. (2004). *TIMSS 2003 International Mathematics Report. Findings from IEA's Trends in International Mathematics and Science Study at the fourth and eighth grades.* Chestnut Hill, MA: TIMSS & PIRLS International Study Center.

Muthén, L. K. & Muthén, B. O. (2006). *Mplus user's guide* (4. Aufl.). Los Angeles: Muthén & Muthén.

National Literacy Trust. (2007). *Literacy changes lives.* Verfügbar unter: http://www.literacytrust.org.uk/ [02.10.2007].

Nuttin, J. R. (1985). *Future time perspective and motivation.* Hillsdale: Erlbaum.

Nuttin, J. R. & Grommen, R. (1975). Zukunftsperspektive bei Erwachsenen und älteren Menschen aus drei sozioökonomischen Gruppen. In U. M. Lehr & F. E. Weinert (Hrsg.), *Entwicklung und Persönlichkeit. Beiträge zur Psychologie intra- und interindividueller Unterschiede* (S. 183–197). Stuttgart: Kohlhammer.

Opp, K.-D. (1998). Can and should rational choice theory be tested by survey research? The example of explaining collective political action. In H.-P. Blossfeld & G. Prein (Hrsg.), *Rational choice theory and large-scale data analysis* (S. 204–230). Boulder: Westview Press.

Paulus, W. & Blossfeld, H.-P. (2007). Schichtspezifische Präferenzen oder sozioökonomisches Entscheidungskalkül? *Zeitschrift für Pädagogik, 53* (4), 491–508.

Peisert, H. (1967). *Soziale Lage und Bildungschancen in Deutschland.* München: R. Piper & Co Verlag.

Peisert, H. & Dahrendorf, R. (Hrsg.). (1967). *Der vorzeitige Abgang vom Gymnasium. Studien und Materialien zum Schulerfolg an den Gymnasien Baden-Württemberg 1953–1963.* Villingen: Neckar-Verlag.

Pietsch, M. (2005). Schulformwahl in Hamburger Schülerfamilien und die Konsequenzen für die Sekundarstufe I. In W. Bos & M. Pietsch (Hrsg.), *KESS 4. Kompetenzen und Einstellungen von Schülerinnen und Schülern – Jahrgangsstufe 4* (S. 255–286). Hamburg: Behörde für Bildung und Sport.

Pietsch, M. (2007). Schulformwahl in Hamburger Schülerfamilien und die Konsequenzen für die Sekundarstufe I. In W. Bos, C. Gröhlich & M. Pietsch (Hrsg.), *KESS 4 – Lehr- und Lernbedingungen in Hamburger Grundschulen* (S. 127–165). Münster: Waxmann.

Pietsch, M. & Stubbe, T. C. (2007). Inequality in the transition from primary to secondary school: school choices and educational disparities in Germany. *European Educational Research Journal, 6* (4), 424–445.

Popper, K. R. (1971). Die Logik der Sozialwissenschaften. In H. Maus & F. Fürstenberg (Hrsg.), *Der Positivismusstreit in der deutschen Soziologie* (3. Aufl., S. 103–123). Neuwied: Luchterhand.

Popper, K. R. (2005). *Logik der Forschung* (11. Aufl.). Tübingen: Mohr Siebeck.

Prenzel, M., Schöps, K., Rönnebeck, S., Senkbeil, M., Walter, O., Carstensen, C. H. & Hammann, M. (2007). Naturwissenschaftliche Kompetenz im internationalen Vergleich. In M. Prenzel, C. Artelt, J. Baumert, W. Blum, M. Hammann, E. Klieme & R. Pekrun (Hrsg.), *PISA 2006. Die Ergebnisse der dritten internationalen Vergleichsstudie* (S. 63–105). Münster: Waxmann.

Raynor, J. O. (1981). Future orientation and achievement motivation: Toward a theory of personality functioning and change. In G. d'Ydewalle & W. Lens (Hrsg.), *Cognition in human motivation and learning* (S. 199–231). Leuven: Leuven University Press.

Reinecke, J. (2005). *Strukturgleichungsmodelle in den Sozialwissenschaften.* München: Oldenbourg.

Roeder, P. M. & Schmitz, B. (1995). *Der vorzeitige Abgang vom Gymnasium.* Berlin: Max-Planck-Institut für Bildungsforschung.

Rösner, E. (1997). Die sogenannte Durchlässigkeit. *neue deutsche schule, 6/7,* 14–18.

Rubin, D. B. (1987). *Multiple imputation for nonresponse in surveys.* New York: John Wiley & Sons.

Rumberger, R. W. (1983). Dropping out of high school: The influence of race, sex, and family background. *American Educational Research Journal, 20* (2), 199–220.

Rumberger, R. W. (1995). Dropping out of middle school: A multilevel analysis of students and schools. *American Educational Research Journal, 32* (3), 583–625.

Schafer, J. L. (1997). *Analysis of incomplete multivariate data.* London: Chapman & Hall.

Schafer, J. L. (1999). Multiple imputation: A primer. *Statistical Methods in Medical Research, 8,* 3–15.

Schafer, J. L. & Graham, J. W. (2002). Missing data: Our view of the state of the art. *Psychological Methods, 7* (2), 147–177.

Schafer, J. L. & Olsen, M. K. (1998). Multiple imputation for multivariate missing-data problems. A data analyst's perspective. *Multivariate Behavioral Research, 33* (4), 545–571.

Schauenberg, M. (2007). *Übertrittsentscheidungen nach der Grundschule. Empirische Analysen zu familialen Lebensbedingungen und Rational-Choice.* München: Herbert Utz Verlag.

Schimpl-Neimanns, B. (2000). Soziale Herkunft und Bildungsbeteiligung. Empirische Analysen zu herkunftsspezifischen Bildungsungleichheiten zwischen 1950 und 1989. *Kölner Zeitschrift für Soziologie und Sozialpsychologie, 52* (4), 636–669.

Schneider, T. (2004). Hauptschule, Realschule oder Gymnasium? Soziale Herkunft als Determinante der Schulwahl. In M. Szydlik (Hrsg.), *Generation und Ungleichheit* (S. 76–103). Wiesbaden: VS Verlag für Sozialwissenschaften.

Schober, H. (1967). Erfolg und Misserfolg eines Schülerjahrganges in einem Großstadtgymnasium – Interviewerhebung. In H. Peisert & R. Dahrendorf (Hrsg.), *Der vorzeitige Abgang vom Gymnasium. Studien und Materialien zum Schulerfolg an den Gymnasien Baden-Württemberg 1953–1963* (S. 80–96). Villingen: Neckar-Verlag.

Schuchart, C. (2006). Die Bedeutung der Entkopplung von Schulart und Schulabschluss für die Schullaufbahnplanung aus Elternsicht. *Zeitschrift für Soziologie der Erziehung und Sozialisation, 26* (4), 403–419.

Schuchart, C. (2007). Schulabschluss und Ausbildungsberuf. Zur Bedeutung der schulartbezogenen Bildungsbiografie. *Zeitschrift für Erziehungswissenschaft, 10* (3), 381–398.

Schümer, G. (1985). *Daten zur Entwicklung der Sekundarstufe I in Berlin (West).* Berlin: Max-Planck-Institut für Bildungsforschung.

Schwippert, K., Bos, W. & Lankes, E.-M. (2003). Heterogenität und Chancengleichheit am Ende der vierten Jahrgangsstufe im internationalen Vergleich. In W. Bos, E.-M. Lankes, M. Prenzel, K. Schwippert, G. Walther & R. Valtin (Hrsg.), *Erste Ergebnisse aus IGLU. Schülerleistungen am Ende der vierten Jahrgangsstufe im internationalen Vergleich* (S. 265–302). Münster: Waxmann.

Schwippert, K., Hornberg, S., Freiberg, M. & Stubbe, T. C. (2007). Lesekompetenz von Kindern mit Migrationshintergrund im internationalen Vergleich. In W. Bos, S. Hornberg, K.-H. Arnold, G. Faust, L. Fried, E.-M. Lankes, K. Schwippert & R. Valtin (Hrsg.), *IGLU 2006. Lesekompetenzen von Grundschulkindern in Deutschland im internationalen Vergleich* (S. 249–269). Münster: Waxmann.

Schwippert, K. & Schnabel, K. U. (2000). Mathematisch-naturwissenschaftliche Grundbildung ausländischer Schulausbildungsabsolventen. In J. Baumert, W. Bos & R. H. Lehmann (Hrsg.), *TIMSS/III. Dritte Internationale Mathematik- und Naturwissenschaftsstudie – Mathematische und naturwissenschaftliche Bildung am Ende der Schullaufbahn. Band I. Mathematische und naturwissenschaftliche Grundbildung am Ende der Pflichtschulzeit* (S. 282–300). Opladen: Leske + Budrich.

Sekretariat der Ständigen Konferenz der Kultusminister der Länder in der Bundesrepublik Deutschland. (2006). *Übergang von der Grundschule in Schulen des Sekundarbereichs I.* Verfügbar unter: http://www.kmk.org/doc/publ/ueberg.pdf [29.04.2007].

Shu, S., Shu, J. & Houston, I. (2007). Predictors of categorical at-risk high school dropouts. *Journal of Counseling & Development, 85* (2), 196–203.

Simon, H. A. (1957). *Models of man.* New York: John Wiley & Sons.

Smink, J. & Schargel, F. P. (2004). *Helping students graduate. A strategic approach to dropout prevention.* Larchmont, NY: Eye on Education.

Solga, H. (2005). Meritokratie – die moderne Legitimation ungleicher Bildungschancen. In P. A. Berger & H. Kahlert (Hrsg.), *Institutionalisierte Ungleichheit. Wie das Bildungswesen Chancen blockiert* (S. 19–38). Weinheim: Juventa.

Stocké, V. (2007). Explaining educational decision and effects of families' social class position: An empirical test of the Breen-Goldthorpe Model of educational attainment. *European Sociological Review, 23* (4), 505-519.

Stubbe, T. C. & Bos, W. (2008). Schullaufbahnempfehlungen von Lehrkräften und Schullaufbahnentscheidungen von Eltern am Ende der vierten Jahrgangsstufe. *Empirische Pädagogik, 22* (1), 49–63.

Stubbe, T. C., Buddeberg, I., Hornberg, S. & McElvany, N. (2007). Lesesozialisation im Elternhaus im internationalen Vergleich. In W. Bos, S. Hornberg, K.-H. Arnold, G. Faust, L. Fried, E.-M. Lankes, K. Schwippert & R. Valtin (Hrsg.), *IGLU 2006. Lesekompetenzen von Grundschulkindern in Deutschland im internationalen Vergleich* (S. 299–327). Münster: Waxmann.

Teachman, J. D., Paasch, K. & Carver, K. (1996). Social capital and dropping out of school early. *Journal of Marriage and the Family, 58,* 773–783.

Thiel, O. (2006). *Modellierung der Bildungsgangempfehlung in Berlin.* Verfügbar unter: http://edoc.hu-berlin.de/dissertationen/thiel-oliver-2005-12-16/PDF/thiel.pdf [29.04.2007].

Thiel, O. & Valtin, R. (2002). Eine Zwei ist eine Drei ist eine Vier. Oder: Sind Zensuren aus verschiedenen Klassen vergleichbar? In R. Valtin (Hrsg.), *Was ist ein gutes Zeugnis? Noten und verbale Beurteilungen auf dem Prüfstand* (S. 67–76). Weinheim: Juventa.

Thomas, W. & Thomas, D. (1928). The methodology of behavior study. In W. Thomas & D. Thomas (Hrsg.), *The child in America: Behavior problems and programs* (S. 553–576). New York: Alfred A. Knopf.

Trautwein, U., Köller, O., Lehmann, R. H. & Lüdtke, O. (Hrsg.). (2006). *Der Leistungsstand Hamburger Abiturienten: Vertiefende Analysen und ein Benchmark-Vergleich auf Grundlage der Studie Aspekte der Lernausgangslage und der Lernentwicklung – Klassenstufe 13.* Hamburg: Behörde für Bildung und Sport.

Urban, D. (1993). *Logit-Analyse. Statistische Verfahren zur Analyse von Modellen mit qualitativen Response-Variablen.* Stuttgart: Gustav Fischer Verlag.

van Ophuysen, S. (2006). Zur Problematik der Schulformempfehlungen nach der Grundschulzeit und ihrer prognostischen Qualität. In W. Bos, H.-G. Holtappels, K. Klemm, H. Pfeiffer, H.-G. Rolff & R. Schulz-Zander (Hrsg.), *Jahrbuch der Schulentwicklung 14* (S. 49–80). Weinheim: Juventa.

Vartanian, T. P. & Gleason, P. M. (1999). Do neighborhood conditions affect high school dropout and college graduation rates? *Journal of Socio-Economics, 28* (1), 21–41.

Vester, M. (2004). Die Illusion der Bildungsexpansion. Bildungsöffnungen und soziale Segregation in der Bundesrepublik Deutschland. In S. Engler & B. Krais (Hrsg.), *Das kulturelle Kapital und die Macht der Klassenstrukturen. Sozialstrukturelle Verschiebungen und Wandlungsprozesse des Habitus* (S. 13–53). Weinheim: Juventa.

Vester, M. (2005). Die selektive Bildungsexpansion. Die ständische Regulierung der Bildungschancen in Deutschland. In P. A. Berger & H. Kahlert (Hrsg.), *Institutionalisierte Ungleichheit. Wie das Bildungswesen Chancen blockiert* (S. 39–70). Weinheim: Juventa.

Walter, O. & Taskinen, P. (2007). Kompetenzen und bildungsrelevante Einstellungen von Jugendlichen mit Migrationshintergrund in Deutschland: Ein Vergleich mit ausgewählten OECD-Staaten. In M. Prenzel, C. Artelt, J. Baumert, W. Blum, M. Hammann, E. Klieme & R. Pekrun (Hrsg.), *PISA 2006. Die Ergebnisse der dritten internationalen Vergleichsstudie* (S. 337–366). Münster: Waxmann.

Wiehn, E. (1967). Der vorzeitige Abgang aus der 8. und der 10. Klasse – Interviewerhebung. In H. Peisert & R. Dahrendorf (Hrsg.), *Der vorzeitige Abgang vom Gymnasium. Studien und Materialien zum Schulerfolg an den Gymnasien Baden-Württemberg 1953–1963* (S. 59–79). Villingen: Neckar-Verlag.

Wippler, R. (1978). Nicht-intendierte soziale Folgen individueller Handlungen. *Soziale Welt, 29*, 155–179.

9.2   Abbildungsverzeichnis

9.3 Tabellenverzeichnis

Empirische Erziehungswissenschaft

■ Band 1

Andreas Voss

Print- und Hypertextlesekompetenzen im Vergleich

Eine Untersuchung von Leistungsdaten aus der Internationalen Grundschul-Lese-Untersuchung (IGLU) und der Ergänzungsstudie Lesen am Computer (LaC)

2006, 236 Seiten, br., 24,90 €, ISBN 978-3-8309-1587-4

In dieser interdisziplinär angelegten Arbeit wird die Lesekompetenz von Viertklässlern im Hinblick auf Print- und Hypertexte vergleichend untersucht. Insbesondere geht es dabei um die erziehungswissenschaftlich bedeutsamen Fragen, ob es sich bei der Print- und Hypertextlesekompetenz um ein- und dieselbe Kompetenz oder um unterschiedliche Kompetenzen handelt, wie sich die Hypertext- und PrintLeseleistung zueinander verhalten und welche Determinanten die jeweilige Leseleistung am besten erklären können.

■ Band 2

Claudia Schuchart

Orientierungsstufe und Bildungschancen

Eine Evaluationsstudie

2006, 290 Seiten, br., 24,90 €, ISBN 978-3-8309-1588-1

Vor 30 Jahren wurde die Orientierungsstufe als eigenständige Schulstufe in einigen Bundesländern eingeführt, in den letzten Jahren hingegen wieder abgeschafft. Angesichts dieses politischen Umschwenkens geht die Studie mit der Analyse umfangreichen aktuellen empirischen Datenmaterials der Frage nach dem Wirkungserfolg der Orientierungsstufe bezogen auf ihre Ziele Chancengleichheit und Leistungsgerechtigkeit nach.

Waxmann

MÜNSTER · NEW YORK · MÜNCHEN · BERLIN

■ Band 3

Nike Janke

Soziales Klima an Schulen aus Lehrer-, Schulleiter- und Schülerperspektive

Eine Sekundäranalyse der Studie „Kompetenzen und Einstellungen von Schülerinnen und Schülern - Jahrgangsstufe 4 (KESS 4)"

2006, 280 Seiten, br., 24,90 €, ISBN 978-3-8309-1680-2

Das Klima einer Klasse oder Schule kann aus der Sichtweise der verschiedenen am Schulgeschehen beteiligten Gruppen - der Schüler, Lehrer oder Schulleiter - betrachtet und analysiert werden. In diesem Band wird mittels Mehrebenenanalysen der Frage nachgegangen, inwieweit sich das von den Lehrern wahrgenommene Klima der Schule auf das von den Schülern wahrgenommene Klima in der Klasse auswirkt bzw. wie diese Beurteilungen von Merkmalen der Schule oder des Schulleiters beeinflusst werden.

■ Band 4

Astrid Neumann

Briefe schreiben in Klasse 9 und 11

Beurteilungskriterien, Messungen, Textstrukturen und Schülerleistungen

2007, 302 Seiten, br., 24,90 €, ISBN 978-3-8309-1746-5

Diese Studie beschäftigt sich nach einer theoretischen Verortung in fachwissenschaftlicher (Textlinguistik), fachdidaktischer (Schreibentwicklungs-, Schreibprozess- und Schreibproduktforschung) und messmethodischer Forschung mit der Umsetzung von multikriterialen Beurteilungsverfahren für Briefe von Neuntklässlern aus der DESI-Studie und vergleichend von Elftklässlern der Hamburger LAU11/ULME1-Untersuchung.

Waxmann

MÜNSTER · NEW YORK · MÜNCHEN · BERLIN

■ Band 5

Holger Gärtner

Unterrichtsmonitoring

Evaluation eines videobasierten Qualitäts-
zirkels zur Unterrichtsentwicklung

2007, 258 Seiten, br., 24,90 €
ISBN 978-3-8309-1787-8

Ein neues Konzept der Unterrichtsentwicklung, das so genannte Unterrichtsmonitoring umzusetzen und zu evaluieren, ist Gegenstand dieser
Studie. Beim Unterrichtsmonitoring handelt es sich um einen fachspezi-
fischen videobasierten Qualitätszirkel, in dem Lehrkräfte über ein Schuljahr hinweg regelmäßig zusammenarbeiten und eigene Unterrichtsaufzeichnungen diskutieren. Die Videos sollen im Rahmen des Gruppen-
settings Reflexionsprozesse anstoßen und alternative Handlungsweisen
im Unterricht aufzeigen.

■ Band 6

Frank Sprütten

Rahmenbedingungen
naturwissenschaftlichen
Lernens in der Sekundarstufe I

Eine empirische Studie auf schulsystemischer und
einzelschulischer Ebene

2007, 390 Seiten, br., 29,90 €
ISBN 978-3-8309-1880-6

Naturwissenschaftliches Lernen wird sowohl durch Rahmenbedingungen des Schulsystems als auch solche der Einzelschule geprägt. Im
Rahmen dieses Buches werden beide Ebenen näher betrachtet, um auf
dieser Basis Hypothesen für günstige Bedingungen naturwissenschaftli-
chen Lernens zu entwickeln.

Waxmann

MÜNSTER · NEW YORK · MÜNCHEN · BERLIN

■ Band 7

Bea Harazd

Die Bildungsentscheidung

Zur Ablehnung der Schulformempfehlung
am Ende der Grundschulzeit

2007, 208 Seiten, br., 24,90 €
ISBN 978-3-8309-1905-6

Warum lehnen manche Eltern die Schulformempfehlung der Grundschule ab und melden ihr Kind in einem höheren Bildungsgang an? Diese Arbeit behandelt unter Einbezug soziologischer und psychologischer Theorien ein Modell zur Erklärung der elterlichen Bildungsentscheidung am Ende der Grundschule.

Anhand einer Elternbefragung wurden qualitative und quantitative Daten gewonnen. Zum einen konnten relevante soziodemografische Merkmale wie der Bildungsstatus der Familie und das Geschlecht des Kindes identifiziert werden. Zum anderen erwiesen sich die Einstellungen gegenüber dem Schulsystem und der schulischen Bildung sowie Merkmale der Beratungssituation als bedeutsam.

■ Band 8

Kerstin Göbel

Qualität im interkulturellen Englischunterricht

Eine Videostudie

2007, 224 Seiten, br., 29,90 €, ISBN 978-3-8309-1920-9

Das zentrale Anliegen dieser Studie ist die Analyse von Qualitätsmerkmalen interkulturellen Englischunterrichts zur Förderung des Interesses und der Sensibilität für kulturelle Unterschiede. Die empirische Untersuchung erfolgte im Rahmen der Voruntersuchungen der DESI-Studie (Deutsch-Englisch-Schülerleistungen International). Bei der Auswertung der Video- und Fragebogendaten zeigte sich ein direkter Zusammenhang zwischen dem subjektiv wahrgenommenen Interesse am interkulturellen Thema und verschiedenen Dimensionen des Unterrichts.

Waxmann

MÜNSTER · NEW YORK · MÜNCHEN · BERLIN

■ Band 9

Andrea G. Eckhardt

Sprache als Barriere
für den schulischen Erfolg

Potentielle Schwierigkeiten beim Erwerb
schulbezogener Sprache für Kinder mit
Migrationshintergrund

2008, 263 Seiten, br., 24,90 €, ISBN 978-3-8309-2038-0

Gegenstand dieser Studie sind Aspekte der deutschen Sprache, die Kindern mit Migrationshintergrund beim Erwerb der schulbezogenen Sprache besondere Schwierigkeiten bereiten könnten. Untersucht werden Sprachleistungen von Kindern deutscher und nichtdeutscher Herkunftssprache. In quasi-experimentellen Studien widmet sich die Arbeit zunächst Leistungsunterschieden in der mündlichen bzw. schriftlichen Sprachproduktion. Anschließend wird der Einfluss von Aspekten schulbezogener Sprache, insbesondere von Unterschieden in der Wortschatzschwierigkeit bzw. Grammatikkomplexität sowie in der kontextuellen Einbettung von Sprache auf Hörverstehen analysiert.

■ Band 10

Katharina Schwindt

Lehrpersonen betrachten Unterricht

Kriterien für die kompetente
Unterrichtswahrnehmung

2008, 196 Seiten, br., 24,90 €, ISBN 978-3-8309-2052-6

Erfolgreiches Handeln im Unterricht setzt voraus, dass Lehrpersonen Ereignisse erkennen, die für Lehr-Lernprozesse von besonderer Bedeutung sind. Dieses Buch untersucht deshalb Kompetenzen von Lehrpersonen in der Wahrnehmung solcher Ereignisse in Unterrichtsaufzeichnungen. Die Ergebnisse der Inhaltsanalyse lassen einen Einsatz von Videoaufzeichnungen in der Aus- und Weiterbildung von Lehrpersonen empfehlenswert erscheinen, da diese eine Anknüpfung von theoretischem Wissen an typische Unterrichtssituationen ermöglichen. Gleichzeitig liefert das Vorgehen Hinweise für ein mögliches Diagnoseinstrument in Bezug auf die Professionalisierung von Lehrpersonen.

■ Band 11

Martina Diedrich

Demokratische Schulkultur

Messung und Effekte

2008, 372 Seiten, br., 29,90 €,
ISBN 978-3-8309-2071-7

Die Schule hat nicht nur die Aufgabe der Wissensvermittlung, sondern
auch den Auftrag zur umfassenden Persönlichkeitsbildung. Deshalb untersucht diese empirische Arbeit nicht Leistungsmerkmale von Schülerinnen und Schülern, sondern einen besonderen Aspekt ihrer Persön-
lichkeitsentwicklung: die Fähigkeit zur mündigen Teilhabe an der De-
mokratie. Die Analysen zeigen, dass eine demokratische Schulkultur
bedeutsame Effekte auf das Niveau der demokratischen Handlungskom-
petenzen von Schülerinnen und Schülern ausübt. Damit leistet die Studie
einen Beitrag dazu, die herausgehobene Bedeutung der Schule für die
Entwicklung von Demokratiefähigkeit sowohl theoretisch als auch empirisch zu fundieren.

■ Band 12

Mareike Kobarg

Unterstützung unterrichtlicher Lernprozesse aus zwei Perspektiven

Eine Gegenüberstellung

2009, 234 Seiten, br., 24,90 €, ISBN 978-3-8309-2114-1

Unterrichtsvideos werden derzeit häufig zur Weiterbildung von Lehrpersonen eingesetzt. Wie sich die Beobachtung von Unterricht auf das
unterrichtliche Handeln von Lehrpersonen auswirkt, bleibt meist unklar.
Aufgrund dessen untersucht diese Studie durch die Gegenüberstellung
von zwei Perspektiven auf den Unterricht, ob die Perspektive von Lehrpersonen bei der Beobachtung von Unterricht mit ihrem unterrichtlichen
Handeln in Zusammenhang steht.

Waxmann

MÜNSTER · NEW YORK · MÜNCHEN · BERLIN

■ Band 13

Miriam Leuchter

Die Rolle der Lehrperson bei der Aufgabenbearbeitung

Unterrichtsbezogene Kognitionen von Lehrpersonen

2009, 312 Seiten, br., 29,90 €, ISBN 978-3-8309-2115-8

Inwieweit ist das konstruktivistische Lehr-Lernkonzept von den Lehrpersonen rezipiert worden, spiegelt es sich in ihrem professionellen Wissen sowie den Unterrichtshandlungen? Mit dieser Arbeit wird ein theoretischer, forschungsmethodischer sowie inhaltlicher Beitrag zu aktuellen Fragen der professionellen Kompetenz von Lehrkräften geleistet. Mit der empirischen Untersuchung wird Unterrichtsqualität mehrperspektivisch ausgeleuchtet, indem Lehrpersonen-Kognitionen multimethodisch erfasst und in Beziehung zu Indikatoren des beobachtbaren Handelns der Lehrpersonen sowie zu Selbstwahrnehmungen der Schülerinnen und Schüler und ihrer Leistung gesetzt werden.